충무공 이순신

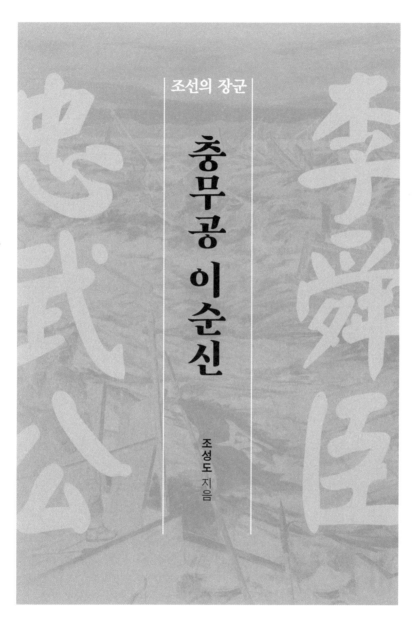

조선의 장군

충무공 이순신

조성도 지음

가디언

일러두기

- 인명: 본명, 법명, 자, 호 등에서 널리 알려진 것을 택하였다.
- 날짜: 원전에 쓰여 있는 음력을 그대로 표기하되, 필요할 때는 양력을 병기하였다.
- 한문: 한글을 전용하되, 뜻을 이해하는 데 지장이 있을 때는 괄호 안에 한자를 넣었으며, 시와 문장 등은 되도록 원문을 함께 실었다.
- 숫자: 아라비아 숫자를 사용하였다.
- 도표: 행적도와 전적도 등은 이순신의 일기 초고와 장계 초고를 기준으로 하여 정확하게 작성하였다.

이 책은 (사)서울여해재단에서 기획하고
(재)석오문화재단이 후원하여 출판하였습니다.

○

머리말

　우리는 역사(歷史)나 전기(傳記)를 통해서 충무공 이순신이 어떤 분인가를 잘 알고 있으며, 또 우리 국민으로부터 한결같은 추앙을 받는 분임을 알고 있다.

　그러나, 그분이 우리나라와 국민에게 어떠한 공헌을 했기에 돌아가신 지 420여 년이 지난 오늘날까지도 온 국민으로부터 추앙을 받을까 하는 물음에는 어렴풋이 답할 뿐이다. 그것은 그분이 우리에게 남긴 '삶에 대한 가르침'과 '나라에 공헌한 일'이 너무나 크기 때문이다.

　그러므로 급박한 오늘의 세계에 살고 있는 우리는 그동안 막연하게 알고 있었던 그분에 대하여 막연하게 공경하고 우러러보는 마음을 갖기에 앞서, 왜 그분을 추앙해야 하는지, 그 까닭을 똑바로 체득하여 우리 스스로 실생활의 행동 지침으로 삼아야 한다고 믿는다.

왜냐하면 평범한 인간으로 태어나서 올바른 삶의 지표를 설정하여 지혜와 용기와 신념과 굳건한 지조로 무수한 곤경을 이겨낸 그분의 훌륭한 가르침은 오늘의 우리 세대가 본받아 실천해야 할 생활의 보전이기 때문이다.

그러기에 필자는 충무공 이순신에 관하여, 그분의 일기를 비롯한 당시의 기록을 통해 그분으로부터 본받아 실천해야 할 점이 무엇이며, 왜 우리는 그분을 사상적으로 공경하고 우러러 사모하며, 우리의 현실 속에 언제나 그분의 가르침을 되새겨야 하는지를 스스로 발견해 보자는 뜻에서 노산 이은상 박사의 추천으로 이 책을 출판한 바 있었다. 그 후 자유교육협회의 호의로 수정을 약간 하여 출판했었고, 다시 부족한 점을 보완하여 독자 여러분께 내어놓게 되었다.

여전히 부족하지만, 다만 읽는 이에게 그분의 역정(歷程)을 올바르게 파악하고 참모습을 이해하는 데 조금이라도 도움이 된다면 필자에게는 분수에 넘치는 영광이 아닐 수 없다.

지은이 조성도

이순신 연구자의 계보를 잇는
위대한 스승 조성도 교수를 그리며

고(故) 조성도 교수는 노산 이은상 선생님을 잇는 이순신연구자로 칭송을 받아온 분이다. 조성도 교수는 경북대학교 사범대학 사학과를 졸업하고 같은 학교에서 국사 연구로 대학원을 마친 후 해군 장교로 병역의무를 이행하면서, 해군사관학교에서 교수로 한국사와 전사를 담당했다.

이후 국방대학원과 육군대학, 중앙공무원 교육원 초빙교수를 지냈고 당시 문공부 산하 문화재전문위원도 역임했다.

또 해군사관학교 박물관장으로도 일하며 《임진장초》와 《난중일기》를 번역했고 충무공 관련 도서도 여러 권 집필하여 이설이 난무한 이 분야에 이순신정론을 세우는 데 크게 기여하는 등 이순신 연구에 한 획을 그은 연구자이자 집필가로 이름을 알렸다.

이에 (사)서울여해재단은 그분의 업적을 기리고자 고인의 유족을 찾아뵙고 동의를 얻어 고인이 남긴 유작 《忠武公 李舜臣》을 개정증보판으로 재출간하기로 했다.

이번 개정증보판은 고인의 집필 가치를 훼손하지 않고 그 정신을 이어받되, 그동안 새롭게 밝혀진 연구내용을 반영했고 어휘나 단어 구사도 현대어에 맞게 보완했다.

특히 본문에 삽입된 일러스트 대부분을 새로 그리고 추가했으며 도표와 사진도 바꾸어 넣음으로써 현대 시점에서도 전혀 어색하지 않을 정도의 수준 높은 편집 체계를 적용했다.

재단은 이번 작업을 비롯해 앞으로도 이순신 정신의 보급과 확산을 위해 더욱 노력할 계획이다.

윤동한
사단법인 서울여해재단 이사장/ 한국콜마 회장

차례

1장   **탄생과 수양**

2장   **수련과 고행**

탄생과 수양

01
—
탄생과 가문

충무공(忠武公) 이순신(李舜臣)은 54년간의 짧은 일생을 값있게 마친 성실한 사람이었다. 그는 일생을 조국과 겨레의 영원한 삶을 위하여 헌신과 봉사의 길을 걸었으며, 오직 성실을 지팡이로 삼아 정의에 살고 불의를 배격하면서 자신의 행복을 위한 일은 추호도 하지 않았다.

그는 조국에는 지극한 충성을 바쳤고, 가정에서는 극진한 효성과 자애를 보여주었으며, 인간적으로는 의리와 포용성을 발휘하여 인간의 창의성과 살길을 명백하게 제시하였다. 그리고 싸움터에 나아가서는 필승의 신념과 탁월한 전략으로 침략자를 물리쳤으며, 임진왜란 시에는 조국과 겨레를 사선(死線)에서 구출한 한국 민족의 등불이었다.

이순신은 1545년(乙巳年) 3월 8일 자시(子時, 밤 11시~1시)에 서울 건천동[1]에서 덕수 이씨의 12대 손으로 태어났다. 그의 아버지 이정(李貞)은 벼슬길에 나서지 않았던 평범한 선비였고, 어머니는 초계 변씨였다.

그는 4형제 중 셋째 아들로 태어났다. 건천동은 지금의 남산 밑 필동에 인접한 인현동 1가 중에서도 중앙 지대에 있었다. 그때는 지금의 번화한 서울 거리와는 달리 집들이 띄엄띄엄 있었으며, 그의 집은 당시 우리나라에서 흔히 볼 수 있는 목재로 지은 평범한 집이었다.

그리고 인현동 1가와 인접한 필동 2가(혹은 3가)를 그 당시는 먹절골(黑寺洞)이라고 불렀는데 이곳에는 임진왜란이 일어날 때 좌의정이었던 서애 류성룡이 자라고 있었다.

류성룡은 이순신보다 3세 위로, 이순신의 둘째 형 요신과는 동문수학하였고 집들이 띄엄띄엄 있어서 오히려 더 친했으며 서로의 인간성을 잘 알고 있었다.

이순신의 자(字)는 여해(汝諧)다. 이름 자의 신(臣)은 우리나라 여러 가문에서 많이 사용하고 있는 항렬이며, 순(舜) 자는 두 형인 희신(羲臣), 요신(堯臣)과 아울러 고대 중국 신화에 나오는 삼황오제(三皇五帝)의 어진 임금 '복희(伏羲), 요(堯), 순(舜)'의 이름을 따왔다. 몇 해 후 그의 동생이 태어났을 때도 '순' 임금 다음 '우' 임금의 '우(禹)' 자를 따서 우신(禹臣)이라 지었다.

어느 부모를 막론하고 자기 자녀들이 귀하게 되기를 바라겠지만, '순신'이라는 이름은 부모의 욕심과 희망에서만 지어진 것은 아니었다.

그가 태어난 후 점치는 사람이 나타나서,

"이 아기는 나이 50이 되면 북방에서 대장이 될 것이다."

---

1 乾川洞. 중구 인현동 1가 40번지 부근에 있던 마을로서, 이 지역을 흐르는 개천이 비가 오지 않은 날은 바닥이 말라붙어서 통행길로 사용되지만, 비가 조금이라도 내리면 금세 물이 불어 냇가로 변한 데서 마을 이름이 유래되었다. _《서울지명사전》, 서울역사편찬원

충무공의 이순신의 세계(世界)

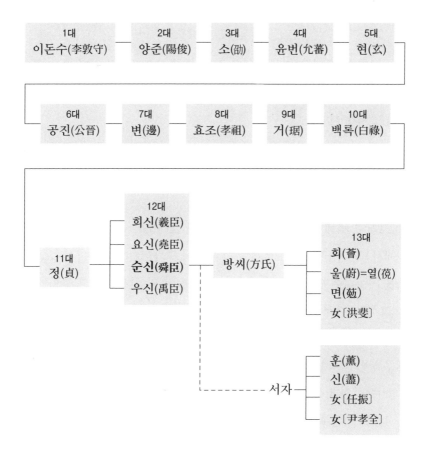

라고 예언하였다 하며, 어머니 변씨 부인은 그를 낳기 전에 반갑고 이상한 꿈을 꾸었는데, 일생을 충절로 바친 시아버지가 나타나서,

"이 아기는 반드시 귀하게 될 것이니, 이름을 '순신'이라고 짓는 것이 좋겠다."

라고 하였다. 꿈에서 '순신'이라는 두 자를 조상으로부터 지어 받은 변씨 부인은 즉시 이순신의 아버지 덕연군(德淵君)과 상의하여 마침내 '순신'이라고 이름 지었다.

실로 어머니 변씨의 꿈은 뜻있는 암시를 받은 것이었고, 이로 말미암아 그의 부모는 은근한 희망과 더불어 순신에게 지대한 관심과 기대를 걸었는지도 모른다.

그러나 세계 역사상 위대한 인물들이 그러하듯 이순신도 평범한 가정에서 태어난 한 인간으로서 오직 부모님의 가르치심을 받아 수양과 노력을 거듭하여 역사상 가장 으뜸가는 인물이 되었다. 그리고 그의 가정은 그 당시 대부분의 백성처럼 검소하게 살았고 대대로 내려온 유학(儒學)의 집안으로 충직정명(忠直正明)을 숭상하는 가풍을 지니고 있었으며 매우 청빈한 생활을 하였다.

이순신의 조상 중에는 벼슬하여 세상에 알려진 사람이 많았다.

1대조 이돈수(李敦守)는 고려 왕조 때 중랑장(中郞將)의 벼슬을 지냈으며, 2대와 3대를 지나 4대조 때 조선 왕조를 맞이하여 양반집으로서 두각을 나타내기 시작하였다.

7대조인 변(邊)은 대제학을 지냈고, 9대조이며 증조부인 거(琚)는 병조참의[2]를 지낸 바 있으며, 성종 때에는 동궁(東宮)의 강관(講官)[3], 성종과 연산군의 양대에 걸쳐서는 사헌부 장령(掌令)[4]으로도 있었다. 그중에서도

사헌부 장령일 때에는 여러 사람으로부터 '호랑이 장령'이라는 별명으로 불렸다고 한다. 왜냐하면 언제 어디에서도 불의와 부정과는 절대로 타협하지 않으려는 강직하고 성실한 성격으로, 모든 비행을 조사하여 잘못을 추궁하는 일들이 너무나 엄정하였기 때문이다.

그리고 그의 할아버지 백록(百祿)은 기묘사화(己卯士禍)가 일어난 후 조광조 그룹과 친분이 두텁다는 이유로 탈고신의 벌을 받아 관직에 나가지 못했는데, 훗날 조상들의 은공으로 음서를 통해 평시서 봉사(平市署 奉事)를 지냈다.

할아버지는 1544년 중종의 국상이 났을 때 자녀의 혼사를 진행한 것이 문제가 되어 조사받다가 곤장의 후유증으로 사망하였다. 이 일의 영향인지 그의 아버지 정(貞)은 간악한 무리가 날뛰는 혼란한 사회에서의 벼슬 생활을 단념하고 선비로서 근면하게 지냈다.

아버지는 비록 벼슬 생활을 하지 않았지만, 선대(先代)의 혈통을 이어받은 선비로서 소박한 생활을 계속하는 동안 자녀들의 교육을 소홀히 하지 않고 아들들(희신, 요신, 순신, 우신)을 훌륭하게 길러내려고 철저하게 교육하였다.

대부분의 위인 어머니가 그러하듯이 이순신의 어머니 역시 아들들을 극진히 사랑하는 한편 엄격한 가정교육을 하였으며, 네 아들도 부모의 뜻을 받들어 모든 고난을 참아가며 배우기에 힘썼다.

이순신이 태어날 무렵, 포르투갈과 스페인의 함선들이 신항로 및 신

---

2 조선 시대 국방을 담당하던 병조(兵曹)에 딸린 정3품 당상관(堂上官)으로, 병조판서(정2품), 병조참판(종2품) 다음 품계의 직위다. _〈관직명사전〉, 한국학중앙연구원
3 임금이나 세자가 경연(經筵)이나 서연(書筵)을 할 때 경서 등을 강론하는 문관(文官). _《한국고전용어사전》, 세종대왕기념사업회
4 사헌부의 정4품 관직으로 감찰(監察) 업무를 담당했다.

대륙의 발견과 더불어 식민지와 무역지 등을 획득하려고 인도, 중국, 필리핀 등지를 거쳐 일본에까지 이르고 있었다. 당시 일본에서는 봉건 영주들이 지역 주도권을 확보하기 위해 전쟁을 벌인 전국시대(戰國時代)를 겪고 있었으며, 중국(명나라)에서는 극성기의 고비를 지나 왜구(倭寇)의 침입으로 국력이 점점 기울어지고 있었다.

조선은 오랫동안 외적의 침입 없이 평온한 듯하였으나, 폭군으로 이름난 연산군 때부터 계속해서 일어나는 사화로 수많은 선비가 희생되는 등 정치의 혼란과 부패가 극심하였으며 언제 누구에게 희생될지 모르는 공포와 불안이 백성을 위협하고 있었다.

특히, 그가 태어난 해 8월에는 인종(仁宗)이 돌아가고 그 뒤를 이어 겨우 12세의 명종(明宗)이 즉위하였는데, 명종을 둘러싼 소윤(小尹) 일파는 자기네들의 세력을 획득하기 위하여 모략과 계책을 꾸며 대윤(大尹) 일파를 처형하는 을사사화(乙巳士禍)를 일으켰으며 이러한 사화의 여파는 더욱더 확대되었다.

그가 3세 되던 해 명종의 형인 봉성군(鳳城君) 등이 살해되는 정미사화(丁未士禍)[5]가 일어났다. 그 뒤에도 수많은 선비가 갖가지 죄목으로 살해되어 마침내 사화는 그가 자라나는 동안 당쟁(黨爭)으로 발전하여 공명과 정의를 분간할 수 없게 되었으며, 불의와 타협하고 권력 앞에 무조건 아부하는 사람들만이 일시적이나마 잘 살 수 있었다.

또 조선 왕조의 국시(國試)인 사대(事大)와 숭유정책(崇儒政策)에서 유

---

5 조선 4대 사화 중 하나인 을사사화가 일어난 뒤 2년이 지난 1547년 그 여파로 일어난 사화로 일명 '벽서(壁書)의 옥(獄)'이라고도 한다. 양재역(良才驛) 벽에 "여왕이 집정하고 간신 이기 등이 권세를 농하여 나라가 망하려 하니 이를 보고만 있을 것인가."라는 벽서가 발견되어 정권을 잡고 있던 이기 등이 을사사화 때 제거하지 못한 반대 세력을 고발하여 수 명의 연루자가 화를 입은 사건이다.

래한 숭문경무(崇文輕武)의 시대 풍조가 사회에 깊이 뿌리 박고 있었으므로, 선비 대부분은 수단과 방법을 가리지 않고 문인(文人)으로 출세하여 부귀영화를 누리려고 발버둥 쳤다.

이러한 때 부모님의 가르침을 받아 성장한 이순신은 정의와 불의를 분별하면서 눈앞에 생기는 일시적인 영광보다 나라의 영원한 앞날을 위하여 전진하였던 것이다.

02
—
소년 시절

관직에 나가지 못한 선비 집에서 태어난 이순신은 어려서부터 매우 활동적이었다. 그는 영특하고 담대한 반면에 말과 웃음이 적고, 침착하고, 부드러운 성격을 가진 편이었다.

그는 모든 어린이와 마찬가지로 글공부를 하기보다 밖에서 뛰어놀기를 좋아했다. 여러 동무와 뛰어놀게 되면 나무를 깎아 활과 칼을 만들어 전쟁놀이하는 것을 매우 즐겼다.

이순신이 성장하던 시대는 선비의 아들에게 글만 가르치던 때임에도 그가 남달리 전쟁놀이를 즐겼다는 것은 후일 위대한 무인이 될 기품이 보이기 시작한 것이었다.

더구나 그가 밖에서 전쟁놀이를 하면 그의 동무들은 반드시 이순신을 대장으로 떠받들었다. 그는 비록 나이는 어렸지만 여러 동무를 거느리는 데 엄격한 규율을 세웠고 또 진을 형성하여 지휘하는 모습이 아주 그럴듯하였다.

십경도 〈어린시절 전쟁놀이를 즐기는 모습〉 출처: 현충사

이순신은 전쟁놀이를 하지 않더라도 집안에서 활과 칼 같은 장난감을 가지고 놀았고, 항상 화살을 가지고 다녔으며, 옳다고 생각되는 일에는 어떠한 일이 있어도 뜻을 굽히지 않았다. 나이 많은 사람이라 할지라도 의리(義理)에 부당한 일이 있으면 어린 나이에도 용감하게 이를 시정하고야 말았다.

어느 날 동네 어른이 잘못하는 일을 본 이순신은 그 자리에서

"아저씨는 그것이 잘못하는 일이 아닙니까?"

하고서는 화살을 뽑아서 그 사람의 눈을 쏘려고 하여 그 후 동네 어른들이 그를 두려워하고 그의 집 앞을 지나가지 못하였다 한다.

혼란한 사회에서 자라면서도 이순신은 부모에게 효성이 지극하고 형제간에 우애가 두터웠으며 윗사람에게 공손히 대하였다. 인간적으로도 의리가 있어 이웃 간에 그의 칭송이 자자하였으므로 그의 어머니는 지난날 꿈을 회상하면서 마음속으로 은근히 이순신의 앞날에 기대를 걸었을지도 모른다.

그가 청소년기에 접어들었을 때 그의 부모는 서울에서 300여 리 떨어진 충남 아산군 염치면 백암리로 이사하였다.

그의 부모가 무엇 때문에 서울을 버리고 이곳으로 옮겼는지는 알 길이 없으나 청빈한 생활에 곤궁과 더불어 불의와 부정만이 활개 치는 서울의 어지러운 환경을 자라나는 아들들에게 조금이라도 보이지 않기 위함이었을지도 모른다.

그러나 이순신은 어느 곳으로 이사를 하든 간에 아무런 불평 없이 그 동네 아이들과 함께 글공부를 열심히 하면서도 전쟁놀이를 매우 즐겨하였다.

어린 시절부터 글방 생활을 하던 이순신은 20세가 지날 무렵에 결혼하였다. 그의 부인은 보성 군수를 지낸 방진의 딸이었다. 이순신도 어렸을 때부터 남다르게 영특하였지만, 부인 방씨 역시 어릴 때부터 영민한 품이 마치 어른과 같았다.

방씨의 나이 12세 되던 어느 날, 도둑들이 안마당까지 들어온 일이 있었다. 당황한 그녀의 아버지는 화살로 도둑들을 쏘다가 화살이 다 되어 방 안에 있는 화살을 가져오라고 하였다. 그러나 이미 계집종이 도둑들과 내통하여 몰래 화살을 훔쳐내었기 때문에 남은 것이 없었다. 이때 위급한 순간을 모면하여야 했던 그녀는 조금도 당황하지 않았다.

"화살, 여기 있습니다."

라는 말과 함께 방씨는 급히 베 짜는 데 사용하는 댓가지들을 한 아름 안아다가 다락 위에서 아버지를 향하여 던졌다. 흩어져 떨어지는 댓가지 소리는 많은 화살을 떨어뜨리는 소리와 같았다. 도둑들은 전혀 없으리라 믿었던 화살이 많이 있는 것으로 알고 도망치고 말았다. 이처럼 그녀도 어렸을 때부터 생각하는 일들이 특출했었다.

03

수양과 결심

이순신은 결혼 생활을 하면서도 글공부와 활쏘기를 잊지 않았다. 어릴 때부터 꾸준히 노력해 온 그의 수양은 그에게 남다른 목적과 희망을 품게 하였으며 결혼했다고 이를 중단할 수는 없었다.

매사에 갖추어진 정력(精力)으로 수련해 온 그는 날이 갈수록 무사(武士)가 되어야 한다는 마음이 굳어졌다. 22세가 되었을 때, 학문 수준은 한 사람의 선비로서 조금도 부족함이 없었으며 가족과 주위 사람들은 이순신의 장래에 대하여 커다란 기대를 하게 되었다. 그러나 그는 그때부터 무사 훈련, 즉 말을 타고 활을 쏘는 훈련에 전념하였다.

이순신은 집 앞의 커다란 은행나무 아래서 활 쏘는 연습을 하였는데 서울 쪽으로는 활을 겨누지 않았으며 반드시 서남쪽의 '활터 거리 밭'을 겨누었다. 서울에는 임금이 있는 까닭에 그쪽으로 활을 겨누면 안 되기 때문이었다.

그가 말 달리기 연습을 한 곳은 집 앞의 평평한 들판이 아니라 바로 집

충무공 이순신

결혼 후 살던 고택(현충사 내)

뒤의 방화산 꼭대기에 자리 잡은 곳으로 오르막 내리막을 달리면서 연습하였다.

이러는 동안 활쏘기와 말 달리기 등의 제반 양상에서 이순신을 따를 사람이 없었다. 특히 같이 훈련하는 여러 무사는 종일 농담과 잡담을 계속하곤 하였으나 그의 앞에서는 감히 잡담을 하지 못하였다. 왜냐하면 그의 말 한마디 한마디가 너무나 엄격하고 위엄이 있었으며 무슨 일이든지 진지한 태도로 임하였기 때문에 진심으로 그를 존경했고 그의 앞에서는 '자네' 또는 '너'라는 말로 부르지도 못하였다.

어느 순간 이순신은 스스로 문무(文武) 중에서 한쪽만을 택해야 하는 시간을 맞았다.

그는 오래전부터 '무인이 되는 것'을 생각해 왔기 때문에 문인으로서의 출세를 단념하고 무예를 택하기로 결심하였다. 실로 그는 문인을 숭상하는 당시의 사회를 벗어나서 조국의 앞날을 바라본 것이다.

그의 부모와 주위 어른들은 이순신의 재능을 아쉬워하면서 시대 풍조에 반하는 무인으로의 출발을 반대하였으나, 이미 마음속으로 결심한 그의 태도는 조금도 흔들리지 않았다.

이리하여 22세 때 10월부터 붓을 던지고 활을 잡았으며, 책을 던지고 말에 올라 무예를 익히기 위한 본격적인 훈련을 시작한 것이다.

한편 그가 치마장(말타기를 익히는 곳)과 은행나무를 벗 삼아 무사로서 갖추어야 할 훈련을 쌓아갈 때 부인 방씨는 첫아들을 순산하였다. 그의 나이 23세 때의 2월이었다. 기쁨의 표정을 잘 드러내지 않는 그는 마음속으로 기뻐하였으며 아들의 이름을 '회(薈)'라고 지었다.

다시 4년 후 27세 때의 2월에는 부인이 둘째 아들 열을 순산하였다.

이제, 부인과 두 아들을 부양하여야 할 이순신은 가족을 위하여 무슨 일이라도 해야만 했고 한편으로는 그의 목적을 달성하기 위하여 무인이 되기 위한 훈련을 계속해야만 했다.

비록 두 아들을 거느린 아버지였으며 또 무명의 청년에 지나지 않았지만, 그는

"훌륭한 무인이 되고 나아가서 조국에 충성을 다하겠다는 자각과 결단으로 훈련과 수양을 쌓아 스스로 자신을 이끌어 올리며, 모든 고충을 물리치고 끝까지 노력하면, 자신의 목적을 이룰 수 있다."

라는 것을 굳게 믿었다.

충무공 이순신

04

무과 합격

이순신의 나이 28세 때 8월, 서울 훈련원에서는 무사를 선발하는 별과 시험(別科試驗)이 열렸다. 그는 지금까지 스스로 수련한 무예를 시험하는 한편 합격을 하고야 말겠다는 신념으로 응시하였다.

그는 조금의 어색함도 없이 말을 타고 달리면서 기교를 보이기 시작하였다. 그러나 불행하게도 말을 타고 달리던 중 말이 거꾸러지면서 떨어지고 말았다. 시험 중 낙마(落馬)하는 것은 흔히 있는 일이지만 그는 무사하지 않았다. 낙마하면서 왼쪽 다리뼈가 부러지고 만 것이다.

그때 멀리서 바라보던 사람들은 모두 이순신이 죽었을 것으로 생각했지만, 그는 사람들이 달려가기도 전에 한 다리로 일어서서 옆에 있는 버드나무 가지를 꺾어 가지의 껍질을 벗겨서 부러진 다리를 싸매고 태연히 말에 올라 최종 목적지까지 이르렀다.

그가 돌아온 후에 비로소 다리뼈가 부러진 것을 알게 된 시험관과 사람들은 침착하고 용감한 그의 태도에 매우 놀랐다. 이 같은 그의 태도는

십경도 〈말에서 떨어져 다리가 부러진 후 다시 말고삐를 잡는 순간〉 출처: 현충사

평소에 쌓아 올린 수양의 산물이었고, 낙마로 불합격이라는 쓰라림을 맛보았지만 그는 조금도 낙심하지 않았다.

이순신은 집으로 돌아온 후 수양과 훈련을 거듭하여 4년 후인 32세 때의 2월, 식년[6] 무과(式年武科)에 응시하여 병과(丙科)에 합격하였다. 이 시험에서 그는 무예와 무경강독(武經講讀)[7]에 능통하여 시험관을 놀라게 한 일이 있었다.

시험 중 시험관이 '황석공(黃石公)'이라는 구절에 이르러 이순신의 재능과 어느 정도 병서(兵書)를 읽었는가를 시험하려고 질문하였다.

"장량이 적송자(赤松子)[8]를 따라 다니면서 놀았다고 하니, 과연 장량이 죽지 않았을까?"

이순신은 천천히 말문을 열었다.

"사람이 나면 반드시 죽는 법입니다. 강목(綱目)[9]에도 임자(壬子) 6년에 유후 장량이 죽었다고 하였는데 어찌 신선을 따라 죽지 않을 리가 있겠습니까? 그것은 다만 가탁[10]하여 하는 말일 따름입니다."

이순신의 답변은 오히려 시험관에게 반문한 것이었고 특히 그가 인

---

6 12지 가운데 자(子)·묘(卯)·오(午)·유(酉)가 들어가는 해를 식년이라 부르는데 3년마다 한 번씩 돌아온다. 3년마다 돌아오는 식년에 정기과거시험을 치르며 이를 식년시라고 부른다.
7 군의 전략과 전술을 다룬 병법서를 질의 응답하는 것이다. 조선 시대 대표적인 무경 7가지(무경칠서)는 손무의 《손자병법》, 오자의 《오자병법》, 태공망 혹은 황석공의 《육도》《삼략》, 울료의 《울료자》, 사마양저의 《사마법》, 이정의 《이위공문대》이다.
8 신농 때 비를 다스렸다는 신선(神仙)의 이름.
9 중국의 주희(朱喜)가 지은 사서(史書), 《자치통감(資治通鑑)》을 강(綱)과 목(目)으로 나눈 것.
10 어떤 일을 그 일과 무관한 다른 대상과 관련지은 것.

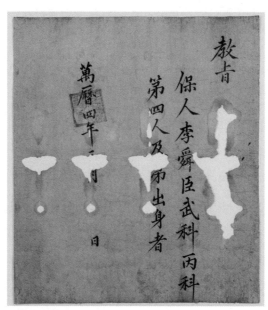
무과 합격 교지 출처: 현충사

용한 '강목'은 중국의 유명한 사서인 《자치통감》을 송(宋)나라의 주희가 공자의 춘추(春秋)식으로 재편찬한 것으로, 보통 사람은 전부 읽기 힘들 정도로 방대하였다. 오히려 반문을 받은 시험관들은 서로 돌아보면서,

"이 사람은 보통 무사로서는 알 수 없는 내용을 다 알고 있구나!"

하면서 이순신의 재능을 칭찬하고 감탄하였다 한다.

제 실력으로 당당히 합격한 이순신은 자신이 가져야 할 태도를 분명히 하였다. 그는 본성이 강직한 탓도 있었지만 비굴하게 남의 힘을 빌려 자신의 위치를 높이려고 하지 않았다. 합격한 그날부터 임용 발령을 조용히 기다렸으며, 또 자신의 보직을 위해서나 출세를 위해서 권문세가(權門勢家)에 출입하지 않기로 결심했다.

충무공 이순신

"대장부가 세상에 태어나서 쓰이면 죽을힘을 다해서 충성하고 쓰이지 못하면 농사짓고 살더라도 족하다. 권세 있는 자에게 아첨하여 뜬구름 같은 영화를 탐내는 것을 나는 수치로 여긴다."[11]

이러한 이순신의 말은 자기의 분수를 지키려는 생활 태도 그리고 어떠한 직책과 직위에도 만족한다는 그의 깨끗하고 숭고한 정신을 대변한 것이다. 실로 그는 공명정대(公明正大)를 생활신조로 삼고 있었으며 자기 자신의 능력을 남에게 과시하지 않으려고 하였다. 때문에 소년 시절을 서울에서 보내기는 했어도 그를 알아주는 사람이 드물었으나 서애 류성룡만은 장수로서의 그의 자질을 알고 있었다.

과거에 합격한 이순신은 조상의 무덤에 성묘하러 갔는데 무덤 앞에 세워둔 망주석이 넘어져 있었다. 그는 하인들에게 일으켜 세우도록 했으나 망주석은 무거워서 움직이지 않았다. 그때 곁에서 하인들이 움직이는 모습을 본 그는 하인을 물리치고 등으로 떠밀어 망주석을 세웠다. 옆에서 이 모습을 지켜보던 사람들이 "힘으로만 되는 것이 아니다."라고 하였다 한다.

---

11 최유해의 〈행장〉에 기록된 글이다. 원문은 "丈夫生世 用則效死以忠 不用則耕野足矣 若媚要人竊浮榮 吾恥也"이다.

2장

수련과 고행

01
—
최초의 관직 생활

32세에 무과시험에 합격한 이순신은 그해 12월에 동구비보(童仇非堡)의 권관(權管)으로 임명되었다.

동구비보는 압록강 상류의 국경지대에 있는 오지 중의 오지로, 당시의 귀양지였을 뿐 아니라 종종 여진족이 침입하는 곳이었다. 당시 귀양살이를 가는 사람들도 관리들과 결탁하여 이곳만은 피한다는 아주 험악한 산골이기도 하였다.

권관이라는 직위는 지금의 신임 소위급이며 국경지대를 수비하는 일종의 파견 대장 같은 직책으로 그 지방의 백성까지 함께 다스려야 했다.

그는 동구비보에 도착한 후 모든 일을 계획성 있게 실천하였다. 공인(公人)으로서 집무하는 동안 자신이 맡은 직책에 충실하려고 최대한 노력하였고, 가정이나 자신의 사사로운 정의를 생각한다는 것은 사심(私心)에 기울어지는 것임을 명심하고 일하였다.

군사 훈련, 여진족이 침범하였을 때를 고려한 방비책, 여러 곳에 산재한 백성의 생활을 위한 대책 등 모든 면을 빈틈없이 검토하여 실행하였으며 조그마한 일이라도 소홀히 취급하지 않았다.

이순신이 권관 직무를 수행하던 어느 날, 별명이 '곤장 감사'로 이름난 청련 이후백이 함경도 감사가 되어 변경의 작은 진보(鎭堡)를 순찰하였다.

감사는 여러 진보를 순찰하는 동안 변경의 방비 실태와 변장(邊將)들의 활쏘기 시험까지 철저하게 감사하여 태장(笞杖)을 맞지 않은 변장이 거의 없었다. 곤장 감사가 순시 중에 있다는 소문은 동구비보에도 전해져 권관 이순신도 곤장 맞을 각오를 단단히 하고 있었다.

그러나 차례를 거쳐 동구비보에 도착한 감사는 뜻밖에도 이순신에게 친절했다. 이순신은 생각 외의 친절을 받는 것 같아서 감사에게

"사또의 형벌이 너무나 엄하여 변방의 장수들이 손, 발 둘 곳을 모릅니다."

(使道刑杖頗嚴 邊將無小措手足矣)

라고 말하였다. 감사는 웃으면서,

"그대 말이 옳다. 그러나 난들 어찌 옳고 그른 것을 가리지 않고 하랴."

하면서 자기 직책에 충실하였던 이순신을 칭찬하였다. 이는 동구비보의 군기가 엄정하고 여진족에 대한 방비 상황이 월등하게 잘 갖추어져 있는 모습을 한눈에 알아봤기 때문이다.

한편 이순신이 동구비보에서 근무한 지 2개월 후인 33세 때의 2월, 그의 부인은 셋째 아들 면(葂)을 순산하였다.

02

훈련원 봉사 시절

동구비보의 권관 직무를 3년 동안 수행한 이순신은 35세 때의 2월, 서울에 있는 훈련원 봉사(奉事)로 전직되었다. '봉사'는 종8품으로 훈련원에서 최하위 직급에 속했지만 영전을 한 것과 같았다. 왜냐하면 종9품에서 종8품으로 승진하였고 함경도 두멧골에서 서울로 전입하였기 때문이다.

훈련원은 군사들의 인사(人事), 고시(考試), 훈련과 교육 등에 관한 일을 관장하는 곳이었으나 군기(軍紀)는 극도로 문란했었다. 특히 군율의 문란과 상관의 청탁에 따른 그릇된 인사 이동 등은 이루 말할 수 없이 많았고 이를 바로 잡을 관리마저 없는 실정이었다.

이곳에서 이순신이 맡은 주 업무는 군사들의 인사 관계였는데, 종종 위로부터 인사에 관한 압력도 있고 동료에게서 청탁이 들어오기도 하였으나, 원래부터 정직하고 근면한 그는 원칙을 준수하려 했으며 어떠한 사람의 청탁도 받지 않았다.

어느 날 그의 상관인 병부랑(兵部郎)으로부터 자기의 친지 한 사람을 순서를 뛰어넘어 참군(參軍)[12]으로 승진시키려고 인사 관계 서류를 꾸며 달라는 청탁을 받았다.

이순신은 그 청탁을 들어주지 않으면 자신의 위치가 위태로울 수 있음을 알았지만 병부랑에게 그것의 부당함을 말했다.

"아래에 있는 자를 건너뛰어 올리면 당연히 승진할 사람이 승진하지 못하게 되니, 이는 공평하지 못할 뿐만 아니라 또한 법규도 고칠 수 없는 것입니다."

(在下者越遷 則應遷者不遷 是非公也 且法不可改也)

이 말을 들은 병부랑은 위압으로 자신의 뜻을 관철하려 하였지만 이순신은 끝내 고집하고 듣지 않았다. 자신에게 아무런 이해관계가 없고 또 자신의 신상에 불리한 일이 생길 수도 있겠지만 인사 법규를 준수해야 한다는 그의 신념은 누구도 막을 수 없었다.

병부랑은 매우 성이 났지만 감히 마음대로 올리지 못하였으며 자기 마음속에 이순신에 대한 앙심을 품을 따름이었다.

그 후 공명과 정의로 불의에 대항한 이순신의 언행은 훈련원 내에 알려지기 시작하였으며 훈련원 내에서 근무하던 관원들은

"서익은 병부랑이면서도 훈련원 봉사에게 굴복하였다."
"이순신이 감히 정랑에게 항거하다니 앞길을 생각하지 않을 것인가."

라는 말을 하였다.

---

12 조선 시대 훈련원의 정7품 벼슬.

이순신의 명성이 점점 서울 장안에 퍼지면서 이순신과 인척 관계를 맺고자 하는 사람이 나타나기도 하였다. 그의 사람됨을 알게 된 병조판서(兵曹判書) 김귀영(金貴榮)은 자기의 서녀(庶女)를 이순신에게 소실로 시집 보내려고 중매인을 보낸 일이 있었다.

당시 양반 사회에서는 소실 한두 명 두는 것을 예사로 삼고 있었으므로 김귀영은 모든 면에 성실한 이순신에게 자기의 서녀를 시집 보내어 인척 관계를 맺으려 한 것이다. 그때 보통 사람 같으면 무인으로서 직속 상관인 병조판서와 관계 맺게 되기를 은근히 바랐을 것이며 또 그 당시 세태는 그렇게 됨으로써 자신의 출세에 지대한 영향을 가져올 가능성이 컸다. 그러나 이순신은 생각할 겨를도 없이,

"벼슬길에 처음 나온 내가 어찌 권세 있는 집에 의탁하여 출세하기를 도모하겠는가."

(吾初出仕路 豈宜托跡權門)

라고 말하며 중매인을 그 자리에서 돌려보내고 그에 대한 미련을 조금도 갖지 않았다.

한편 훈련원 간부들은 이순신을 부하로 두거나 훈련원 내에 그대로 두면 자신의 부정이 탄로 날 것이고 앞으로 부정을 할 수 없을 것이라고 생각한 나머지 이순신에 대한 새로운 인사 조처를 강구하고 있었다.

03

충청 병사 군관 생활

이순신은 훈련원에 부임한 지 겨우 8개월 만인 그해 10월, 충청도 병마절도사(兵馬節度使)의 군관(軍官)으로 전직되어 병영이 있는 충남 해미로 내려갔다.

군관 생활을 하는 동안 이순신이 거처하는 방에는 의복과 이불 이외에는 아무것도 없었다. 이따금 휴가를 얻어 집으로 갈 때 양식이 남은 적이 있었다. 이 양식은 그가 마음대로 처리해도 되는 것이었으나 남은 양식을 사사로이 사용할 수 없다고 하며 반드시 양곡관리 담당자에게 돌려주었다.

이와 같은 그의 행동은 직속상관인 병사(兵使)도 알게 되어 크게 놀랐으며 신변잡사에 이르기까지 일체의 사심을 버린 그의 공정(公正)은 마침내 병사의 신임을 받기에 이르렀다.

그가 군관 생활을 하던 어느 날 저녁에 있었던 일이다. 병사가 술에 취해 이순신의 손을 끌고 병사의 옛 친구인 어느 군관의 방으로 같이 가

충무공 이순신

자고 하였다. 그때 병사에게 손을 끌린 이순신은 대장이 술에 취한 채 군관을 사사로이 자주 찾아본다는 게 마땅하지 않다고 생각하였다. 그리하여 짐짓 취한 척하면서 병사의 손목을 붙잡고 조용히 그 부당함을 돌려서 이렇게 말하였다.

"사또 지금 어디로 가자 하옵니까?"
(使道欲何之)

취중에 이순신의 말을 들은 병사도 그 말이 무슨 뜻인지를 알 수 있었다. 이윽고 병사는 주저앉으며 "내가 취했군, 취했군……." 하면서 뉘우쳤다. 그 당시의 법규는 상관이 부하의 집을 사사로이 방문하지 못하였을 뿐 아니라, 재상의 집에도 서로 드나들지 않는 것이 원칙이었기 때문이다.

실로 이러한 이순신의 말은 그 누구도 받아들이지 않을 수 없는 따끔한 교훈이었다.

04

최초의 수군 생활

이순신은 이듬해 7월 즉 그의 나이 36세가 되던 해에 전라 좌수영(全羅左水營) 관내의 발포 수군만호(鉢浦水軍萬戶, 종4품)로 전직되었다.

이곳에서 그는 수군의 진장(鎭將)으로 남해안 지방의 방위 임무를 맡게 되었다.

이순신이 발포로 부임하여 육상과 다른 해상의 방비를 위하여 군기(軍器)를 보수하며 성실하게 근무할 때였다. 거짓을 꾸며서 이순신을 참소하는 말을 듣게 된 전라감사 손식은 그에게 단단히 벌을 주려고 하였다.

마침내 순찰 도중 능성(지금의 전라남도 화순군 능주면)에 온 감사 손식은 별다른 이유 없이 이순신에게 마중 나오라고 하였다. 이순신을 만난 감사는 진서(陳書)에 대한 강독(講讀)을 명하였으나 그의 능숙한 강독에는 트집 잡을 게 없었다.

감사는 또다시 이순신에게 여러 진의 모양을 그리게 하였다. 감사의 마음은 이번에 잘못 그리면 그것을 구실 삼아 단단히 벌을 주려는 것이

충무공 이순신

었다. 그러나 이순신은 붓을 들고 거침없이 그려나갔다. 그는 조용히 붓을 들고 감사가 원하는 진도를 정묘하게 그려내었다. 감사는 한참이나 꾸부리고 보다가 트집은 고사하고 감탄하며 말했다.

"그대는 어쩌면 이처럼 정묘하게 그렸느냐?"

라고 말하고 이순신의 조상(祖上)을 물어본 다음에

"내가 진작 그대를 알지 못했던 것이 한이로다."

하면서 그 후로는 정중하게 이순신을 대우하였다.
이처럼 이순신은 지금까지 닦아온 그의 재능으로 이유 없이 받아야 할 벌을 쉽게 면할 수 있었다.

어느 날 이순신의 직속상관인 전라 좌수사 성박이 발포 객사 앞뜰에 있는 오동나무를 베어다 거문고를 만들려 했다.
상관의 비위를 맞추기 위해 나무 한 그루 베는 일은 별 문제가 아닌 것 같이 생각할 수 있을지 모르지만 이순신은 비록 한 그루의 나무라도 공유물이며 또 당장에 필요하지 않은 사소한 공유물이라 할지라도 관원들이 일시적인 욕망으로 마음대로 없애면 안 된다는 것을 명심하고 거절했다.

"이 나무는 국가의 물건입니다. 또 여러 해 동안 길러온 것을 하루아침에 베어버릴 수 없습니다."
(此官家物也 栽之有年 一朝伐之何也)

수사 성박은 노발대발하였지만 결국 오동나무를 베어 가지는 못하였다.

그 후 수사 성박이 전출하고 후임으로 이용이라는 사람이 부임하였다. 그 역시 상관이라는 위용만을 부리기 좋아하는 사람이었고 사리사욕 채우는 데만 눈을 돌리면서 이순신이 자기에게 고분고분하지 않은 것을 미워하여 계교를 꾸몄던 일이 있었다.

어느 날 그는 불시에 전라 좌수영 관할 아래 있는 5개 포구를 점검하였다. 그때 다른 4개의 포구는 결석자가 극히 많았으나 이순신이 있는 발포에는 겨우 4명뿐이었는데도 수사는 점검 내용을 거짓으로 꾸며 이순신의 이름만 들추어 위에 장계하여 죄를 청하였다.

그러나 이순신은 이러한 수사의 부당한 행동을 묵과하지 않았다. 그는 부당한 일에 대한 시정은 상급자와 하급자를 분별하지 않았다. 그는 즉시 발포를 제외한 4개 포구의 결석자 명단을 조사하여 만일에 대비하고, 또 그것을 근거로 하여 위에 보고하려는 태도를 보였다.

이를 알게 된 좌수영 관내의 장령(將領, 고급 장교)들은 수사에게 사실대로 이야기했다.

"발포의 결석자가 제일 적을 뿐만 아니라, 이순신이 각 포구의 결석자를 조사하여 그 명단을 가지고 있습니다. 만일 장계가 위에 올라가게 되면 후회할 일이 생길지 모르겠습니다."

이 말을 들은 수사 이용은 매우 당황하여 즉석에서 "그렇겠다." 하고는 재빨리 사람을 보내어 이순신에 관한 보고 서류를 되찾아 왔다.

그 후 수사는 잠시 자기 잘못을 뉘우친 것 같았으나 이순신에 대한 감정은 조금도 풀리지 않았다.

얼마 후 수사와 감사가 같이 모여 여러 진장의 성적을 평가하는 데에서도 5개 포구 중에서 발포를 가장 나쁘게 배점하여 위에 보고하려고 했다.[13] 이때 수사 이용의 그릇된 평가는 조헌(朝憲)[14]의 이의 제기로 좌절당하고 말았다.

"이순신이 군사를 다스리는 법이 도내에서는 제일이라는 말을 들어서 알고 있습니다. 다른 진을 모두 그 아래에 둔다고 하더라도 이순신만은 나쁘게 평할 수 없을 것입니다."

이 말에 의도적으로 이순신을 나쁘게 평하려던 수사 이용도 다시 입을 열어 자신의 발언을 우기지 못하였다. 여러 번의 위기를 모면하고 흔들림 없이 자기 직무에만 충실했던 이순신은 결국 큰일을 당하고야 말았다.

38세 때의 1월이었다. 임금의 특명을 받고 지방에 파견되어 제반 실무 상황을 조사 보고하는 특사인 군기경차관(軍器敬差官)이 발포에 왔다. 이 경차관은 지난날 훈련원에서 이순신에게 혼이 난 서익이었다. 그는,

"발포 만호 이순신은 군기를 전혀 보수하지 않았으므로 파직하여야 한다."

라는 내용의 공문을 조금도 주저하지 않고 위에 보고하였으며 이로 말미암아 이순신은 파직되고 말았다.

실로 이순신에게는 원통한 일이었고 그가 파직된 것을 알게 된 사람들은

---

13 만호 이상에 해당하는 진장들의 근무 성적은 6월과 12월에 감사와 수사가 동석하여 평가한 후 그 내용을 위에 보고하게 되어 있다.
14 당시 전라감사를 보좌하여 모든 행정 사무를 맡아보는 도사(都事)였다.

"이순신이 군기를 저렇게도 정밀하게 보수했는데 벌을 받게 된 것은 그가 지난날 훈련원에서 굽히지 않은 앙금 때문이다."

라고 말하기도 하였다. 그러나 이순신은 별다른 원망을 하지 않았다. 그는 언제 어떠한 곳이라도 복직하면 나라를 위하여 헌신한다는 굳건한 태도를 지니고 있었으며 구차하게 억울함을 호소하거나 복직 운동 같은 것은 하지 않았다.

비록 이순신은 파직되었지만 그의 이름은 점점 더 알려졌다. 이순신의 이름을 알게 된 율곡도 그를 잘 알고 있는 사간원 대사간(大司諫) 류성룡을 통하여 만나기를 청한 적이 있었다. 이율곡(栗谷 李珥)은 이순신과 동성동본(同姓同本)으로 당시 임금인 선조의 총애를 받고 있었으며 나이는 이순신보다 9세나 더 많았지만 19촌 조카뻘이었다. 그때 이율곡은 이조판서(吏曹判書)로 있었다. 이조판서면 당대의 웬만한 벼슬쯤은 마음대로 할 수 있는 높은 관직이었다. 그런 자리에 있는 사람이 먼저 만나기를 청하였으니 억울하게 파직된 연유와 앞으로의 문제를 전혀 말하지 않는다 하더라도 19촌 간이라는 점에서 한번 만나보는 것도 나쁜 일은 아니었을 것이다.

그러나 이순신은

"나와 율곡은 동본인 까닭에 만나볼 만도 하나 그가 이조판서로 있는 동안은 만나보는 것이 옳지 못하다."

(我與栗谷同本 可以相見 而見於銓相時則不可)

하면서 끝내 만나지 않았다.

충무공 이순신

이순신이 받은 부당한 파직은 결코 오래 가지 않았다.

파직된 후 약 4개월이 지난 그해 5월, 그는 3년 전에 근무한 적이 있는 '훈련원 봉사'에 보직되었다.

두 번째로 '봉사' 직을 맡게 된 그는 벼슬자리가 좀 낮아진 데 대해 아무런 불평을 하지 않고 그날그날의 일을 충실히 했으며, 한편으로 틈만 있으면 활 쏘는 연습을 하였다. 그가 갖고 다니는 전통(箭筒, 화살통)은 오랫동안 간직한 것으로서 여러 사람의 눈에 오르내리고 있었으며 정승(政丞) 유전(柳㙉)도 이를 갖고 싶어하였다. 어느 날 활 쏘는 기회에 유전은 이순신을 불러

"그 전통을 나에게 줄 수 없겠는가?"

라고 말한 적이 있었다.

이순신은 그 전통으로 말미암아 생기는 잡음을 고려해서,

"전통을 드리기는 어렵지 않습니다. 남들이 대감이 받는 것을 어떻다 하며 소인이 바치는 것을 어떻다 하오리까. 다만 전통 하나로 대감과 소인이 함께 더러운 말(뇌물을 바쳤다 또는 뇌물을 받았다 등)을 듣게 되는 것이 두렵습니다."

라고 공손히 대답하였다. 이에 유 정승도 이순신의 당연한 말에 감동하여

"과연 그대 말이 옳다."

하면서 그 후로는 전통에 관한 말을 하지 않았다.

05

여진족 격퇴

이순신은 39세 때의 7월, 남병사(南兵使)의 특별한 인사 내신(內申)에 따라 남병사의 군관으로 전직되었다. 이 남병사는 3년 전 전라 좌수사로 있으면서 이순신에게 벌을 주려고 하던 이용이었다. 그는 이순신의 정명(正明)한 인격을 알게 되고 또 지난날의 자기 잘못을 깊이 뉘우친 후 자기의 군관으로 삼으려고 내신하였고, 조정에서도 이순신의 정신과 재능을 잘 알고 있었으므로 임명한 것이다.

그리하여 두 번째 북방 생활을 하게 되었다. 이순신을 다시 만난 남병사 이용은 매우 기뻐하면서 다른 사람들보다 더 친밀히 대하고 대소군무(大小軍務)를 모두 이순신과 협의하였다.

이순신이 이곳에서 군관 생활을 하고 있을 때의 어느 날이었다. 병사가 행군하며 북쪽을 향하려고 할 때 그는 군관으로서 행군을 서쪽 문으로 나가게 한 적이 있었다. 병사는 크게 성을 내며

충무공 이순신

"내가 서쪽 문으로 나가려는 것이 아닌데 무엇 때문에 서쪽 문으로 나가는 것이냐?"

라고 하였다. 이순신은 조금도 당황하지 않고 조리 있는 말로 대답하였다.

"서쪽은 금(金) 방위인데 때마침 가을이고 또 가을철이란 살기가 진 것이기 때문에 서문으로 나가게 한 것입니다."

이 말을 들은 병사는 이순신의 치밀한 계획을 마음속으로 칭찬하고 크게 기뻐하였다.

근 3개월의 군관 생활을 충실히 이행하던 이순신은 같은 해 10월에 건원보(乾原堡) 권관으로 전임되었다.

건원보는 함경북도 두만강 변의 경원군 내에 위치하여 여진족의 침입이 잦았던 곳이었다. 특히 이순신이 이곳으로 부임하기 전에는 니탕개, 울기내 등 여진족의 대규모 약탈이 이어지고 있었으나 조정에서는 이를 쉽게 토벌할 수 없었다. 여진족에 대한 방어와 토벌책을 강구하던 중 이순신을 발령한 것이다.

이순신은 부임과 동시에 철저한 방비책을 강구하고 한편으로는 울기내 일족을 유인하여 전멸할 묘책을 꾸몄다. 그는 먼저 군사를 복병(伏兵)시켜 두고 울기내로 하여금 수많은 번호(藩胡) 즉 여진족을 이끌어 오게 한 후 복병해 두었던 군사를 동원하여 이들을 순식간에 사로잡았다. 조정에서는 그에게 큰 상을 내리려고 했지만 이순신의 직속상관인 북병사 김우서가 이순신이 단독으로 크게 성공한 것을 시기하여

"이순신은 주장인 나에게 보고하지 않고 임의로 큰일을 행하였으므

로 옳지 못하다."

하는 보고서를 조정에 제출하니, 조정에서도 병사의 보고서를 참작하여 그에 대한 포상을 중지하고 말았다.

이순신은 건원보에 있으면서 훈련원 벼슬이 만기가 되어 참군으로 승진하였다. 참군은 훈련원의 무관직으로서 정7품이었으나 차차 이순신의 존재를 알게 된 수많은 사람은

"그가 권세 있는 집에 분주히 드나들지 않기 때문에 벼슬이 뛰어오르지 못하였다."

하면서 애석하게 여겼다.

한편 그해 11월 15일 충청도 아산에서는 그의 아버지가 별세하였다. 그러나 지금과 달리 교통 통신이 불편하여 부음이 빨리 전해지질 못하고 다음 해 1월에 이르러서야 그에게 전해졌다.

이순신은 부음을 들은 즉시 아산으로 향하였다. 그는 애통함을 참지 못한 채 샛별이 보일 때부터 저녁 별이 뜰 때까지 자신의 몸을 돌보지 않고 줄곧 달렸다. 당시 함경도를 순찰하던 재상 정언신은 이순신이 상을 당하여 급히 돌아간다는 소식을 듣고 그의 몸이 상할까 염려하여 사람을 보내어

"상복을 입고 귀향하라."

하였으나 이순신은

"한 시각이라도 지체할 수 없습니다."

라고 말하고 집에 도착해서야 상복을 입었다.

그리고 그가 3년상을 치르는 동안 더욱 그의 재능이 알려져 비록 상 중에 있는 몸이었지만 조정에서는 그를 빨리 기용하기 위하여 겨우 소상 (小祥)이 지났는데도 사람을 보내서 상복을 벗는 날이 언제냐고 두 번 세 번 문의하였다.

06

첫 번째 백의종군

이순신은 42세 때의 1월, 3년상을 끝내자마자 사복시(司僕寺) 주부(主簿)로 기용되었다. 사복시는 궁중의 수레와 말에 관한 일을 맡은 관청이며 주부는 종6품 관원이었다. 그런데 부임한 지 겨우 16일 만에 다시 함경도 조산보(造山堡) 만호로 전직되었다.

조산보는 지금의 경흥군 내에 있는 곳으로, 국경지대이며 여진족의 침략이 극심한 곳이어서 조정에서는 최적임자를 엄선한다 하여 이순신을 종6품에서 종4품인 만호로 승진시켜 발령한 것이다. 이순신은 또다시 여진족을 상대로 북방 생활을 하게 되었으며 다음 해 8월에는 '녹둔도 둔전관(鹿屯島 屯田官)'을 겸임하였다.

녹둔도는 조산보에서 20여 리쯤 되는 두만강 입구에 위치한 조그마한 섬으로, 1583년 오랑캐 소탕을 위해 함경도 순찰사로 나왔던 정언신이 조정에 건의하여 둔전을 설치하였다.

부임지에 이른 이순신은 모든 일에 만전을 기하기 위하여 먼저 방비

충무공 이순신

책을 강구하였으나 소수의 방비군으로는 여진족의 침입을 격퇴하기 어려움을 판단한 후 즉시 대비책을 강구하였다.

그는 직속상관격인 병사 이일에게

"군병의 수효가 너무 적으니 더 많은 군병이 있어야 합니다."

하는 내용과 필요성 등을 일일이 열거하여 보고하였으나 병사는 이를 수용하지 않았다. 때문에 이순신은 다시금 군병을 보내줄 것을 요청하는 한편 소수의 군병이나마 훈련을 시켜 유사시에 대비하려고 노력하였다.

이곳에 방비가 미약함을 알게 된 여진족은 이순신이 둔전관으로 부임한 직후 공격을 감행하였다. 특히 이날은 안개가 자욱하여 사방을 분간할 수 없었다. 더구나 군사 여럿은 밭둑에서 벼를 거두고 있었으며 목책 안에는 겨우 군병 10여 명이 방비하고 있을 따름이었다.

여진족이 기병(騎兵)을 선두로 하여 함성을 지르며 공격을 개시하니 수비장인 오형과 감관(監官) 임경번 등이 전사하고 말았다. 그때 이순신은 몸소 뛰어나가 선두에서 경흥부사 이경록과 함께 반격을 가하였다.

그는 먼저 붉은 털옷을 입은 자 몇 명이 선두로 달려오는 것을 발견하고 이를 활로 쓰러뜨렸다. 이에 당황한 여진족이 도주하기 시작하였고, 계속 추격을 가한 이순신은 여진족에게 사로잡힌 백성 중 50명을 도로 찾기까지 하였으나 병력의 부족으로 더 추격하지 못하고 말았다.

이날 전투에서는 병력 부족으로 백성과 수비병을 합하여 160여 명이 여진족에게 잡혀갔으며 10여 명의 전사자가 발생하였다. 모처럼의 수비 계획이 사실상 실패로 돌아간 것이다. 그러나 소수의 병력으로 수많은 여진족의 침입을 격퇴하고 50여 명만이라도 도로 찾은 것은 이순신의 공훈이었다.

십경도 〈녹둔도에서 오랑캐를 무찌르는 모습〉 출처: 현충사

이 전투에서 이순신은 여진족의 화살을 맞아 왼편 다리를 상하기까지 하였으나 전투 중 수비병들이 놀랄까 하여 몰래 화살을 뽑아버리고 태연히 용전하여 여진족을 격퇴시켰다.

그러나 이순신의 전공을 누구보다도 잘 알아야 할 병사 이일은 증원군을 파견하지 않은 잘못과 그로 인하여 생긴 피해에 대한 책임이 자신에게 올 것을 염려하여 이순신을 구속하고 또 심한 형벌을 가하여 모든 잘못을 이순신에게 덮어씌우려고 하였다.

그리하여 이일은 이순신을 병영으로 호출했다. 그때 이일의 군관으로 있던 선거이는 이미 병사 이일의 심사를 꿰뚫고 있었으며 또 이순신의 인품을 오래전부터 잘 알고 있어서 이 사실을 이순신에게 먼저 알려야만 하였다. 이순신이 명령을 받고 병사에게 출두할 때였다. 선거이는 답답하여 무슨 말을 먼저 해야 좋을지 분간하지 못한 채 이순신 손을 잡고 눈물을 흘리면서 이렇게 말하였다.

"술이나 한잔하시고 들어가는 것이 좋겠소."

이 말을 들은 이순신은 벌써 병사와 선거이의 심중을 알 수 있었다. 그는 정색하며 답하였다.

"죽고 사는 것은 천명인데 술은 마셔 무엇하오."
(死生有命 飮酒何也)

선거이는 또다시 이순신에게

"그럼 술은 마시지 않더라도 물이나 마시고 들어가오."

라고 하였으나 이순신은 다시 태연하게

"목이 마르지 않은데 물은 무엇 때문에 마시겠소."
(不渴何必飮水)

라고 하면서 늠름한 걸음걸이로 병사 앞으로 나아갔다.
기다리고 있었던 병사 이일은 성난 안색에 소리를 높여 패전한 경위

를 진술하라고 엄명하였다. 그러나 이순신은 늠름한 태도로

"내가 수비하는 병력이 약하기 때문에 여러 번 군병을 증원해 주기를 청하였으나 병사가 허락하지 않았는데 그 공문의 원안이 여기에 있습니다. 조정에서 만일 이것을 알면 그 죄가 나에게 있지 않을 것이며 또 내가 힘껏 싸워서 적을 물리치고 추격하여 사로잡힌 백성을 도로 찾아왔는데 패전으로 따지려는 것이 옳단 말입니까?"

라고 실정을 토로하면서 말소리나 동작이 조금도 흐트러지지 않았다. 그러자 이러한 이순신의 정당성에 기가 눌린 병사 이일은 아무런 응답을 못 하였다. 다만 처음부터 모든 죄를 덮어씌우려던 속셈이었기 때문에 이순신에게 형벌은 주지 못하고 무조건 투옥하도록 명령한 후 자기에게 유리한 작전 보고서를 작성하여 조정에 올렸다.

이 사건을 보고받은 조정에서는 다음과 같은 명령을 내렸다.

"이순신은 패전한 사람과는 다르다. 그로 하여금 백의종군(白衣從軍)[15]하여 공을 세우도록 하라."

함경도에서 백의종군 중이던 이순신은 같은 해의 겨울, 여진족의 시전 부락(時錢部落) 정벌에서 공을 세워 특사(特赦)를 받았다.

---

15 무신에게만 내리던 형벌의 한 종류로, 관직을 박탈하여 지휘권이 없는 상태에서 군무에 종사하는 것이다. 병사로 강등되는 것은 아니며 백의종군 중 공을 세우면 다시 품계가 복원되는 제도였다.

충무공 이순신

07

정읍 현감 시절

이순신은 44세 때의 6월 벼슬을 떠나 고향에서 한가로운 날을 보내었다. 이어 45세 때 1월에 조정에서 인재를 얻는 방책으로 '불차탁용(不次擢用)' 의 탁발책(擢拔策)을 써서 무신을 천거하였다.

불차탁용은 일정한 차례를 따지지 않고 뽑아 쓸 만한 사람을 천거하는 것이다. 이순신도 이 불차탁용에 천거되었으나 아무런 임명을 받지 못하여 관직에 오르지 못하였다.

그러다 같은 해 2월, 전라감사 이광의 군관으로 임명되었는데 이는 이광의 내신에 의하여 발령된 것이다. 이광은 이순신을 만나게 되자

"그대처럼 뛰어난 재주를 가지고 이렇게 뜻을 펴지 못하고 지내는 것 은 참으로 안타까운 일이다."

하면서 이순신을 위로하고 조정에 건의하여 전라도의 조방장(助防將)

을 겸임하게 하였다. 그리하여 그는 발포 만호에서 파직을 당한 후 7년 만에 다시 남쪽에서 군관 생활을 하게 되었다. 어느 날 이순신이 잠시 순천에 이르렀을 때 순천 부사 권준이 어디서 술을 마시고 와서는 비꼬는 말로 그에게

"이 고을이 아주 좋은데 그대가 나를 대신해서 다스릴 수 있겠소?"

하면서 자못 자랑스러운 빛을 보였으나 그는 아무런 말을 하지 않고 웃으면서 조용히 대하곤 하였다.

이순신은 그해 11월에 무신 겸 선전관(宣傳官)으로 일시 상경하였다가 12월에 전라도 정읍 현감(縣監)으로 발령되어 부임하였다. 현감은 지금의 작은 고을 군수와 비슷한 것으로 품계는 종6품이다.

그는 정읍 현감으로 부임하면서 태인현(泰仁縣)의 현감까지 겸임하게 되었다. 특히 태인현은 오랫동안 현감의 공석으로 공문 서류가 산더미같이 쌓여 있었다. 이순신은 태인현에 이르러 문무겸전(文武兼全)의 뛰어난 능력을 발휘하여 모든 미결 서류를 잠깐에 정리하고 산더미 같은 사건을 거침없이 완결하였다. 이에 지방 수령들의 폭정으로 지치고 허덕이던 백성은 이순신을 태산같이 믿게 되었고 또 부모같이 받들곤 하였다. 그뿐만 아니라 이들은 어사에게

"이순신을 태인현의 현감으로 임명해 주시기를 바랍니다."

라는 내용의 글을 올리기도 했다.

한편 이순신이 정읍 현감으로 부임하기 전에 그 당시 전라도의 도사(都事)였던 조대중이 먼저 안부 편지를 보냈고 이순신도 이에 답장을 보

낸 일이 있었다. 조대중은 '정여립의 모반 사건'에 관련되어 금부도사(禁府都事)[16]들이 내려와 그의 집을 수색하여 많은 서류를 압수하였다. 압수한 서류 중에 이순신이 조대중에게 보낸 편지도 함께 들어 있었다.

그때 이순신은 전라감사의 차사원(差使員)으로 상경하던 길목에서 조대중의 집에서 수색한 서류뭉치를 갖고 가는 금부도사와 만나게 되었다. 이 도사들은 일찍부터 이순신과 서로 아는 사이였으므로 이순신을 향하여 매우 염려하는 기색으로 이렇게 말하였다.

"당신의 편지가 이 수색물 가운데 들어 있는데 당신을 위해서 뽑아버릴까 하오."

이 말은 결국 편지 한 장으로 매우 시끄럽게 되고 또 사건과 관련될지도 모르니 없애버리는 것이 좋지 않겠냐는 뜻이었다. 그러나 이순신은 태연하게,

"아니오. 지난날 도사가 나에게 편지를 보냈기에 그 답장을 한 것이며 그 내용은 서로 안부를 물은 것뿐이었소. 또한 그것은 이미 공물인 수색물 중에 들어 있으므로 사사로이 뽑아버리는 것은 부당한 일이오."

라고 말한 후 끝내 그 편지를 뽑아버리지 않았다. 이는 이순신이 지금까지 실행해 온, 공과 사는 엄격하게 구별해야 한다는 공사준별(公私峻別)의 정신을 다시금 보여준 예이기도 하다.

또한 그가 서울에 도착하였을 때 우의정으로 있던 정언신이 투옥되

---

16 의금부에 소속되어 죄인을 심문하는 일과 조정의 대옥(大獄)을 맡아보던 종5품 벼슬.

정읍 충렬사 전경

었다는 소식을 듣게 되었다. 정언신은 이순신보다 19세 위로서 일찍이 함경도 감사로 있을 때 이순신을 극히 사랑한 사람이었고 이순신도 정언신을 존경하고 있었다. 그 당시는 사건과 관련된 사람을 만난다는 것이 극히 힘든 일이었고, 또 만나면 혐의를 받을 가능성이 많았던 까닭에 만나기를 회피하는 실정이었다.

그러나 이순신은 자기 행동에 대하여 자신을 가졌으며 세간의 이목을 따르지 않았다. 그는 정언신에게만은 인간으로서 꼭 문안을 드려야 한다고 생각하고 떳떳이 옥으로 찾아갔다. 그때 옥문 근처의 방에서는 금오랑(金吾郎, 금부도사의 별칭)들이 모여 술 마시고 노래 부르면서 떠들고 있었다. 이것을 본 이순신은 묵과하지 않았다. 그는 금오랑들을 향하여

"죄가 있고 없는 것은 임금께서 가려낼 일이나 한 나라의 대신이 옥중에 계신데 이렇게 방에서 풍류를 즐기고 논다는 것은 미안한 일이 아니겠소?"

충무공 이순신

라고 하니 금오랑들도 얼굴빛을 고치고 사과하였다. 이처럼 이순신은 어디서나 옳지 못한 일은 시정하고자 하는 강한 의지와 신념을 갖고 있는 인간이었다.

이순신의 두 형은 일찍 돌아가시고 그 어린 자녀들은 모두 할머니의 손에서 자라고 있었는데, 그가 정읍 현감으로 있을 때는 두 형의 자녀들도 그의 어머니를 따라 같이 있게 되었다. 이러한 이순신의 사정을 본 사람들은 현감으로서 너무나 많은 식구를 거느리고 있다고 비난하기도 하였다. 당시는 지방 관리가 식구를 많이 거느리고 있으면 '남솔(濫率)'[17]이라고 하여 파면이나 벼슬을 낮추는 일이 있었기 때문이다.

그때 주위의 말을 듣게 된 이순신은 눈물지으면서

"내가 차라리 식구를 많이 데리고 온 죄를 입는 한이 있어도 이 의지할 곳 없는 것들을 돌보지 않을 수 없다."

라고 말하니 듣는 사람도 모두 그의 따뜻한 인정에 감동하였다.

---

17 고을 수령이 부임할 때 그 관리가 제한된 수 이상으로 가족을 거느리던 일.

08

전라 좌수사 발령

훌륭한 인물은 혼란한 세상에서 나고 또 혼란한 세상에서 온갖 고생과 쓰라림을 겪는 것은 역사적으로 흔히 볼 수 있듯이, 이순신이 태어났을 때 조선의 사회는 평온하지 않았으며 또 자라나서 벼슬살이를 계속하던 기간도 당쟁으로 인한 일대 혼란과 불안이 더해가고 있었다.

특히 이순신이 정읍 현감으로 재직할 동안 동인 정여립의 모반 사건으로 말미암아 그때까지 조정의 요직을 거의 독점해 온 동인들은 서인들에 의해 사형, 유배, 또는 파직되는 등 한때 크게 기세가 꺾였으며 서인들은 영구적인 득세를 위하여 발악하고 있었다. 그리고 왜의 도요토미 히데요시가 조선을 거쳐 중국(명나라)을 침략하고자 여러 번 사신을 보내어 위협하면서 국내의 정황을 정탐하고 있었으나 이러한 위기도 모르는 채 동·서의 당쟁은 끊일 줄 몰랐다.

이렇듯 이순신이 정읍 현감으로 있을 때 서인들이 득세하고 있었으나 동인 중 영의정 이산해와 류성룡 등 이순신의 인품을 잘 아는 사람들이 여전히 요직을 맡고 있었다. 이들 동·서인으로 구성된 조정에서는 일단 이순신을 고사리진(高沙里鎭) 병마 첨절제사(兵馬僉節制使)[18]로 임명하였다. 바로, 그가 정읍 현감으로 부임한 지 8개월 후인 1590년(46세) 7월이었고 발령받은 첨절제사는 종3품관으로서 현감보다 훨씬 높은 벼슬이었다.

그러나 당색에 끌리는 사간원 대간(臺諫)들의 반대로 그의 발령은 즉시 취소되고 말았다. 대간들은 "변방 수령은 만 1년이 지나야 전직할 수 있다."는 인사 법규를 표면상의 이유로 들었으나 뒷면에는 당쟁이 작용하였던 것이다.

그런데 조정에서는 1개월 후인 8월에 다시 정읍 현감 이순신을 당상관(堂上官)[19]으로 승진시켜 만포진(滿浦鎭) 수군 첨절제사(水軍僉節制使)로 임명하였으나 "갑자기 대승진을 시키는 것은 부당하다."라는 이유를 들고나온 대간들의 반대로 본직인 정읍 현감으로 유임되었다.

또, 다음 해 2월에 이순신을 일단 진도 군수로 임명했다가 부임하기 전에 가리포 수군 첨절제사로 임명하였다. 그러나 다시 부임하기 전에 전라 좌수사(정3품)로 임명하였다. 이순신이 전라 좌수사로 발령이 난 것은 임진왜란이 일어나기 14개월 전인 1591년 2월 13일이었다.

이순신이 스스로 승진이나 전직 운동을 하지 않았음에도 전라 좌수사로 발령받게 된 것은 류성룡의 힘이 컸다. 류성룡은 세력이 크게 꺾인 당파 속에서도 그를 추천하는 데에는 조금도 주저하지 않았으며 또 수사로 발령하기까지 많은 고충을 겪어야만 했다.

---

18 각 도의 병마절도사에 속한 종3품의 무관직으로, 거진(巨鎭)의 장(將)이 되었다. 목(牧)·부(府)의 소재지에서는 수령이 겸임(목사 정3품, 도호부사 종3품)하였다. 반면 수군 직책인 수군 첨절제사는 전임(專任)으로 운영되었다.
19 조선 시대 조의(朝議)를 행할 때 당상(堂上)에 있는 교의(交椅)에 앉을 수 있는 관계(官階) 또는 그 관원. 동반은 정3품의 통정대부(通政大夫) 이상, 서반은 절충장군(折衝將軍) 이상.

그 당시의 상황에 관하여 류성룡은 그의 《징비록(懲毖錄)》에서,

"왜가 군사를 움직인다는 소식이 날로 급해지자 위에서 비변사에 명하여 제각기 장수 될 만한 인물을 천거하라 하므로 내가 순신을 천거하여 정읍 현감에서 전라 좌수사로 승직시켰는데, 그러한 갑작스러운 승진을 찬성하지 않는 사람이 많았다."

라고 한 바와 같이 이순신이 전라 좌수사로 발령된 후에도 사간원에서는 2월 16일과 18일, 2차례에 걸쳐 '이순신의 발령이 부당하다'라는 이유를 들어 반대하였으나 선조는 끝까지 이순신의 인사를 철회하지 않았다.

이순신의 발령은 공명과 정의를 잃고 당쟁만 일삼았던 당시의 조정에서 수많은 물의를 일으킨 것이었으나 종국적으로는 그에게 국난을 막을 기회를 준 셈이었다.

그가 수사로 발령될 때 한 친구가 꿈을 꾸었는데 그 꿈은,

"들판 한 가운데 큰 나무가 있는데 높이는 하늘을 찌를 듯했고 나뭇가지들은 수없이 뻗어 있었으며 그 많은 가지 위에는 사람들이 몇천 명인지 몇만 명인지 셀 수도 없이 많이 올라 있었다. 이윽고 큰바람이 불어 그 큰 나무의 뿌리가 흔들리어 쓰러지는 단계에 이르자, 그 나무 위에 올라앉았던 수많은 사람이 아우성을 치는데 그것을 바라보고 있던 어떤 사람이 비호같이 달려와서 그 쓰러지려는 나무를 떠받치자, 사람들 모두 좋아하였다. 그래서 그 사람이 누구인지를 알고 싶어서 달려가 보니 그가 바로 이순신이더라."

라는 것으로서 옛사람들은 이 꿈을 중국 역사에 이야기로 전해오는 문천

상(文天祥)[20]의 경천몽(擎天夢)에 비기기도 했다고 한다. 그러나 이 꿈은 단순한 꿈으로 전할 게 아니라 앞으로 닥칠 나라의 위급함을 구출한 이순신의 참모습을 말해 준 예라고 해야 할 것이다.

---

20 남송의 정치가(1236~1283)이자 충신으로, 육수부, 장세걸과 더불어 송말3걸로 알려져 있다.

3장

좌수영의 결기

01

조선과 일본의 실정

이순신이 전라 좌수사로 임명된 1591년을 전후한 조선의 국내 정세는 극도로 문란하였다. 지배 계급 사이의 당쟁으로 인한 정치 기강의 이완, 전제(田制)와 세제(稅制)의 문란 등 여러 폐단이 나타나고 있었다.

특히 중앙에서의 당쟁은 곧 지방에까지 번져 정치적 불안 속에 놓여 있었으며, 부당한 관리 임명에 따른 시정 문란은 조정에 대한 민심을 이탈하게 하고 외침을 방어하기 위한 모든 체제는 해이해져 병기마저 녹슬어 가는 실정이었다.

그뿐만 아니라 이러한 실상을 조정이나 일부 정치인이 지각하였다 하더라도 이를 근본적으로 고친다는 것은 이미 불가능한 형편이었고, 조정에서 내려지는 모든 시정과 방비에 관한 명령은 표면상으로만 행해질 따름이었다.

국내의 실정을 어느 정도 파악한 조정에서는 여진족이나 일본의 군사적 침입에 대비하는 뜻에서 '비변사(備邊司)'를 상설 기관으로 설치하여 국방에 대한 강력한 방비책을 세우기도 하고, 병조판서 이율곡은 선조 16년에 10만 명의 상비병 양성을 주장하기까지 하였으나 태평 속에 젖은 관리들은 고식적(姑息的)[21]인 대책에만 만족할 뿐이었다.

조정의 무능과 부패는 당시의 수군과 육군을 막론하고 일선 지휘관들에게도 미치었다. 이들 지휘관은 외면상의 위용만을 과시하면서 내부적으로는 군사들의 임전 정신과 군기의 정비 등을 극도로 흐리게 하여 무방비 상태나 다름없었다.

특히 이순신이 조산보 만호로 있을 때인 1587년 2월에는 불과 18척의 왜선이 흥양(興陽)[22]을 침범한 일이 있었으나 녹도 만호 이대원이 혈전을 계속하는 동안 인근에 있던 수군들은 팔짱을 끼고 앉아서 보고만 있었으니, 이 조그마한 사건은 조정의 관원들을 매우 놀라게 하였다.

한편 일본에서는 조선과는 전혀 다른 형세가 전개되고 있었다. '전국 시대'라는 일대 혼란기를 수습하고 국내를 평정, 통일하는 기초를 닦아 가던 오다 노부나가가 암살되자, 그 뒤를 이어받은 도요토미 히데요시가 국내를 통일하였다.

도요토미는 국내의 전란기를 겪는 동안 무기, 무예 및 전법 등의 새로운 수련과 더불어 대륙에 대한 야망을 품고 있었다. 특히 그는 유럽인의 내항(來航)으로 군선과 조총 등을 수입할 수 있었으며 이를 미래전(未來戰)에 사용하기 위한 대책을 강구하면서 정보 활동을 전개하여 조선의 실정을 정탐한 후에 용의주도한 침공 계획을 수립하려고 하였다.

1587년 도요토미는 대마도 도주(島主)를 통하여 타치바나 야스히로

---

21 잠시 숨을 쉰다는 뜻으로 우선 당장에는 탈이 없고 편안하게 지냄을 비유적으로 이르는 말.
22 지금의 '고흥' 지방을 조선 시대에는 '흥양'이라고 불렀다.

에게 조선 국내의 실정을 정탐하게 하는 한편 수호(修好)를 청하였다. 서울에 들어온 타치바나 야스히로는

"히데요시가 일본 국내를 통일하였고 작년부터 중국을 침공하려 한다."

라는 위급한 내용을 전하고 빨리 일본과 수호하기를 청했다. 그러나 조정에서는 당쟁을 일삼느라고 일본의 실정을 알아보려는 계획을 세우지도 않았으며 단지 그 서사(書辭)가 거만하다는 이유로 그 서사에만 답할 따름이었다.

1차 교섭에서 실패한 도요토미는 다음 해에 대마도 도주 소오 요시토모와 중 겐소 등을 파견하여 조선의 허실을 엿보려고 하였으나 아무런 목적을 달성하지 못하였다. 이때에도 조정에서는 일본의 동태가 심상치 않은 것을 짐작하면서도 확고한 대비책을 마련하지 않았다.

더구나 소오 요시토모와 겐소 등이 조정에 바친 물품 중에 당시로서는 최신형 무기인 '조총'이 있었으나 그대로 군기사(軍器寺)[23]에 넣어 둔 채 이를 이용해 보려는 생각을 하지 않고 당쟁에만 급급하던 중, 임진왜란이 일어나 왜군의 총성을 듣고서야 3년 전의 조총을 찾는 실정이기도 하였다.

그런데 세 번째 들어온 겐소와 소오 요시토모 등의 끈덕진 교섭과 더불어 "왜의 동태를 보고 오는 것도 손해날 일은 없을 것이다."라는 일부 뜻있는 관원의 건의에 따라 1590년 3월, 소오 요시토모와 함께 일본으로 통신사를 파견하였다. 그러나 중대한 사명을 띠고 일본의 실정을 직시한 후 다음 해 3월 즉 이순신이 전라 좌수사로 임명된 다음 달에 돌아온 이

---

23 무기의 제조와 관리를 맡아보던 관청.

들 통신사조차 당파로 갈리어 서인인 정사(正使) 황윤길은 선조에게

"일본은 병선을 준비하고 있습니다. 반드시 침략이 있을 것입니다."

라고 보고한 데 반하여 동인인 부사(副使) 김성일은

"신은 그러한 정세가 있는 것을 보지 못하였습니다."

라는 보고와 함께

"윤길이 국민을 동요시키는 것은 옳지 못합니다."

라고 말하기까지 하였다. 그리고 이들 통신사가 갖고 온 히데요시의 서신에는

"군사를 거느리고 명나라에 침입하겠다."

라는 구절이 분명히 쓰여 있었으나 중대한 문제를 냉정하게 판단하여야 할 조정에서는 김성일의 무사론(無事論)에 기울어 그때까지 형식적이나마 경상도와 전라도 등지에서 실시하던 방어 시설의 여러 공사마저 중지하기도 했다.

다만 뜻있는 관원들이 그 후로 계속 들려오는 일본의 대륙 침략설에 대비하기 위하여 방어 시설을 보수하도록 명령하기는 하였으나 이것 역시 백성의 지지를 얻지 못하였고 군정의 문란으로 시간만 축낼 따름이었다. 《징비록》에 의하면 그 당시의 방비 상황과 군정은,

"한 줄기의 작은 냇물로써 왜군이 반드시 건너오지 못할 것이라고 단정한 정도였으며 군정의 근본 문제나 군사를 훈련하는 방법 같은 것은 백 가지 중에서 한 가지도 정돈되지 않았다."

라는 것처럼 당시 조선은 실전 경험이 없는 조정의 관원들과 무인들의 무관심 때문에 그들이 마련했다는 방비책은 비현실적이었고, 또 비현실적인 방어 공사로 인한 백성의 원성만이 높아지고 있었다.

이런 상황에서 국내의 분열을 통일하여 무력을 강화한 일본의 대대적인 침입을 받게 된 조선의 운명은 풍전등화의 위기에 놓이게 되었다.

02

좌수영의 전쟁 준비

국정 문란으로 모든 관리가 자신의 향락만을 누리는 동안, 전라 좌수사의 중책을 맡은 이순신은 군인으로서 맡은 바 직무를 수행하는 데 온 힘을 기울였다.

당시 무능한 조정의 국방 정책은 일관되지 못하였다. 일본의 침입을 눈앞에 두고서도 겉으로는 민심을 동요한다는 이유로 방비 시설을 중지하라는 지시를 내리는가 하면 육군장 신립은

"수군을 없애고 다만 육전에만 전력을 기울여야 한다."

라는 장계를 올리는 등 일선 지휘관으로서는 어떻게 해야 좋을지 갈피를 잡을 수 없는 실정이었다.

이때 수군을 없애고 육전을 위주로 대비한다는 말을 들은 이순신은 앞으로 닥쳐올 국난에 대비할 방안에 대한 자신의 뜻을 조정에 건의하였다.

〈이충무공 수련도〉 출처: 해군사관학교 박물관

"바다로 침입하는 왜적을 저지하는 데는 수군을 따를 만한 것이 없습니다. 수군과 육군은 어느 한쪽도 없앨 수 없는 것입니다."

라는 내용의 장계를 올려 조정의 그릇된 방침을 시정하였다. 말하자면 그는 1592년에 해양 방어와 수군 활동의 중요성을 지적한 한 사람의 유능한 전략가로서 명언을 남긴 것이다.

전비를 강화하려는 이순신은 일종의 사무실이며 회의실이라고도 할 수 있는 진해루(鎭海樓)에 앉아서 지시와 명령만을 내리지 않았다. 관하의 5개 진(鎭)을 수시로 순시하여 전선, 무기 및 병사(兵舍) 등의 미흡한 부분을 보수하게 하면서 군사들에게는 철저한 훈련과 점검을 실시하였다.

난리에 대비하여 말없이 준비하던 그에게 더 큰 문제가 앞을 가로막고 있었다. 당시 좌수영 관하의 군사 대부분이 고된 근무와 훈련에 대해 불평하였으며 제 몸만을 아끼고자 나라의 앞날을 모르는 채 거의 피동적으로 움직이고 있었다. 이러한 군사와 관리의 일반적인 심리를 파악한 이순신은 훈련보다도 먼저 이들에게 정신 무장을 강화할 필요성을 절실히 느꼈다.

그는 '수사'라는 직책으로서 엄격한 명령과 지시를 내릴 수 있었고 명령을 위배한 군사를 중형에 처할 수도 있음을 잘 알았다. 하지만 그는 위엄 있는 몸가짐과 말로 보다 인간적인 면으로 접근하여 군사들의 그릇된 생각을 고치려고 노력하였으며 스스로 앞장서서 모든 군사와 같이 일하면서 위로와 격려를 하였다.

이러한 이순신의 노력에도 불구하고 오랫동안 타성에 젖은 군사와 관리의 습성을 하루아침에 없앨 수는 없었으며 장기간에 걸쳐 꾸준한 노력과 훈련을 해야만 했다. 마침내 전라 좌수영 관하의 군사와 관리 들은 점차 자기가 맡은 직무에 충실하게 되었고 나아가서는 자기에게 맡겨진 임무의 중요성과 더불어 나라가 위급함을 뼈저리게 느끼면서 근무하게 되었다.

이순신은 무슨 일이든 자기가 지시한 일은 반드시 순시 또는 점검하여 맡은 직무를 태만히 한 군사와 관리는 엄중히 처벌하는 반면, 자기 직무를 완수한 군사와 관리에게는 시상하는 일을 잊지 않았다. 특히 병선을 보수하지 않고 사리(私利)를 탐하는 자나 백성에게 해를 끼치는 자는 다음의 일기에서처럼 곤장으로 처벌하였다.

1월 16일(1592년)
······ 방답 병선 군관과 색리(色吏)24들이 병선을 수리하지 않았기로

---

24 감영이나 관아에서 일정한 일을 맡았거나 책임을 맡은 아전.

충무공 이순신

곤장을 때렸다. …… 성 밑에 사는 토병 박몽세가 석수(石手)랍시고 선생원 돌 뜨는 곳으로 가서 이웃집 개(狗子)에게까지 폐를 끼치기로 곤장 80대를 때렸다.

이렇게 이순신은 군사와 관리의 심리 상태를 파악하면서 거의 매일 전비를 강화하는 데 전력을 기울였다. 지금은 일요일이 있어서 1개월에 4일을 휴식할 수 있지만 그 당시는 휴일마저 없었다.

그의 친필 일기(임진년, 1592)에 따르면 공무를 보지 않은 날은 '국기일(國忌日)'이라 해서 돌아가신 임금이나 왕후의 제삿날과 친형의 제삿날 등이었다. 1월부터 4월까지 국기일은 7일에 불과하여 휴식이 부족하다고 할 수 있지만 그 당시는 휴일을 찾을 만큼 한가하지 않았다.

그는 좌수영의 방어를 위하여 많은 쇠사슬과 쇠사슬을 매는 데 사용되는 돌을 준비하게 하고 북봉연대(北蜂烟臺)[25]까지 직접 순시하여 축대가 잘 되어 있는지를 확인하였으며, 전선을 매어두는 돌도 사람이 서 있는 것 같은 형상으로 만들어 멀리서 보면 마치 감시병이 있는 것같이 착각하게 하였다.

한편 이순신은 매월 1일과 15일 새벽에는 망궐례(望闕禮)[26]를 행하고 그날의 공무를 보았으며, 공무를 끝마친 뒤에는 자신의 무술 연마를 위하여 활쏘는 연습을 하였다. 활쏘기 연습은 자신뿐만 아니라 군관들도 하도록 하고 때때로 편을 갈라 활을 쏘게 한다든가 활쏘기 시험을 시행하여 활 쏘는 의욕을 갖도록 하였다. 당시 조선군의 개인 병기는 활이었기에 활을 잘 쏘아야 무인으로서 행세할 수 있었다. 이런 이유 때문인지 이순신은 부하들과 활 쏘

---

25 전라남도 여수시 종고산 봉우리에 있는 봉수대.
26 궁궐에서 멀리 나가 외직으로 근무하는 관찰사, 목사, 절도사 등이 직접 궁궐에 나아가 왕을 배알하지 못할 때 근무지에서 궁궐을 바라보고 예를 행하는 것. 매월 초 1일과 15일에 거행했다.

는 연습을 게을리하지 않았다. 이와 같은 꾸준한 연습은 후일 해전 승리에도 지대한 영향을 주었다.

이순신이 수사로 부임한 이래 보다 중점적으로 전쟁 대비를 한 것은 전선의 철저한 보수와 아울러 창의력으로 전선과 거북선을 만들기 시작한 것을 비롯하여, 그때까지도 전투에서 주병기로 많이 사용하지 않았던 천(天), 지(地), 현(玄), 황(黃) 등의 각종 포와 함께 포에 사용할 대장군전(大將軍箭), 장군전(將軍箭), 장편전(長片箭), 피령전(皮翎箭), 화전(火箭) 및 철환(鐵丸) 등을 준비하는 것이었다. 또한 이러한 무기들을 효과적으로 사용하기 위하여 수많은 화약을 준비하느라 골몰하였다.

참으로 이순신은 맡은 바 직무를 완수한 군인이고, 미래를 똑바로 내다본 신하이며, 나라와 겨레를 구출한 위인이다. 임진왜란 직전까지 그의 피눈물 나는 노력의 대가는 결국 다음 해전에서 왜군을 거의 격멸하는 승리로 다가왔다.

그러면 그 당시 이순신의 고충과 해전 상황을 이해하기 위하여 우선 여러 화기의 제원과 성능을 살펴보자.(표1)

천, 지, 현, 황이라는 말은 포의 구경과 중량 등의 크기에 따라 순차적으로 붙여진 명칭이며 외부 형태는 모두 비슷하였다. 수철연이환은 무쇠로 주조하여 그 위에 연(납)을 입힌 것이며, 단석은 돌을 둥글게 한 것이고, 조란환은 새알만 한 철환이다. 수철연이환이나 단석은 적선을 파괴하는 데 사용하고, 조란환은 주로 적선 위의 전투원을 사살하는 데 사용했다.

이런 무기를 한 번 발사하는 데 사용되는 화약과 사정거리는 표2와 같았다.

충무공 이순신

표1. 각 총통 제원

구분			천자총통	지자총통	현자총통	황자총통
박물관 보관 현존품	제원	재질	동	동	철	철
		전장	1.3m	1.17m	0.7m	
		무게	295.8kg (493근)	285.6kg (476근)		62.4kg (104근)
		구경	12cm	10.2cm	7cm	
《융원필비》 (1813년)	무게		725.4kg (1,290근)	434.4kg (724근)	90kg (150근)	78kg (130근)
	발사체		• 대장군전 족장 7촌 무게 30kg (60근) • 수철연이환 무게 7.8kg (13근) • 단석	• 장군전 족장 5촌 무게 18.9kg (33근) • 수철연이환 무게 4.8kg (8근) • 단석, 조란환 200개	• 차대전 족장 5촌 무게 4.2kg (7근) • 수철연이환 무게 1.08kg (1근13량) • 단석, 조란환 100개	• 피령전 족장 4촌 무게 2.28kg (3.8근) • 수철연이환 무게 0.48kg (13량) • 단석, 철환 100개

표2. 각 포의 사정거리와 소요 화약량

피사물체 \ 포종	천자포	지자포	현자포	횡자포
대장군전	1,200보			
장군전		800보		
차대전			2,000보	
피령전				1,100보
수철연이환 및 단석	10리	10리	10리	10리
＊한번 발사하는 데 소요되는 화약	1125g (30량)	750g (20량)	150g (4량)	150g (4량)

이상의 각종 포와 화기 이외에도 이순신은 질려포(疾藜砲)[27], 호준포(虎

---

27 마름쇠가 든 둥근 탄통을 발사하는 무기.

蹲砲), 승자총통(勝字銃筒) 및 대발화(大發火)[28] 등을 제조, 준비하였다.

이러한 모든 포는 이순신이 처음 발명한 것이 아니라 고려 말기부터 부분적으로 사용되어 왔으나, 활과 칼을 위주로 하던 시대에 각종 포의 제작과 전선 건조에 신경을 쏟은 그의 공적은 매우 큰 것이었다. 왜냐하면, 실제 해전에서 그가 사용한 포의 효력은 그때까지 부분적으로 사용되던 포의 위력을 실증함으로써 그 후의 해전 양상, 즉 주 병기인 활과 칼을 포로 대치하도록 급히 전환해 주었기 때문이다.

그러나 조정으로부터 적극적인 지원이 없는 당시의 수사라는 직책으로 전선을 건조하거나 철과 동을 수집하여 포를 만들고 화약을 준비하기란 결코 쉬운 일이 아니었다. 이러한 온갖 어려움을 극복하면서 근 1년 동안 이순신은 큰 변란에 대비하였다.

한편 이순신이 쓴 일기를 보면 그가 병법 서적을 통하여 전술을 익히고 어떻게 싸울 것인지 끊임없이 연구했음을 알 수 있다.

3월 5일(1592년)
좌의정(류성룡)이 편지와 《증손전수방략(增損戰守方略)》이라는 책을 보내왔다. 그 내용을 보니 해전과 육전, 화공(火攻)전 등에 관한 전술을 낱낱이 써 두었다. 참으로 만고에 기이한 저술이다.

---

28 세종 때 만든 폭약의 한 가지. 두꺼운 종이로 만든 대롱 속에 폭약을 넣은 것.

충무공 이순신

03
—
거북선의 모습

이순신은 여러 가지 전쟁 준비를 계속하는 동안 그 당시의 전선을 새롭게 개장(改粧)하여 거북선을 건조하였다. 그의 임진년(壬辰年, 1592) 일기에

2월 8일
거북선에 사용할 범포(帆布)[29] 29필을 받았다. (棒龜船帆布二十九疋)

3월 27일
거북선에서 대포 쏘는 것을 시험하였다. (試龜船放砲)

4월 11일
비로소 베로 돛을 만들었다. (始製布帆)

---

29 돛을 만드는 포목(布木).

4월 12일

식후에 배를 타고 거북선에서 지·현자포를 쏘았다.

라고 한 바와 같이 거북선은 임진왜란이 일어나기 직전까지 거의 완성 단계에 이르렀으니 외부적인 모습과 성능에 대해서는 뒷날의 당포(唐浦) 해전을 보고하는 장계에서

"신은 일찍이 왜적의 침입이 있을 것을 염려하여 별도로 거북선을 건조하였습니다. 앞에는 용두(龍頭)를 만들어 붙이고 그 아가리로 대포를 쏘며 등에는 쇠못(鐵尖)을 꽂았으며 안에서는 밖을 내다볼 수 있어도 밖에서는 안을 들여다볼 수 없습니다. 비록 전선 수백 척 속이라도 뚫고 들어가서 대포를 쏘게 되어 있습니다."

하였다.

사실 거북선은 그 당시 조정의 지시에 따라 건조한 것도 아니며 또 그가 수사로 부임하기 이전부터 좌수영에 있었던 것도 아니다. 거북선이라는 명칭을 가진 전선은 이순신보다 190여 년 앞선 1413년에 왜구를 격퇴하기 위하여 건조되었으나, 그 후 대일수호(對日修好)와 더불어 해상의 큰 변이 없어지면서 외부적으로 평온한 시대가 계속되니 차차 그 자취를 감춘 것을 이순신의 새로운 발상으로 여러 조선 기술자 중 군관인 나대용의 기술적인 도움을 받아 건조한 것이다.

그러면 이순신이 고안하여 건조한 거북선의 구조와 성능은 어떠하였는가? 이미 앞에서 언급한 이순신의 장계로 대략 추측할 수 있겠으나 이순신의 조카 이분(李芬)이 쓴 《이순신 행록(行錄)》에 그보다 좀 더 상세히 설명되어 있다.

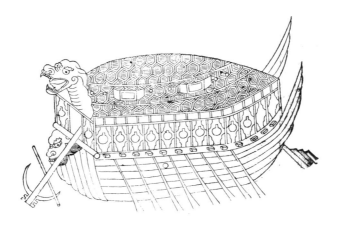

전라 좌수영 구선도

　"……크기는 판옥선(板屋船)과 같고, 위는 판자(板子)로 덮었다. 판상에
는 십자형 세로(細路)가 있어 사람이 통행할 수 있고 그 외에는 모두 도추
(刀錐, 칼과 송곳)를 꽂아 사방에 발 붙일 곳이 없도록 하였다. 앞에는 용머
리(龍頭)를 만들어 그 아가리가 총구멍(銃穴)이 되게 하고 뒤에는 거북 꼬
리(龜尾)를 만들어 그 꼬리 아래 총구멍을 내었다. 그리고, 좌우에 각각 6
문의 총구멍을 내었는데, 그 전체의 모양이 대략 거북과 같으므로 명칭
을 거북선(龜船)이라 하였다. 적을 만나 싸울 때는 거적(編芽)으로 송곳과
칼 위를 덮고 선봉이 되어 나아갔다. 적이 배에 올라 덤비려 들다가는 칼
날과 송곳 끝에 찔려서 거꾸러지고, 또 에워싸고 엄습하려 하면 좌우 전
후에서 일시에 총을 쏘니, 적선이 바다를 덮어 모여들어도 이 배(거북선)
는 그 속을 마음대로 드나들며 가는 곳마다 쓰러뜨리지 않는 놈이 없었
기 때문에 전후 크고 작은 해전에 이것으로서 항상 승리를 하였다."

　즉, 그 당시 거북선의 크기와 외형적 특징 및 전투 능력의 대략을 말
하고 있으나, 세부적인 척도와 내부 구조에 대해서는 전혀 언급하지 않

고 있다.

거북선의 내부 구조와 척도에 관하여는 《이충무공전서(李忠武公全書)》 '권수(卷首)'에 〈구선도〉와 설명문이 실려 있다. 그런데 이 설명문은 이순신이 거북선을 건조한 1592년보다 200여 년 뒤인 1795년에 편찬된 것으로, 지금으로부터 170여 년 전에 있었을 것으로 보이는 통제영 거북선과 전라 좌수영의 거북선이 똑같다고는 말할 수 없다.

그러나 척도와 내부 구조에 대한 것으로는 유일한 문헌이며, 그 설명 중에 "통제영 거북선은 대개 충무공의 옛 제도에 따른 것이나 약간의 치수 가감은 없지 않다."라고 하였으므로 이를 고려해야 보다 상세한 거북선의 모습을 그려볼 수 있을 것이다. 그 설명문을 알기 쉽게 옮겨보면 다음과 같다.

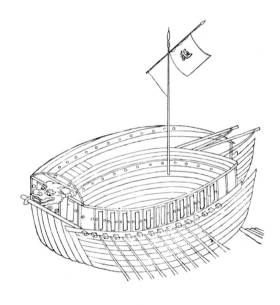

통제영 구선도

충무공 이순신

통제영 거북선의 제도

1. 밑판(속명은 본판)은 10매를 이어 붙였으며, 길이 64척 8촌, 머리 쪽 넓이 12 척, 허리 쪽 넓이 14.5척이며 꼬리 쪽 넓이는 10.6척이다.
2. 좌우 현판(舷版)은 7매씩 이어 붙였는데, 높이가 7.5척이고 최하 제1판의 길이 는 68척이며 차례로 길어져서 최상인 제7판은 길이가 113척이고 어느 것이나 두께(厚)는 모두 4촌씩이다.
3. 노판(艣版)은 4매를 이어 붙였는데, 높이는 4척이고 제2판 좌우에 현자포 구 멍을 하나씩 뚫었다.
4. 축판(舳版)은 7매를 이어 붙였는데, 높이가 7.5척이고 윗넓이는 14.5척이며 아 래 넓이는 10.6척인데 제6판 한가운데 직경 1.2척의 구멍을 뚫고 타(舵)를 꽂 게 하였다.
5. 좌우 현에는 난간을 만들고, 난간머리에 횡량(橫梁)을 건너질러 뱃머리 앞에 닿게 하여 마치 소나 말 가슴에 멍에를 씌운 것과 같았다. 난간을 따라 판자를 깔고 그 둘레에 패(牌)를 둘러 꽂았으며, 패 위에 또 난간을 만들었는데, 뱃전 난간 위에서부터 패 위의 난간에 이르기까지의 높이는 4.3척이다.
6. 패 위 난간 좌우에 각각 11매의 판자(蓋版 또는 背版)를 비늘처럼 서로 마주 덮 고 그 뱃등에 1.5척 정도 틈을 내어 돛대를 세웠다 뉘었다 하기에 편리하도록 하였다.
7. 뱃머리에는 거북머리(龜頭)를 만들었는데, 길이는 4.3척이고, 넓이는 3척이며, 그 속에서 유황 및 염초(焰硝)를 태워서 벌어진 입으로 연기를 안개같이 토하 여 적을 혼미하게 하였다.
8. 좌우의 노는 각각 10개씩이고, 좌우의 패에 각각 22개씩의 포구에 구멍을 뚫 었으며, 12개의 문을 만들었다.
9. 거북머리 위에도 2개의 포 구멍을 뚫었고, 그 아래 2개의 문을 만들고, 문 곁 에 포 구멍을 각각 1개씩 두었다.
10. 좌우 복판(覆版)에도 각각 12개의 포 구멍을 뚫었으며, 구(龜) 자의 기를 꽂았다.
11. 좌우 포판(鋪版) 아래에 방이 각각 12칸인데, 2칸은 철물을 간직하고, 3칸은 화 포, 궁시(弓矢), 창과 검(劍)을 간직하며, 19칸은 군사들의 휴식소로 하였다.
12. 왼쪽 포판 위의 방 1칸은 선장(船將)이 거처하고, 오른편 포판의 방 1칸은 장령 들이 거처하였다.
13. 군사들이 쉴 때는 포판 아래 거처하고 전투 시에는 포판 위로 올라와서 포를 여러 구멍에 걸고 쉴 사이 없이 쟁여 쏘았다.

전라 좌수영 거북선의 제도

전라 좌수영 거북선의 치수와 길이, 넓이 등은 통제영 거북선과 거의 같으나 다만 거북머리 아래 또 귀두(鬼頭)를 붙였으며, 복판(覆版) 위에 거북 무늬를 그렸고, 좌우에 각각 2개씩의 문이 있으며, 거북머리 아래에 2개의 포 구멍이 있고 현판 좌우에 포 구멍이 각각 1개씩 있고 현판 좌우에 각각 10개씩의 포 구멍을 내었고 복판 좌우에 각각 6개씩의 포 구멍이 있고 좌우의 노는 각각 8개씩이다.

이순신과 이분이 말한 거북선과, 《이충무공전서》의 〈구선도〉 및 그 설명문을 비교하면 외형상 아래 표와 같이 용머리가 거북머리로, 또 개판과 포문 수 등이 조금 달리 되어 있음을 쉽게 알 수 있다.

표3. 거북선의 비교표

거북선의 종류 / 구분	이순신의 장계 (1592)	이분의 《행록》 (1595)	통제영 거북선 (1792)	전라 좌수영 거북선 (1795)
선수면	용두를 붙이고 그 아가리로 포를 쏜다.	용두를 만들어 그 아가리는 총구멍이 되게 한다.	거북머리를 붙이고 그 아가리로 연기를 낸다.	거북머리 아래 또 귀두(鬼頭)를 붙인다.
개판(蓋版)	쇠못을 꽂았다.	십자 세로를 내고 그 외에는 모두 칼과 송곳을 꽂았다.	판자를 비늘처럼 서로 마주 덮었다.	거북 무늬를 그렸다.
포문	?	14문	36문	74문

외형상 포문 등의 증가는 실제 전투에서 그 위력이 실증됨에 따라 조금이라도 공격력을 강하게 하기 위한 것이지, 반드시 거북선의 형태가 크게 변천하였다고는 볼 수 없다.

따라서 유일한 사료인 《이충무공전서》의 설명문을 그림으로 그려보면 지금까지 그림(통제영 및 좌수영 거북선)으로 전해오는 것 같은 둥근 형태의 전선이 아니고 '좁고 길쭉한 전선'이었음을 알 수 있다.

이순신이 활용한 거북선은 위 기록에서처럼 돌격선의 역할을 하였으나 임진왜란 때 건조 사용한 척 수는 불과 3척 정도였다. 그 당시의 판옥선(전선) 같은 것을 새롭게 개장하였으나, 그리 쉬운 일은 아니었으며, 오직 이순신의 피와 땀으로써 건조한 것이다. 그리고 거북선의 승조 인원에 관해서는 실제로 거북선을 건조한 나대용의 상소문에 들어 있는

"거북선은 사부(射夫, 사수)와 격군(格軍, 노잡이)의 수가 판옥선의 125명보다 적지 않은 까닭에 사부도 역시 불편합니다."

라는 내용과 이순신이 장계에서

"한 척의 전선에 충당하여야 할 군사 130여 명을 보충할 길이 없어 더욱 민망스럽습니다."

라고 보고한 것을 보아 최소한 125명 이상 130여 명이 승선하였음을 알 수 있다. 또한 지금의 전함 같은 기계력 추진이 아닌 노범선이었으므로 속도가 일정하지는 않았는데, 여러 전선과 같이 행동한 순항 일지와 순항 거리 등 기록을 조사해 보면 보통 6kn(약 10.9km) 정도를 벗어나지 못하였다.

임진왜란기 거북선
해군이 4년간 복원(2022년)한 것으로 현재 해군사관학교에 있다.

04

왜군의 침입

이순신이 전비 강화에 심혈을 기울일 동안, 여러 차례의 사신을 통하여 조선의 전반적인 실정을 파악한 도요토미는 조선 침략을 서두르고 있었다. 그는 지방마다 함선 건조를 명하고 병사를 징발, 훈련시켜 1592년 3월 출동령을 내렸다. 그 당시 나고야(名古屋)에 본진을 둔 도요토미는 병사 20여 만 명과 수군 9천여 명을 여러 진(陣)으로 나누어 조선 침략을 개시한 것이다.

그중에서 고니시 유키나가와 소오 요시토모 등으로 편성된 제1진 1만 8천여 명은 최선봉 군으로 대마도에 집결하여 모든 전투준비를 마치고 4월 13일 8시경 부산을 향하였다. 이들 선단은 해가 저물 무렵 부산 외항에 이르렀다. 일단 해상에서 3개 진으로 편성하여 하루의 휴식을 취한 후 14일 아침 부산성을 공격하였다.

부산진 첨사 정발(鄭撥)과 동래 부사 송상현(宋象賢)은 열세한 병력으로 끝까지 항전하였으나 임전 준비가 충실하지 못한 진포(鎭浦)의 병력으로는 대규모의 왜군을 막아낼 수 없었다. 부산 일대를 점령한 왜군은 17일 기장과 양산을 점거하고, 뒤이어 상륙한 제2진 이하의 왜군은 언양, 김해, 경주, 창원 등지를 차례로 점거하면서 북상하기 시작하였다.

이때 조정에서는 4월 17일 왜군의 침입에 대한 급보를 접하고 중신(重臣) 회의를 열어 긴급 대책을 강구하였다. 즉, 이일은 중로(中路, 조령 방면), 성응길은 동로(東路, 죽령 방면), 조경은 서로(西路, 추풍령 방면)를 각각 방어하게 하였다. 그리고 다시 신립을 도순변사(都巡邊使)로 임명하여 이일의 뒤를 따르게 하고, 류성룡을 도체찰사(都體察使)로 임명하여 여러 장수를 감독하게 하였다.

그러나 별 준비 없이 순식간에 편성된 조선군은 군사를 제대로 모을 수 없었을 뿐만 아니라 철저한 침공 계획과 조총이라는 신병기로 무장한 왜군의 북진을 막아낼 수 없었다. 이일은 4월 24일 상주에서, 신립은 28일 충주에서 각각 대패하였고, 임금은 의주로 피난해야 했다. 뒤이어 왜군은 5월 2일에 서울을, 6월 13일에 평양을 각각 점령하는 등 조선의 강토는 불과 2개월 만에 거의 무너지고 말았다.

변란에 대한 준비가 없었던 조정은 의주까지 피난하는 것으로서 겨우 명맥을 유지하기는 하였으나, 새로운 대책이란 있을 수 없었고, 다만 구원군(명나라 군사)이 오기를 고대하는 실정이었다. 조정의 중신들은 직접 전란을 당하면서도 자신들의 잘못을 반성하지 않았으니, 당쟁의 폐단을 통탄한 선조는 의주에 이르러

"오늘 같은 이 판국을 당하면서도 또, 동이니 서니 하고 싸우려고 하는가."

라는 말로 중신들을 꾸짖기까지 하였다.

한편 해상에서도 구기 요시다카와 와키자카 야스하루, 도도 다카토라, 가토 요시아키 등으로 편성한 수군이 대마도와 부산 간의 해상 경비를 담당하면서 북상한 육군과 합세한다는 계획 아래 조선의 서해를 거쳐 대동강 등지로 진출하려 하였다.

개전 초 경상도를 방비하던 조선 수군은 대선단을 편성하여 침범하는 왜의 수군을 발견하고도 아무런 대응도 못 하고 있었다.

처음 대선단을 발견한 가덕 첨사 전응린 등은 경상 좌수사 박홍에게 연락하고, 또 박홍은 우수사 원균에게 연락하는 등, 응전 대책을 세우는 것 같았으나 결국 박홍은 왜군의 세력이 너무도 큰 것을 보고 감히 군사를 동원하지도 못하고 도주하고 말았다. 이로 말미암아 왜군은 경상 좌수영 관하의 서생포(西生浦), 다대포(多大浦) 등을 쉽게 점거하였다.

경상 우수사 원균도 좌수사 박홍으로부터 왜군의 침입 상황에 관하여 전해 듣고 임전 태세를 취하기는 했으나, 왜군이 거제 등지에 출현하니 우후(虞候)에게 수영을 지키게 하고 육상으로 도피하려고 하였다. 《징비록》에 의하면 그가 거느린 군사 1만여 명은 거의 흩어지고 말았으며 전선 100여 척도 스스로 침몰시켜 버렸다.

실로 박홍과 원균의 태도는 해상 지휘관으로서의 임전 정신이 결여되었을 뿐 아니라 왜군의 얼굴을 보기도 전에 도주하고 제대로 된 대응도 하지 못해서 임진왜란의 초기 전황에 중대한 영향을 미쳤다. 왜군이 침입할 당시 좌의정이었던 류성룡은,

"우수사 원균은 비록 수로(水路)는 멀다고 하더라도 거느리고 있는 전선이 많았고, 왜군의 함선이 단 하루 동안에 총집결하지 않았으므로 단

한 번이라도 조선 수군의 위세를 보이면서 응전하였더라면 왜군은 뒤를 염려하여 육상 공격을 지연시켰을 것이나 한 번도 교전하지 않았다."

라고 논평하였으나, 뚜렷한 국방 대책을 세우지 못한 조정의 중신들에게 더 큰 책임이 있다.

비록 경상도의 수군이 거의 전부 도주하였지만 원균의 부하인 율포 (栗浦) 만호 이영남은 원균에게,

"사또는 왕명을 받아 수사가 되었는데 이제 군사를 버리고 육지로 도주하면 후일 조정에서 죄를 물을 때 무슨 말로 해명하려 하십니까? 그러니 전라도(이순신)에 구원을 청하여 임전해 본 다음에 승리하지 못하면 그때 도주하여도 늦지 않을 것입니다."

라고 건의하였으며, 이로 말미암아 원균은 이순신에게 구원을 청하기에 이르렀다.

충무공 이순신

05

명석한 판단

이순신이 원균으로부터 급보를 전해 들은 것은 왜군이 부산성을 침공한 다음인 4월 15일이었다. 이순신에게 보내온 공문 내용은,

" ……이달 13일 16시경……왜선 90여 척이 부산포를 향하여 연달아 나온다. ……"

" ……좌수사의 공문에 의하면 왜선 150여 척이 부산포를 향하여 들어 간다 하였는데, 이것은 해마다 오는 세견선(歲遣船)은 아닐 것이므로 극히 걱정스러운 일이다. …… "

하여, 왜선이 부산 해상에 출현한 것만은 틀림이 없었으나 이 공문만으로는 왜군에 대한 자세한 정보를 확인하기 어려웠다.

일단 이순신은 왜군이 침입한 것으로 단정하였다. 그는 즉시 전선을 정비하여 강구(江口)에 대기하게 하고 관하의 각 진포에 공문을 돌려 엄

격한 방비에 임하도록 한 뒤, 이 사실을 조정과 관찰사 이광, 병사 최원, 전라 우수사 이억기 등에게도 상세히 보고하였다.

이어 16일에는 경상도 관찰사 김수로부터 공문을 받았다. 그 내용은,

"왜선 400여 척이 부산포 건너편에 내박(來泊)하였는데 벌써 이렇게 되었으니 매우 염려스럽다. …… "

라는 경보였다. 그때 이순신의 심정은 분하고 원통함을 이길 수 없었다. 그러나 자신의 분함을 참고 이 경보를 각 도의 병마절도사에게 빨리 알림으로써 새로운 대책을 강구하리라 믿었다. 그뿐만 아니라 이 경보를 각 도에 알리면서 조정에도 또다시 장계를 올렸는데, 끝머리에 이렇게 적었다.

" …… 신이 관할하는 좌도는 경상도와 더불어 적이 침입하는 요해지로서 도내에서 가장 중요한 지역이옵니다. …… 소속 고을에서 뽑혀 온 한두 패의 군사를 우선 재촉하여 성을 지키는 군사와 해전하는 군사에 각각 보충시키고 모든 것을 정비하여 사변에 대비하나이다."

즉, 그는 '전라도의 지리적 중요성'과 더불어 군사를 징집하고 모든 것을 정비하여 사변에 대비한다는 것을 밝혔으며, 조정에서 하루빨리 철저한 전쟁 계획을 수립하기를 바랐다.

이렇듯 철저하게 전투 준비를 하고 있는 그에게 점점 좋지 못한 소식만이 전해졌다. 17일에는 영남 우병사(嶺南右兵使) 김성일로부터

"왜적이 부산을 침범한 후, 눌러 머무르면서 물러가지 않는다."

라는 내용의 공문과 이어 18일에는 경상 우수사 원균으로부터

"동래가 무너졌고, 양산과 울산의 두 원도 입성하였다가 모두 패하였다."

라는 공문을 받기에 이르렀다. 이때 이순신은 일기(4월 18일)에

"분통함을 이루 다 말할 수 없다. …… 더욱더 통분하다."

라고 자신의 심경을 기술하였다. 마치 지금이라도 경상도를 향하여 출전하지 않으면 견디지 못할 것 같은 심경이었다. 그러나 자신의 지위가 '수사'이며, 수사는 단독으로 작전 행동을 하면 안 된다는 것을 잘 알고 있었다.

그는 스스로 분통함을 억제하면서 조정에 다시 장계를 올렸다.

"같이 나아가 싸우라는 조정의 명령을 엎드려 기다리면서 소속 수군과 각처의 전선을 정비하고 대장의 명령을 기다리도록 하였으며, 감사와 병사에게도 의논을 통하였습니다. …… "

즉, 전라 좌수사 이순신이 행하여야 할 '군사 작전에 관한 명령'을 기다렸던 것으로, 개인의 일시적인 명예를 위한 단독적인 작전이나 각 수사나 병사들 사이의 군사적 이동은 패전의 지름길이 됨을 알기에 최악의 경우를 제외하고는 삼가려고 하였다.

이때 경상 우수사 원균으로부터 구원 요청이 왔다.

당시 이순신은 조정의 작전 명령을 기다리면서도 원균의 군사 경력을 잘 알고 있었던 까닭에 원균만은 거제도 등지를 사수(死守)하리라고 믿었으나, 이영남의 말을 듣고는 다시금 실망과 불안에 사로잡혀야만 하였다.

여수 충민사 공의 위패를 봉안하고 있으며 여수시 마래산 기슭에 있다.

경상도 수륙군이 모두 패배하였음을 알게 된 그는 '여수가 제1 방어선'이 된다는 것을 직감하였으니, 원균의 구원 요청에 더욱더 신중을 기하지 않을 수 없었다. 이영남으로부터 경상도 수군과 왜군의 정황을 상세히 들은 후 이순신은 조용히

"우리가 각각 책임을 맡은 경계가 있는데, 조정의 명령이 아니고서 어떻게 임의로 경계를 넘어갈 수 있겠는가."

하여, 조정의 명령이 있을 때까지 일단 원균의 요청을 거절하였다.

이렇듯 즉각적으로 경상도 수군과 합세하여 왜군을 격멸하지 못하는 데에는 더욱 중요한 이유가 있었다. 이순신은 왜군이 대군을 동원하고 있다는 점에서 다음과 같은 사항을 고려하고 있었다.

⑴ 사전 치밀한 계획과 훈련, 준비 없는 출전은 참패를 가져올 뿐만 아니라 인명과 전선을 손상하여 다시 일어날 기회마저 잃어버릴 가능성이 있다는 점.
⑵ 침략군이 침공을 개시할 때 상부의 명령에 의하지 않고 각 수사 사이에 임의로 군사를 이동하는 것은 '전략'을 그르친다는 점.
⑶ 왜군의 침공 방향이 확실하지 않을 뿐만 아니라 전라도 방면으로의 침공이 있을지도 모른다는 점.
⑷ 불과 24척의 전선으로는 대군을 상대하기 곤란하므로 전라 좌·우도 수군과 함께 출동하는 것과 군사들의 사기 및 경상도의 수로(水路)에 관한 것 등을 신중히 검토하고 있었다는 점.

이순신이 조정의 명령을 기다리고 있던 4월 20일에 경상도 관찰사 김수로부터 공문이 도착하였다.

"적의 세력이 크게 성하여 부산, 동래, 양산이 이미 무너지고 적은 내지(內地)로 향하고 있으므로 본도(경상도) 우수사에게 '전선을 모두 이끌고 적선을 막기 위하여 바다로 나가도록' 이미 명령하였기 때문에 도내각 진에는 남아 있는 전선이 없소. 만일 경상우도에서 불의의 일이 생기면 전라좌도에서 즉시 와서 구원하게 하도록 조정에 장계를 올리고 명령을 기다리는 중이니 그리 알고 감사나 병사들에게도 의논하여 시행하도록 하여 주시오."

이에 이순신은 다시금 관하 각 관포(官浦)에 병선을 정비하여 언제라도 출동할 수 있게 할 것을 지시하고, 그러한 내용의 공문을 감사와 병사에게도 급히 알렸다.

경상도 관찰사의 공문을 받은 지 5일 후인 26일에는 조정으로부터

"물길을 따라 적선을 격침하여 이미 상륙한 적으로 하여금 뒤의 일을 근심하게 하는 것이 가장 좋은 방책이다. …… 조정은 먼 곳에서 지휘할 수 없으므로 …… 경상도와 상의하여 기회를 보아서 조치하도록 하라."

라는 내용의 유서(諭書, 임금의 명령서)를 받았으며 이어 27일에는

" …… 네가 원균과 합세하여 적선을 격파한다면 적은 파멸에 이를 것이니 …… 너는 각 포구의 병선들을 독촉하여 급히 출전해 기회를 잃지 말도록 하라. 그러나, 천리 밖이라 혹시 무슨 뜻밖의 일이 있을 것 같으면 반드시 이에 구애하지 말라."

라는 두 번째 유서를 받았다.

이미 이순신은 마음속으로 출전할 준비를 갖추고 있었으나 이 두 차례에 걸친 유서의 내용은 그때까지 그가 고심하던 '관할 지역 외의 출동 명령'과 '일선 지휘관으로서의 작전 지휘권'을 부여한 것이었다.

이순신은 먼저 도내의 군사 지휘권을 갖고 있는 관찰사, 방어사, 병사 등에게 유서의 내용을 낱낱이 알리는 한편 경상도의 순변사, 관찰사 및 우수사 원균 등에게는 작전상의 필요한 사항, 즉

(1) 경상도 연해안의 수로에 관한 문의
(2) 전라도와 경상도 수군이 집결할 장소
(3) 적선의 척 수 및 정박지
(4) 기타 작전에 관련되는 사항

충무공 이순신

등에 급히 회답할 것을 요청하였다.

그런데 이순신은 그것만으로 만족하지 않았다. 더 많은 전선이 필요하다고 단정한 그는 각 관포의 전구(戰具)를 다시 정비하여 명령을 기다리게 하고, 소속 5개 진(방답, 사도, 여도, 발포, 녹도)의 전선만으로는 약세이므로 수군이 편성되어 있는 순천, 광양, 낙양 및 보성 등 5개 관포에도 통고하여 4월 29일까지 여수 앞 바다로 집결하도록 하고 뒤이어 우수사 이억기에게도 공문을 발송하여 전라 좌·우도 수군의 통합 작전을 약속하기까지 하였다. 이러는 동안 이순신은 마음속으로 4월 30일 출전할 것을 결심하였으나 함대 행동을 은폐하기 위하여 이 출전일만은 극비로 하였다.

매사에 치밀한 그는 29일까지 원균과 이억기 수사로부터 아무런 회신이 없을 때의 대책을 강구하였으며, 한 번도 가보지 못한 경상도의 해로에 대한 보다 안전한 항해를 위하여 29일 새벽에는 경상도 관할 지역인 남해군 내의 미조항(彌助項), 상주포(尙州浦), 곡포(曲浦), 평산포(平山浦) 4개 처에 순천 수군 이언호를 비밀리에 파견하여 그곳의 현령과 첨사, 만호 등이 중로까지 나와서 물길을 안내하도록 연락을 취하였다.

그리고 이날 12시경에는 그의 예상처럼 원균에게서 공문을 받았다. 작전상 필요한 사항을 요청한 공문의 회신이었다.

"적선 500여 척이 부산, 김해, 양산강 등지에 둔박하고 있으며 연해안 각 관포의 병영과 수영이 거의 다 무너졌으며 …… 나날이 적병은 증가하여 그 형세가 더욱 성해져서 …… 본영(우수영)도 또한 무너졌으니 귀 도의 전선을 남김없이 거느리고 당포 앞 바다로 급히 나와 주시오."

라는 내용으로 그가 원하는 왜선의 척 수, 정박지와 양 도 수군의 집결지점 등을 명기하고 있었다.

06

진해루의 결의

그러나 그때까지도 이순신은 사실상 완전한 출전 태세를 갖추지 못하였다. 보성과 녹도 등지는 거리 관계로 전선과 군병이 모두 집결하지 못했으며 이미 들어온 군사 대부분도 경상도 출전에 대한 참된 뜻을 몰랐다. 더욱이 출전에 대한 공포 분위기에서도 벗어나지 못하고 있었다.

이러한 실정을 파악한 이순신은 우선 전선이 모두 집결할 동안 부하들에게 싸우고자 하는 의지와 경상도 등지의 출전에 대한 의지를 높이고자 하였다.

예나 지금이나 지휘관의 올바른 결심에 의한 명령만으로 작전이 수행되곤 하지만 이순신은 전쟁에서 자신의 태도보다 항시 부하들의 전의를 고려하였다. 이번에도 낙안 군수 신호를 비롯한 여러 장령을 진해루로 집합시켜 회의를 통하여 출전 의욕과 전의를 북돋우려고 하였다.

이 자리에서 그는 그때까지의 정황과 더불어 원균이 보내온 공문 내용 등을 먼저 설명한 후, 각 출전 장령에게 경상도 출전에 대한 의견을 숨김없이 말하도록 하였다.

이순신의 정중한 말이 끝나고 한참 동안 잠잠하였으나 이윽고 낙안 군수 신호를 비롯한 여러 장령은 "본도(전라도)를 수비하는 것이 옳고 경상도 등지의 출전은 우리의 책임이 아니다."라며 신중론을 주장하였다. 그러나 이에 반하여 군관 송희립은,

"외적이 침입하여 그 형세가 마구 뻗쳤는데 앉아서 고성(孤城)을 지킨다고 그 성이 보전될 수 없으니 출전하여야 하며, 다행히 이기면 적의 기세를 꺾을 것이고 또 불행하게 전사한다 하더라도 신하 된 도리에 부끄러움이 없을 것이다."

라고 출전론을 주장하였으며, 뒤이어 녹도 만호 정운이

"평소에 국은(國恩)을 받고 국록(國祿)을 먹던 신하로서 이때 죽지 않고 어떻게 감히 앉아서 볼 수만 있을 것이오."

라고 강력히 출전론을 주장하니, 회의장은 한때 신중론과 출전론의 묵묵한 의견 대립으로 잠잠하였다. 이때 마음속으로 내일(4월 30일) 출전한다는 것을 결정한 이순신은,

"적세가 마구 뻗쳐 국가가 위급한 이때 어찌 물러앉아 맡은 지역만 지키고 있을 것이냐! 내가 한번 물어본 것은 우선 제 장의 의견을 들어보자는 것이었다. 우리의 할 일은 나아가 싸우다가 죽음이 있을 뿐이다. 감히 나갈 수 없다고 반대하는 자가 있다면 목을 베리라."

하는 말로써 단호한 태도를 보여 출전을 결정하였다. 이에 마음속으로 확고한 태도를 갖지 못했던 대부분의 출전 장령은 이순신의 위엄 있는 결정을 따르리라 맹세하면서 나라를 위하여 헌신할 것을 결심하였다.

표4. 출전 장령의 위치

선봉장(경상도 장령 중에서 선정하기로 원균과 약속함)		
중위장	방답 첨사	이순신(李純信)
좌부장	낙안 군수	신 호
전부장	흥양 현감	배흥립
중부장	광양 현감	어영담
유군장(遊軍將)	발포 가장	나대용
우부장	보성 군수	김득광
후부장	녹도 만호	정 운
좌척후장	여도 권관	김인영
우척후장	사도 첨사	김 완
한후장(埠後將)	군 관	최대성
참퇴장(斬退將)	군 관	배응록
돌격장	군 관	이언양
관찰사 전령으로 진주로 가서 미출전	순천 부사	권 준

군사들이 출전한 후 여수를 수비하기 위해 우후 이몽구를 유진장(留陣將)으로 정하고 방답, 사도, 여도, 녹도, 발포 등 책임자가 출전한 진포에는 이순신의 군관 중에서 담략이 있는 자를 가장(假將)으로 임명하여 파견한 후, 4월 30일 인시(寅時, 새벽 3~5시)를 출전 시간으로 정하였다.

충무공 이순신

그러나 이순신은 4월 30일 출전을 연기해야만 했다. 이날 오후 남해에서 돌아온 순천 수군 이언호로부터

"남해현 내의 관청과 민가는 모두 비었으며, 창고와 무기도 지키는 사람이 없고 …… 현령과 첨사도 모두 도망하고 없습니다. …… "

라는 보고를 받았는데, 이는 그때까지 남해 등지만은 안전하리라 믿고 여러 가지 계획을 세웠던 그에게 커다란 충격을 주었다.

이언호의 보고가 사실이라면 경상도의 수군이 모두 자취를 감춘 것이므로, 30척도 못 되는 약소한 전선으로 단독 출전하는 것은 위험할 뿐만 아니라 그 도의 물길의 험하고 평탄한 것도 잘 알 수 없으며 물길을 인도하는 전선도 없고 또 작전을 논의할 사람도 없으므로 언제 어떠한 큰 변을 당할지 모를 일이었다.

그리고 이 사실을 안 관찰사 이광도, 우수사 이억기에 명령하여 그 도의 수군을 거느리고 이순신과 합세하도록 했다는 것이었으나, 그보다도 이 사실을 알게 된 군사들이 더욱더 불안한 기색을 보이고 있었다.

이리하여 이순신은 '위급할 때일수록 침착하여야 한다'는 것을 되새기면서 이억기 함대와 함께 출전하기로 계획하고 예정 출전일을 연기하였다. 그는 30일에 출전 연기 사유를 보고하는 장계의 끝머리에 자신의 심정과 결심을 이렇게 토로하였다.

"지난날 부산, 동래 등 연해안 여러 장수로서 전선을 잘 정비하여 바다에 가득 진을 치고 습격할 위세를 보이면서 정세를 보아 힘에 알맞게 병법대로 진퇴하여 육상으로 기어오르지 못하게 했더라면 나라를 욕되게 한 환란이 이렇게까지는 되지 않았을 것입니다. …… 원컨대, 한번 죽

을 것을 각오하고 곧 범의 굴을 바로 두들겨 요망한 기운을 쓸어버리고 나라의 부끄러움을 만분의 일이라도 씻으려 하옵는바 성공 여부는 신이 생각할 바가 아닐까 하옵니다."

이처럼 그는 죽음으로써 나라의 부끄러움을 씻으리라 결심하였고 그 대가(代價)마저 바라지 않음을 밝힌 것이다.

출전을 연기한 이순신은 나라의 앞날을 통탄하면서 심복 부하 송한련을 남해 방면으로 파견하여 만약 이언호의 보고와 같다면 그곳에 있는 곡식과 무기 등은 왜군이 이용할 가능성이 있으므로 이를 모두 소각하도록 하는 한편, 우수사 이억기 함대가 도착하기까지 시간적 여유가 있으므로 다시금 출전 장령들과 회의를 하기로 하였다.

5월 1일, 이순신은 진해루에 앉아서 배흥립, 정운 등 출전 장령을 불러들였다.

그는 앞으로의 중대한 작전 업무를 토의하게 하는 한편 이들 출전 장령에게 국방 임무의 중대성을 재인식시켜 스스로 분격하여 출전할 수 있게 하면서 이억기 함대의 도착을 기다렸다. 이 진해루 회의의 결과에 대하여 그는 일기에 이렇게 적어 놓았다.

" …… 진해루에 앉아서 방답 첨사, 흥양 현감 및 녹도 만호 등을 불러들였는데 모두 분격하며 제 한 몸을 잊어버리니 과연 의사들이라 할 만하다."

그런데 이억기 함대를 기다리면서 출전 장령들의 전의를 북돋운 이순신은 5월 2일 남해 등지의 정찰을 마치고 돌아온 송한련으로부터

충무사 공의 위패를 봉안하고 있으며 순천시 해룡면 신성리에 있다.

"남해 현감과 미조항 첨사, 상주포(尙州浦), 곡포(曲浦) 및 평산포(平山浦) 만호들은 …… 무기와 물자를 버리고 도망하여 남은 것이 없습니다."

하는 실정을 재확인하고 이날까지 이억기 함대의 소식이 전혀 없으니 또 자신의 출전 계획을 변경해야 했다.

그는 남해의 실정과 전선의 약세가 자신의 출전에 커다란 타격이 있음을 알았지만 그보다도 '상륙한 왜군이 곧 서울을 침범한다'는 소식을 접하였던 까닭에 빨리 이들의 해상로를 차단하여 이미 상륙한 왜군의 진로를 견제하기 위해서 전라 좌수영 수군만의 출전을 결정하였다.

이순신은 2일 정오경, 모든 전선을 여수 앞 바다에 집결시킨 후 직접 전선에 승조하여 여러 출전 장령과 함께 거듭 출전을 약속하고 그날 밤에는 작전 시의 암호를 다음과 같이 정하였다.

군호(문어)를 '용호(龍虎)'
복병(답어)은 '산수(山水)'

다음 3일에는 처음으로 중위장 이순신(李純信)을 불러 '내일 새벽에 출전한다'는 것을 밝혔으며 우수사 이억기에게는 '빨리 뒤를 따라오라'는 내용의 공문을 발송하였다. 그리고 그가 출전하게 된 목적과 비장한 각오를 장계에 이렇게 적어 올렸다.

"…… 내륙으로 향한 적이 곧 서울을 침범한다 하므로 신과 여러 장수도 분발하지 않는 이가 없습니다. 칼날을 무릅쓰고 사생을 결단하고 돌아갈 길을 차단하여 적선을 쳐부순다면 혹시 뒤가 염려스러워 바로 돌아올 수도 있으므로 오늘 5월 초 4일 첫닭이 울 때 출발하여 바로 경상도로 향합니다."

한편 출전일을 하루 앞둔 5월 3일에는 새로운 사건, 즉 여도 수군 황옥천이 집으로 도망간 사건이 발생하였다. '출전'한다는 어수선한 분위기 속에서 일부 군사의 심정을 바로 황옥천이 행동으로 나타낸 것이다. 그때 단독 출전을 결정한 이순신은 한 사람이라도 더 많은 인원을 확보해야만 했지만 그보다 어수선한 군심(軍心)을 진정시켜야 한다고 결심하였다.

그는 군율 앞에서는 더욱 냉정한 태도를 취하여 황옥천을 잡아서 목을 베고 높은 곳에 매달아 군율의 위엄을 보였으며 또 명령을 위배한 자와 도망하는 자는 이처럼 처형됨을 알렸다.

이순신은 7년 동안의 전쟁 중에 부하의 죽음을 애타게 슬퍼한 일이 한두 번이 아니었으나 반면 황옥천의 처형과 같이 직결 처형을 단행한 부하도 한 사람이 아니었다. 실로 그는 부하를 내 몸같이 아끼며 두터운 사랑을 베풀면서도 군율 앞에서는 엄한 지휘관이었으며 부하로부터는 존경 받은 상관이었다.

4장

해전의 승리

01

옥포 해전의 승리

치밀한 계획과 사전 준비 없는 출전을 하지 않으려던 이순신은 5월 4일 축시(丑時, 새벽 1~3시)에 경상도를 향하였다. 특히 축시의 출전은 왜군에게 함대 행동을 은폐하려는 것이었다. 이 첫 출전은 시간상 늦은 감은 있었으나 그에게는 하나의 커다란 시련이기도 하였다.

그는 그때까지 전쟁 준비를 강화하면서 적정의 수집, 부하의 사기, 출전하는 군사들의 정신적 통일 등을 위하여 최대한의 노력을 하였지만 출전하는 군사 중에는 해전을 체험한 군사가 한 사람도 없었다.

이순신 자신도 해전의 경험이 전혀 없었다. 단지 '왜선을 격파하여 나라의 부끄러움을 씻는다는 굳은 신념'과 '적을 찾아서 격멸하여야 한다는 군인으로서의 사명감'만으로 출전하는 것이었다. 출전하는 전선 규모는 모두 85척이었다.

판옥선(板屋船) 24척

협　　선(挾　船)　15척

포작선(鮑作船)　46척

　　이 중에서 실제 전투 능력을 갖춘 것은 판옥선 24척뿐이었다. 협선은 소형 전선으로서 척후와 추포(追捕)[30]의 임무를 수행하는 경쾌선(輕快船)이었으며, 다수를 차지하는 포작선은 조그마한 어선을 임시 개조하여 수송과 연락 등의 임무를 수행하는 정도였다.

　　그러나 이순신은 이들 전선을 유기적으로 편성하여, 중부장 어영담을 물길의 안내자로 삼아 최선봉에 위치하게 하고 좌척후장 김인영과 우척후장 김완이 거느리는 척후선을 멀리 내보내어 왜선의 동태를 정찰하게 하였다.

　　이순신은 '적을 격멸하려면 먼저 적을 발견해야 한다'는 생각을 기초로 앞으로의 작전을 깊이 구상하였다. 전라 좌수군 함대가 미조항 앞 바다에 이르렀을 때 오랫동안 구상한 그의 새로운 계획을 시달하기 위해 초요기(招搖旗)[31]를 올려 모든 전선을 한곳으로 집결시켰다. 또한 고향을 떠나 막막한 해상을 향하고 있는 군사들에게 작전에 관한 사항과 결사적인 분전을 당부하며 철저한 수색 작전을 전개하도록 명령하였다.

　　"우척후장, 우부장, 중부장과 후부장은 오른편으로 개이도(介伊島, 추도)를 둘러 왜선을 수색하라."

　　"다른 전선들은 왼편으로 평산포, 곡포, 상주포 및 미조항을 수색하라."

30　척후는 정찰, 추포는 추격하여 나포(체포)하는 것.
31　조선 시대 군대에서 사용하던 깃발의 한 종류로 전장에서 대장이 예하 장수들을 부를 때 사용한 깃발을 통칭하는 이름이다. 대부분의 초요기에는 북두칠성이 그려져 있기 때문에 칠성기(七星旗)라고 불리기도 한다.

　　　　　　　　　　　　　　　　　　　충무공 이순신

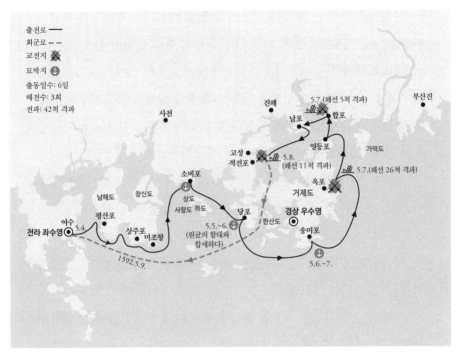

이순신 함대의 제1차 출전도

이에 모든 전선은 2개 전대로 분리하여 조심스러운 항해를 계속하였으나 날이 저물 때까지 왜선 1척도 발견하지 못하고 소비포(所非浦) 앞 바다에 이르러 4일 밤은 이곳에서 지냈다.

5월 5일 새벽, 이순신은 전 함대를 지휘하여 당포로 향하였다.

이곳은 출전 전 공문에 따라 경상 우수사 원균과 만나기로 약속한 곳이다. 그러나 당포 앞 바다에 도착한 이순신 함대는 원균은 물론이고 경상도 관하의 수군조차 발견할 수 없었다. 원균이 없다는 것은 사태가 위급함을 말하는 것이기도 하였다. 이순신은 더욱더 조심하여 주위를 수색 정찰하면서 경쾌선은 원균이 있는 곳을 찾게 하였다. 더욱 확실한 정세를 파악하려면 그 도의 주장인 원균을 만나야 했기 때문이다.

이러는 동안 이순신 함대는 이곳 당포 앞 바다에서 하룻밤을 지냈다. 다음 날 6일 아침 8시경에, 찾고 있던 원균이 한산도 방면에서 전선 1척을 타고 도착하였다. 이순신은 비로소 원균으로부터 왜선의 세력과 머무르고 있는 곳, 그때까지 접전한 전투 경위 등을 상세히 듣고 앞으로의 전투 방책을 마련하였다. 이후 남해 현령 기효근을 비롯한 경상도의 장수들이 판옥선 3척과 협선 2척에 분승하여 모여들었다.

이리하여 6척의 전선을 증강하게 된 이순신은 먼저 양 도의 장령들을 한곳으로 집결시키고 '작전상 필요한 사항'을 결정한 후 거제도 남단으로 향하였으나 송미포 앞 바다에 이르자 날이 저물어 6일 밤을 지냈다.

다음 7일 새벽에는 일제히 송미포에서 출발하여 왜선이 머무르고 있다는 천성, 가덕을 향하였다.

이때의 순항 진형은 여수를 출항할 때와 같이 척후선을 전방 멀리 파견하였다. 이윽고 12시경에 함대가 옥포 앞 바다에 이르렀을 때 우척후장 김완과 좌척후장 김인영이 발사한 '신기전(神機箭)'이 이순신이 탄 판옥선으로 날아들었다.

이 신기전은 적이 있음을 알리는 화살이어서, 옥포 선창에 왜선이 있음을 알게 된 이순신은 모든 전선을 집결시켰다. 그는 장령들에게 신기전에서 받은 왜적선의 내용을 알림과 동시에 공격 개시에 대한 세부 사항을 하달한 후 준엄한 목소리로 이렇게 말하였다.

"가볍게 움직이지 말라. 침착하게 태산같이 무거운 행동을 취하라."
(勿令妄動 靜重如山)

이순신은 적전에서 처음으로 해전을 치러야 하는 군사들의 공포심을 파악하고 마음을 진정시키고 왜군을 맞아 싸울 수 있는 여유를 갖게 했

충무공 이순신

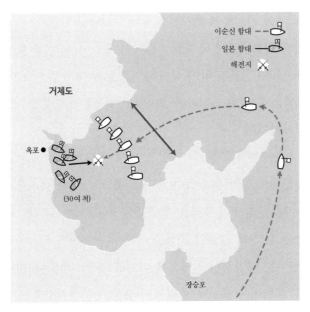

거제도

옥포 ●

(30여 척)

장승포

이순신 함대 ----
일본 함대 ----
해전지 ✕

옥포 해전도

다. 그의 목소리가 끝을 맺자, 바람에 나부끼는 독전기(督戰旗, 사기를 북돋

워 주기 위한 기)와 함께 모든 전선이 질서 있게 포구를 향하여 노를 재촉

하며 전열을 가다듬었다.

　그때 옥포 선창에는 왜선 30여 척이 흩어져 정박하고 있었다. 이들은

도도 다카토라가 거느린 병선들로 옥포마을을 노략질하여 연기가 온 산

에 퍼져 있었다. 이들 병선 중 대선은 4면에 온갖 무늬를 그린 비단 휘장

을 둘러치고 그 휘장 가에는 긴 막대기를 꽂고 홍·백색의 기(旗)를 매달고

있었다.

　왜군은 정신없이 인가에 들어가서 노략질하던 중 이순신이 거느린

함대를 발견하였다. 깜짝 놀란 왜군은 엎치락뒤치락하면서 제각기 분주

히 자기들의 배를 타고 아우성을 치며 도망할 태세를 취하였다. 그 움직

이는 모습은 마치 놀란 도둑 무리 같았으며 바다 가운데로 나오지 못하

고 6척이 선봉에 위치하여 해안선을 따라 달아나고 있었다.

이순신이 최선두에서 공격을 명령하자 북소리, 나팔 소리가 크게 울리면서 군사들이 힘을 다하여 결사적으로 노를 저어 앞으로 나갔다. 그리하여 왜선을 동·서로 포위하여 들어가면서 포환과 화살을 바람과 우레와 같이 발사하였다.

첫 공격 목표는 선봉선 6척이었다. 이에 도망치려던 왜군도 어쩔 수 없이 필사적으로 총과 활을 쏘며 항전하였다. 그러나 죽기를 각오하고 달려드는 이순신 함대의 공격을 당해내지 못하고 달아날 길만을 찾았다. 이들 왜군은 배 안에 실었던 물건을 바다에 내던지며 도망하려고 기를 쓰고, 또 일부는 헤엄쳐서 언덕으로 기어오르려고 하였다. 바다 위에서 단 한 번의 저항이나 총성을 들어보지 못하고 무인지경으로 침범해 온 왜군은 처음으로 이순신에게 호된 공격을 받은 것이다.

이러는 동안 화살에 맞아 거꾸러진 왜군은 수를 헤아릴 수 없었다. 이순신 지휘하의 좌부장 신호, 우부장 김득광 등을 비롯한 여러 장령은 계속 적의 병선을 격파하는 데 주력하여 모두 26척을 쳐부수고 불태워 버렸다.

왜군은 해상 전투에서 처음으로 비참한 패배를 당하고 말았으며 살아남은 왜군은 흩어져서 바위 언덕으로 기어오르며 서로 뒤떨어질까 겁내고 있었다. 불꽃과 연기가 하늘을 덮고 바닷물은 왜군의 피로 물들고, 눈에 크게 띄는 것이라곤 왜선의 부서진 조각과 의류, 시체들뿐이었다.

마침내 불안과 초조함을 억제하면서 오직 나라를 위하여 싸움에 임한 이순신과 그의 부하들이 첫 승리를 거두었다. 모든 장령은 피로를 잊은 채 크게 기뻐하였고 '명령과 지시를 따라 힘써 싸우면 반드시 승리한다'는 신념을 굳혔다.

이순신은 산 위로 도망친 왜군들이 그곳 백성들에게 또다시 약탈 행

옥포대첩 기념탑(거제)

위를 자행할 것을 예상하였기에 이들 왜군을 모조리 없애버리기 위해서 용감한 사부를 선발하여 이를 추포하려고 하였다. 그러나 거제도의 산세 가 험준하고 수목이 무성하여 발붙이기가 어려울 뿐만 아니라 왜군의 소 굴 속에 들어가는 것과 같고, 전선 내에 사부가 없으면 다른 왜선들로부 터 공격을 받을 때 곤경에 빠질 우려가 있다는 점을 감안하여 중지하였 다. 이처럼 이순신은 일시적인 승리만으로 만족하지 않고 전후에 일어날 여러 문제를 신중히 고려하는 장수였다.

전투가 끝날 무렵 모든 전선을 이끌고 거제도 북단의 영등포 앞 바다로 이동하기 시작하였다. 영등포 앞 바다에 도착한 이순신은 먼저 안전한 휴식을 위하여 척후선을 먼 곳으로 파견하여 왜선을 철저히 경계하고 한 편으로는 군사들에게 나무와 물을 길어 오게 하여 밤을 지내려고 하였다.

옥포 해전의 첫 승리에서 기운을 얻은 군사들은 위험한 곳임을 모르는 채 밤을 지낼 준비를 서둘렀고 어느덧 시간은 오후 4시를 가리킬 때, 척후선으로부터 급보가 들어왔다.

"멀지 않은 해상에 왜 대선 5척이 지나갑니다."

이순신은 보고를 받자마자 곧 전선을 지휘하여 이를 추격하게 하였다. 군사들은 함성을 지르며 그의 뒤를 따랐다. 왜선은 힘을 다하여 싸우다가 합포(合浦) 앞 바다에 이르러서는 배를 버리고 육상으로 도망쳤다. 이에 이순신 함대는 척후장 김완이 1척을 쳐부수는 것을 시작으로 손쉽게 빈 배(空船) 5척을 전부 때려 부수고 불태웠다.

이순신은 완전히 어두울 때까지 밤을 지새는 것같이 함대의 위세를 보이다가, 밤중에 노를 재촉하여 은밀히 남포(南浦) 앞 바다로 이동한 후 군사를 위로하고 기쁨 속에 밤을 지냈다. 이때의 야간 이동은 적전에서 함대 행동을 은폐하려는 이순신의 치밀한 계획이었다.

7일 밤 남포 앞 바다에서 지낸 이순신은 다음 8일 아침, 피난민들로부터

"고리량(古里梁)에 왜선이 머무르고 있다."

는 적정을 입수하였다. 그는 즉시 함대를 둘로 나누어 고리량까지 가는 길목에 있는 모든 섬을 수색하면서 돼지섬(猪島)을 지나 적진포(赤珍浦) 앞 바다에 이르렀을 때 척후선으로부터

충무공 이순신

"왜선 대, 중, 소선 13척이 정박하고 있다."

는 보고를 받고 즉시 그곳으로 함대를 이동하였다.

이때 왜선들은 아무런 경계 없이 모두 포구에 한 줄로 늘어서 있었고 대부분 상륙하여 재물을 노략질하고 집에 불을 지르는 등 모진 행패를 부리는 중이었으나 이순신 함대를 발견하고는 모두 산 위로 도망쳤다. 이순신 함대는 화살과 화전을 쏘며 포구를 향하여 쳐들어갔으나 합포 앞바다에서처럼 거의 빈 배를 공격하는 것이었으므로 그리 힘들이지 않고 그중 11척을 완전히 때려 부수었다.

이순신이 여기서 군사들에게 아침을 지어 먹게 한 후 휴식을 명할 때였다. 한 사람이 등에 어린애를 업고 산꼭대기에서 큰 소리로 외치며 함대가 있는 쪽으로 내려오는 것을 발견한 그는 곧 작은 배를 보내어 태워 오도록 하여 여러 가지 사실을 물어보았다.

"네 이름은 무엇인가?"

"소인은 살고 있는 곳이 적진포 근처이옵고, 원래는 향화인(向化人)[32]이며 이름은 이신동이라고 부르옵니다."

"왜군에 대하여 아는 바를 말해보아라."

"왜군들이 어제 이 포구에 들어와서 민가에서 약탈한 재물들을 소와 말로 실어다가 그들 배에 갈라 싣고, 소를 잡고 술을 마시면서 노래하고 피리를 불며 날이 새도록 그치지 않았는데, 가만히 그 곡조를 들어보니 모두 우리나라의 곡조였고, 오늘 이른 아침에 반 수는 배를 지키고 반은

---

32 귀화하여 그 나라의 국적을 얻은 사람. 향화(向化)는 문명사회의 어진 정치를 기려 스스로 찾아와 귀화하는 것을 의미한다.

고성으로 향하였습니다."

　이순신을 비롯하여 이 말을 들은 군사들은 모두 분함을 참지 못하였다. 더구나 노래의 곡조가 조선의 곡조였다는 말에는 여러 가지 뜻을 내포하였으므로, 군사들은 왜군이 있다는 천성과 가덕, 부산 등지로 진격하여 격멸할 것을 주장하였고 이순신도 그렇게 하려고 하였다.
　그러나 왜선이 있는 곳은 지형이 좁고 얕아서 판옥선 같은 큰 전선으로는 공격하기 어려울 뿐만 아니라 전라 우수사 이억기 함대가 아직도 오지 않았으므로 홀로 적진 속에 돌입하기에는 그 형세가 위태롭다고 판단하였다. 바로 그때 전라도의 도사 최철견으로부터 임금이 관서로 피난하였다는 소식을 전해 들었다. 이때 이순신은,

　"…… 비로소 상감께서 관서로 피난 가신 소식을 알게 되어 놀랍고 분통함이 망극하여 종일토록 간장이 찢어져 울음소리와 눈물이 한꺼번에 터졌습니다."

　하여 서쪽을 향하여 통곡하고 원균과 상의한 후 모든 전선을 일단 여수로 귀항하기로 하였다.
　그 당시 경상도와 서울 사이는 왜군으로 말미암아 통신로가 거의 막혀 있었다. 따라서 그의 생각에는 여수에 돌아가서 임금의 소식을 상세히 알아보고 다시금 이억기 함대와 함께 새로운 공격 계획을 세우든지 아니면 수군을 거느리고 서해로 북상하여 임금을 호위해야 하므로, 여수에 가서 결정하려는 것이었다.
　5월 4일 여수에서 출발했던 이순신은 5월 9일 여수로 돌아왔다. 이번 출전은 세 번 싸워 모두 승리하여 왜선 42척을 때려 부수거나 불태워 버

렸으며 왜군을 무수히 사살하였고, 노획한 물자는 5칸 창고를 채우고도 남는 큰 전과를 올렸다. 이에 비하여 이순신 함대는 그의 탁월한 작전 지휘로 순천 대장선의 사부 이선지가 왼쪽 팔에 화살을 맞아 부상한 것 외에는 인명과 전선의 손실이 없었다.

이순신은 왜군이 노략질하여 자기네 배에 실어 두었던 정미(精米) 300여 석을 각 전선에 분배하였다.

옥포와 합포, 적진포 등의 해전을 총칭하여 '옥포 해전'이라고 부른다. 이 해전의 승리는 우리 수군의 용맹함을 알렸고, 연이은 패배로 사기가 떨어져 있던 조정 관료, 육군과 백성의 사기를 높였으며, 나아가 왜군이 쉽게 서진(西進)하지 못하도록 만들었고 왜군의 통신과 보급로를 차단할 수 있는 제해권 획득의 기틀을 마련하였다.

이순신은 옥포 해전의 전공으로 가선대부(嘉善大夫, 종2품)로 승직하였다. 그는 전승의 공을 한 가지도 자기에게 돌리지 않고 모든 군사의 명단을 일일이 기록하여 그들의 공적인 것으로 조정에 보고하였으며 장계의 끝머리에는,

"신의 어리석은 생각으로는 적을 막는 방책에서 수군이 활동하지 않고 오로지 육전으로 성을 지키는 방비에만 힘썼기 때문에 나라의 수백 년 삶의 터전이 하루아침에 적의 소굴로 변한 것으로 아오며 생각이 이에 미치니 목이 메어 말을 할 수 없습니다.

적이 만일 바다로 본도(전라도)를 침범해 온다면 신이 해전으로서 죽음을 결단하고 담당하려니와 육지로 침범해 오면 본도의 장수들이 전마(戰馬) 하나 없이 대응할 도리가 없사오니, 신의 생각으로는 돌산도의 백

야곶과 흥양의 도양장 목마 중에 전쟁에 쓸 만한 말이 많은데 잘 길들여서 전쟁에 사용한다면 승리할 수 있겠습니다."

라고 건의하여 육상전의 방비까지 염려하였다.

02

당포 해전의 승리

이순신의 제1차 출전은 그의 철저한 준비와 적절한 군사 운용, 군사들의 왕성한 공격 정신으로 큰 전과를 올렸으나 왜 수군의 주력을 섬멸하지는 못하였다. 따라서 그는 귀향하자마자 군사들을 일단 위로하고 휴식시킨 후 전선과 무기를 정비하면서 훈련을 실시하는 등 재출전을 계획하였다.

그는 서울 방어나 임금을 호위하는 것보다, '바다를 가로막아 적의 해상 교통로를 차단함으로써 적의 병력 증강과 보급로를 끊어버리는 것'이 최종적인 승리를 할 수 있는 전략적 방책임을 재확인하였다.

이순신이 여러 가지 전비를 서두르는 동안 경상 우수사 원균으로부터는 왜선의 동향에 대한 공문이 자주 들어오곤 하였다. 그중에서 부산 방면의 왜군이 차차 거제도 서쪽을 침범하여 연해(沿海) 등지를 분탕질한다는 내용은 그의 마음을 아프게 하였다.

분하고 답답함을 이기지 못한 그는 먼저 그가 관할하는 좌도 수군을 집결하고 한편으로는 우수사 이억기에게 "협력하여 출전하자."는 뜻으로 공문을 보내어 전라 좌·우도 수군과의 협동작전을 강구하였다. 이억기와는 6월 3일 여수 앞 바다에 집결하여 경상도로 출전하기로 약속하였다.

사실 이순신으로서는 이보다 빨리 출전할 수도 있었지만 우수사 이억기 함대의 사정(물길은 멀고 풍세도 추측할 수 없었다)으로 늦추어진 것이다.

그러나 예정 출전일보다 1주일 앞선 5월 27일 이순신에게 도착한 원균의 공문은 그의 마음을 조급하게 하였다.

"적선 10여 척이 이미 사천과 곤양 등지를 침범하였으므로 나는 남해의 노량으로 이동하여 피하고 있소."

실로, 위의 공문 내용이 사실이라면 새로운 조처를 취하지 않을 수 없었다. 사천과 여수 사이의 해상 거리는 약 57km로 몇 시간이면 도달할 수 있는 가까운 거리일 뿐만 아니라 6월 3일까지 기다려서 떠난다면 그 사이에 사태는 급박해질 것이므로 눈앞의 적을 격멸하기 위해 약속보다 먼저 행동을 취해야만 하였다.

이에 좌수영 함대가 먼저 출전하면서 만일의 사태에 대비하여 여수의 유진장(留陣將)에 그의 군관인 전 만호 윤사공을 임명하고, 여러 진과 포구에는 지휘할 사람이 없으므로 조방장 정걸을 좌수영 관할 지역의 입문인 흥양에 파견하여 멀리서 여수의 전초 경계 임무를 맡게 하였다. 이와 같이 치밀한 수비 계획을 마련한 이순신은 5월 29일 새벽에 단독으로 전선 23척을 거느리고 원균이 머무르고 있는 노량을 향하여 출전하였다. 그리고, 우수사 이억기에게는 사태의 시급함과 아울러 즉시 뒤를 따라 나오도록 통보하였다.

이번 이순신 함대의 편성은 제1차 출전 시와 거의 같았으나, 전주 지방 출장으로 참전하지 못하였던 순천 부사 권준을 비롯하여 좌우별도장(左右別都將), 구선돌격장(龜船突擊將) 등 새로운 부서와 직책이 생겼다.

충무공 이순신

표5. 제2차 출전 시 부서와 직책

중위장	순천 부사	권준 (1차 출전 시 불참)
중부장	광양 현감	어영담 (유임)
전부장	방답 첨사	이순신 (1차 출전 시 중위장)
후부장	흥양 현감	배흥립 (1차 출전 시 전부장)
좌부장	낙안 군수	신호 (유임)
우부장	보성 군수	김득광 (유임)
좌척후장	녹도 만호	정운 (1차 출전 시 후부장)
우척후장	사도 첨사	김 완 (유임)
좌별도장	우 후	이몽구 (신임)
우별도장	여도 권관	김인영 (1차 출전 시 좌척후장)
한후장	군 관	고안책 및 송성 (신임)
참퇴장	전 첨사	이응화 (신임)
구선돌격장	군 관	이언양 및 급제 이기남 (신임)

일부 직책을 변경하고 새로운 부서를 설정한 것은 1차 출전에서 얻은 교훈을 고려한 것이었고 돌격장의 명칭을 '구선돌격장'으로 바꾸어 '거북선'을 처음으로 대동하였다.

한편 이순신은 5월 29일 노량을 향하여 출전하던 날 이상한 꿈을 꾸었다. 앞으로 닥칠 전투의 승리를 기약하면서 잠을 자던 중 백발노인이 그를 발로 차면서, "일어나라, 일어나라, 적이 왔다."라고 하므로 일어나서 모든 전선을 거느리고 노량에 이르자, 왜 적선이 있었다고 한다.

이러한 이순신의 꿈은 단순한 꿈이 아니라 오직 그의 염원이 왜군의 격멸에 있었음을 말해 준다.

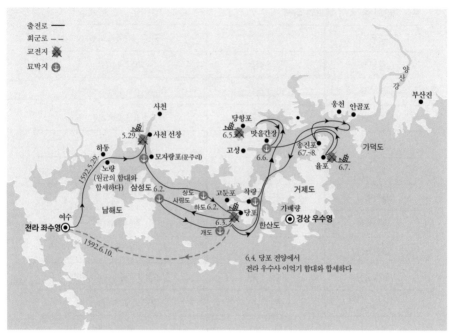

이순신의 함대 제2차 출전도

전선 23척으로 편성된 이순신 함대는 5월 29일 순천 앞 바다를 지나 노량에 이르렀다. 이때 원균은 하동 선창에서 전선 3척을 거느리고 달려 왔다. 약속과 같이 원균을 만난 이순신은 인사를 나눈 뒤에 왜선에 대한 상세한 사항을 들으면서

"적선이 지금 어디 있소?"
"적선이 사천 등지에 이르고 있소."

라는 대화가 끝날 무렵 멀지 않은 해상에서 왜선 1척이 곤양을 나와 해안 선을 따라 사천 방면으로 향하는 것을 발견하였다. 이순신은 즉시 전투 태세를 명함과 아울러

"저 왜선을 따라잡아라!"

하였다. 이순신의 우렁찬 목소리와 함께 함대의 선봉에 위치한 전부장 이순신(李純信)과 남해 현령 기효근 등이 추격하기 시작하였다. 왜선에 거의 근접하자 왜군이 배를 버린 채 육상으로 도주하였기 때문에 빈 배만을 때려 부수었다.

조선 수군이 사천 앞 바다에 이르렀을 때 왜군의 모습은 제1차 때와 전혀 달랐다. 선창의 준엄한 산세를 따라서 포구 뒤로 길게 늘어선 산 능선에 약 400여 왜군이 장사진을 치고 무수한 홍·백기가 난잡하게 꽂혀 있었으며, 그중에서도 가장 높은 산꼭대기에는 따로 장막을 치고 있는 게 마치 지휘 본부 같았다. 그리고 산 아래의 해안에는 12척의 누각대선(樓閣大船)이 줄을 지어 있었는데, 이순신 함대의 접근을 본 후로는 산등성에 집결한 왜군이 바다에 있는 이순신 함대를 내려다보며 칼을 휘두르면서 위세를 뽐내었다. 왜군의 실정을 파악한 이순신은 당장 공격을 가하고 싶었으나 먼저 쌍방의 위치와 조류, 공격 방법 등을 강구한 후 이렇게 말하였다.

"화살이 미치지 못하고, 또 적의 배를 불태워 버려야 하는데 썰물이다. 적은 높은 곳이며 우리는 낮은 곳이므로 지세가 매우 불리하고 해 또한 저물어간다."

다시 그는 장령들에게,

"저 왜군들이 몹시 교만한 태도를 보이고 있으므로 우리가 짐짓 물러가면 반드시 배를 타고 우리와 싸우려 할 것이다. 저들을 바다로 끌어내어 공격하는 것이 가장 좋은 방책이다."

라고 말하고 처음으로 지형과 조수를 고려하여 '유인작전' 단행을 지시하였으며, 곧 선수를 돌려 후퇴하는 것같이 보였다. 이순신 함대의 전술적인 후퇴를 바라본 왜군은 기세를 올리면서 약 200명이 하산하여 그중 100여 명은 언덕 밑에서 총을 쏘고 나머지 100여 명은 배에 올랐다.

　이순신 함대가 물러나고 얼마 후에 때마침 저녁 조수가 밀려들기 시작하여 판옥선 같은 대선도 활동할 수 있게 되었다. 적절한 전기를 포착한 이순신은 모든 전선을 향하여 "뱃머리를 돌려라!"라는 명령과 더불어 처음으로 출전한 '거북선'이 왜선 속으로 돌진하게 하여 천·지·현·황 자의 각종 총통(포)을 발사하도록 하고, 뒤따라 다른 전선들도 공격하도록 하였다. 왜군도 산 위와 언덕 밑, 그리고 배 위의 세 곳에서 그들이 갖고 있는 철환을 빗발치듯 발사하면서 대응하니 왜군과 조선 수군은 그때까지 보지 못한 포화전(砲火戰)을 전개하였다. 불미스럽게도 왜선의 사수 중에는 조선인이 섞여 있었다. 이순신은 그 조선인을 보자 분노를 참지 못하여 노를 빨리 젓게 하여 최선두로 나아가 그 배를 때려 부수었다. 그를 뒤따른 여러 전선도 일시에 12척의 왜선을 향하여 철환, 장편전, 피령전, 화전 및 천·지·자 총통 등을 우레같이 연발하고 저마다 함성을 지르며 공격하였다.

　이순신 함대가 집중포화 공격을 시작하자 바닷속으로 거꾸러지고 도주하는 왜군의 수가 헤아릴 수 없이 많았다. 심지어는 언덕 밑을 수비하던 왜군도 높은 언덕으로 기어오르면서 다시금 대응할 생각을 못 하였다. 때를 같이하여 이순신 함대의 중위장 권준, 중부장 어영담, 전부장 배흥립 및 좌척후장 정운 등은 번갈아 드나들면서 왜선을 모두 때려 부수거나 불태워 버렸다. 그중에서도 우척후장 김완은 격전 중 조선 소녀 1명

을 구출하고, 참
퇴장 이응화는
왜군 1명의 목
을 베었는데 멀
리서 이를 본 왜
군은 발을 구르
며 크게 통곡할
따름이었다.

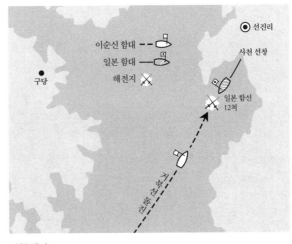

이순신 함대 ⊙ 선진리
일본 함대
해전지
사천 선창
구당
일본 함선
12척
거북선 돌진

사천 해전도

싸움이 끝날
무렵 격분을 참
지 못한 이순신은 각 적선으로부터 날랜 군사를 선출하여 도망치는 왜군
들도 섬멸하려고 하였으나 해가 저물기 시작하고 산 위의 숲이 울창하였
으므로 도리어 피해 입게 될 것을 염려하여 일단 추격전을 중지하였다.
선창에 소선 몇 척을 남겨두고 이들을 끌어내어 섬멸할 계획을 세우고,
어둠을 이용하여 모든 전선을 모자랑포로 이동하여 밤을 지냈다.

이번 전투에서 왜군의 사상자는 눈 뜨고는 볼 수 없는 참상을 이루었
다. 이순신 함대에서도 1차 출전과 다르게 나대용과 이설이 화살을 맞아
다쳤으며, 이순신도 출전 후 처음으로 왼편 어깨에 철환을 맞아 관통상
을 입었다. 그는 피가 발뒤꿈치까지 흘러 내렸지만 끝까지 활을 놓지 않
고 독전하다가 싸움이 끝난 뒤에 칼끝으로 살을 가르고 철환을 파내었는
데 그 깊이가 꽤 깊었으니 나중에야 이 사실을 안 장령은 모두 놀랐다.

그가 써 올린 장계에는

"신도 왼편 어깨에 철환을 맞아 등을 뚫렸으나 중상은 아니옵니다."

사천 해전도 이순신은 이 해전에서 적의 총탄에 부상을 당했다. 출처: 한산도 제승당

라고 하였을 따름이다. 또한 그는 전투할 때마다 장령들에게

"적의 머리 한 개를 베는 동안에 더 많은 적을 사살할 수 있으니 머리를 많이 못 베는 것은 걱정하지 말고 사살을 먼저 하라. 힘써 싸운 여부는 내가 직접 눈으로 보는 바가 아니냐."

하여, 전장에서 개인적인 공훈보다 전체적인 성공을 위하여 있는 힘을 다하도록 하였으며, 그때그때 상황을 보아서 "적병을 주로 사살하라." 또는 "전선을 주로 때려 부수라."라는 등의 명령을 내리곤 하였다.

진두지휘로 관통상과 감투 정신을 모든 군사에게 보여준 이순신은 6

충무공 이순신

월 1일 12시경, 모자랑포를 떠나 사량(蛇梁) 해상에 이르러 군사들을 쉬게 하고 위로하며 그날 밤을 지냈다. 그보다 앞서 그날 새벽에는 전일 계획적으로 남겨둔 적선과 왜군의 동정을 탐색해야 했으나 개인의 공적을 빛내기 위하여 그곳을 먼저 다녀온 원균이

"남은 왜군들이 멀리 도망갔으므로 남겨둔 소선 2척만 불태워 버렸소."

라고 말하였던 까닭에 바로 사량으로 향하였다. 원균은 사실상 군사 없는 장수로서 아무런 지휘권도 없었으므로 전투 중에는 항시 화살이나 탄환에 맞은 왜군을 찾아내어 머리 베는 것을 맡아 하였다.

6월 2일 8시경, 사량 해상에서 휴식 중이던 이순신 함대는 '왜선이 당포 선창에 정박하고 있다'는 정보를 입수하였다. 역시 멀리 파견해 둔 척후선으로부터의 보고였다. 그는 즉시 출발하여 10시경에 약 19km 떨어진 당포 앞 바다에 도착하였다. 그때 당포에 머무르고 있던 왜군은 무려 300여 명이었으며 그중 절반은 성내에서 노략질과 민가를 불사르는 만행을 자행하고, 또 일부는 성외의 험한 지형을 이용하여 철환을 쏘고 있었고, 선창에는 21척이 열박하고 있었다.

그중에서 대선 위에는 높은 누각을 세웠고 그 주위로는 붉은 비단으로 된 휘장을 두르고 사방에 누른(黃) 글씨를 썼으며 앞면에는 붉은 일산(日傘)[33]을 세우고 그 안에 한 장수가 조금도 두려워하지 않고 서 있었다. 이순신은 먼저 탐망선(探望船)을 외양에 배치하여 후방으로부터의 기습에 대비하게 하고, 주력대는 거북선을 선두로 하여 공격을 개시하도록 하였다. 특히 선두에 위치한 거북선은 왜선의 누각대선을 향하여 돌진하

---

33 햇볕을 가리기 위하여 세우는 큰 양산.

면서 모든 화력을 집중 발사하도록 명령했는데, 첫째의 공격 목표는 적선 중 누각대선 즉 기함이었다. 거북선은 명령과 함께 누각대선 밑으로 근접하여 용구(龍口)로부터 현자 철환(玄字鐵丸)을 치쏘면서 천자 및 지자 철환과 대장군전 등을 발사하여 그 누각대선을 깨뜨리기 시작하였고, 뒤따른 여러 전선은 철환과 편전(片箭), 승자총통 등을 쉴 사이 없이 섞어서 발사하여 거북선의 활동을 지원하였다.

한편 왜군도 죽을힘을 다하여 총환과 화살을 쏘면서 저항하였다.

중위장 권준은 누각대선 위의 왜장에게 재빨리 용감하게 돌진하여 화살로 사살했으며, 우척후장 김완과 군관 진무성은 화살을 맞고 떨어지는 지휘관의 목을 베었다. 이 순간부터 왜군은 일시에 흩어져 가까운 육지로 도망치기 시작하였으며 기회를 놓치지 않으려는 이순신 함대는 일제히 맹격을 가하여 왜선 21척을 모두 불태우거나 깨뜨렸다. 이순신은 여기서도 여러 전선의 군사들을 그대로 상륙시켜 끝까지 추격하려고 하였다. 그런데 바로 이때 외양에 파견해 두었던 탐망선으로부터

"왜 대선 20여 척이 수많은 소선을 거느리고 부산으로부터 당포로 내항하고 있습니다."

라는 위급한 보고를 받았다. 이순신은 짐짓 이 보고를 못 들은 체하였는데, 또다시 "수많은 왜선이 온다." 하면서 일부 군사가 불안한 기색을 보였다. 이때 이순신은

"적이 오면 싸울 뿐이다."

하는 말로, 힘껏 싸운 끝에 기운이 지쳐서 황급한 빛을 보이는 군사들

충무공 이순신

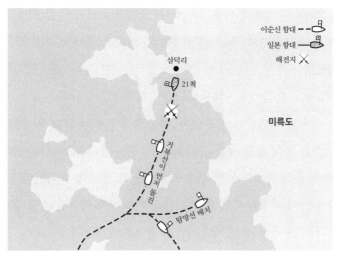

이순신 함대 --⬡
일본 함대 --⬛
해전지 ✕

삼덕리

🚣 21척

미륵도

거북선이 먼저 돌진

탐망선 배치

당포 해전도

의 정신 상태를 바로잡게 하였다.

그는 육상에서의 추격을 중지하고, '당포는 지형이 협소하여 왜군과의 접전이 부적합하다'는 판단을 내려 모든 전선을 외양으로 이동하게 하였다. 그때 당포로 향하던 왜선은 불과 3km 정도의 거리에서 이순신 함대를 발견하였으며 그 순간부터 도망치느라고 분주하였다.

외양으로 나온 이순신 함대는 이들 왜선을 추격하기는 하였으나, 날이 저물어서 접전할 수 없다고 판단한 이순신은 왜선에 대한 야간 추격을 피하고 안전하게 휴식할 수 있는 창신도로 이동하여 하룻밤을 지냈다.

전투 중 이순신 함대가 왜선에서 노획한 물품 중에는 좌별도장 이몽구가 누각대선에서 찾아낸 '금부채' 한 자루가 있었다. 한쪽 바닥 가운데는 '6월 8일 히데요시(六月八日 秀吉)'라고 서명되어 있었고, 그 오른쪽에는 '하시바 치쿠젠노카미(羽紫築前守)'라는 다섯 자가, 왼쪽에는 '가메이 류큐카미도노(龜井流球守殿)'라는 여섯 자가 쓰여 있는 부채가 옻칠한 갑 속에 들어 있었는데, 이 부채는 도요토미 히데요시가 가메이 류큐카미

(가메이 고레노리)에게 선사한 것이었다. 그리고 소비포 권관 이영남은 그 배 안에서 울산 사삿집 여종 억대(億代)와 거제도 소녀 모리(毛里)를 도로 찾아내었다.

이번 당포 해전에서 이순신은 일선 지휘관으로서의 신중한 모습과 탁월한 전술의 일면을 보여주었다. 왜선의 동정을 파악한 후, 먼저 기함에 총공격을 가하게 한 것과 공격 개시 전 탐망선을 외양에 배치한 것 등은 목표 집중과 경계의 원칙을 실용(實用)한 새로운 전술이었다. 만약 탐망선을 외양에 배치하지 않고 포구 내를 향하게 하였더라면 일시는 승전했을지라도 곧 왜선 20여 척의 기습을 받았을지 모를 일이었다.

창신도에서 모든 전선을 하룻밤 휴식시킨 이순신은 다음 3일에는 새벽부터 추도(楸島) 일대의 섬들을 수색하였다. 이는 전일 당포 전양에서 놓친 왜선을 찾기 위함이었다. 그러나 하루 종일 수색하였음에도 아무런 성과를 얻지 못하였으므로 당포에서 멀지 않은 고둔포(古屯浦)에 이르러 밤을 지냈다. 다만 이날도 이순신은 고성 등지까지 나아가고 싶었으나 함대 세력이 너무나 약하기 때문에 울분함을 참고 은근히 이억기 함대를 기다렸다.

다음 6월 4일 아침, 이순신은 모든 전선을 거느리고 또다시 전일의 해전지인 당포 앞 바다로 나아가 척후선에게 그 부근의 왜선을 수색하도록 명하였다. 그러자 10시경에 산중으로 피난하였던 강탁이라는 토병(土兵)[34]이 이순신 함대를 발견하고 기쁜 듯이 달려와서 그가 본 왜선의 동향을 말하였다.

"지난 2일, 당포에서 살아난 왜군들이 통곡하면서 그들의 시체를 한

---

34 일정한 지역에 붙박이로 사는 사람으로 조직된 그 지방의 군사.

충무공 이순신

곳에 모아 불사르고 육로로 달아났습니다. 달아날 때 우리 편 사람을 만나도 죽일 생각도 못 하고 슬피 울면서 달아났습니다."

그러나, 이순신은 이보다도 더 알고 싶은 것이 있었다.

"그때 구원 오던 왜선은 어느 곳으로 갔느냐?"
"당포 외양에서 쫓겨간 왜선은 거제로 갔다 하옵니다."

이 말을 들은 이순신은 비록 약한 함대 세력이었지만 적이 있는 곳을 알고는 뒤로 물러설 수 없었다. 그는 즉시 장령들을 불러 적이 있는 곳으로 나아간다는 뜻을 전달하고 끝까지 힘을 다할 것을 당부하였다. 장령들도 그때까지의 승리에서 자신을 얻고 이순신의 전략 전술과 용기에 감동하여 결사적인 분전을 약속하였다. 그런데 이순신 함대가 곧 출발하려고 할 때, 멀리 서쪽으로부터 전라 우수사 이억기가 전선 25척을 거느리고 다다랐다.

사천과 당포 등지의 해전에서 26척의 전선으로 용전분투하여 극도로 피곤한 군사들에게 지원 함대가 온다는 것은 비길 데 없는 반가움이었다. 춤추고 뛰지 않는 군사가 없었으며, 사기는 크게 올라갔다. 이순신도 반가운 모습을 보이면서 이억기를 향하여,

"영감 웬일이오? 왜적의 형세가 한창 벌어져 조국의 위급함이 조석에 달렸는데 영감은 어찌 이리 늦게 오시오."

하였다. 이억기는 늦은 이유와 빨리 돕지 못한 데 대한 유감의 뜻을 표하면서 자기보다 나이도 많을 뿐만 아니라 단독 출전으로 연전연승한

이순신을 마음속으로 깊이 존경하고 흠모하였다. 그는 이때 32세의 수사로서 해전 경험이 전혀 없었고 이순신보다 16세 아래였다. 이순신은 이억기, 원균과 함께 전선 51척으로 '통합 함대'를 편성하고 앞날의 작전을 위해서 새로운 계획을 논의하였으나, 이날은 해가 저물었던 까닭에 전 함대를 착량(鑿梁)으로 이동하여 밤을 지냈다.

5일에는 아침부터 안개가 끼어서 도저히 행동할 수 없었다. 그러나 이순신은 더욱 조심하여 척후선을 여러 곳으로 보내어 왜선의 정황을 염탐하게 하고, 한편으로는 안개가 개기를 기다리는 동안 전투 준비를 철저히 하도록 하였다. 전투 현장에서는 일기가 불순할 때 더욱더 적을 경계하고 모든 장비를 매만지는 것이 그의 신조였다.

이날은 늦게야 안개가 걷혔다. 이순신은 즉시 모든 전선에 대하여,

"거제로 향하라."

라고 명령하였다. 6월 2일 당포 앞 바다에서 도망한 왜 선단이 거제에 있다는 보고를 받았기 때문이다. 이제 통합 함대가 이순신의 지휘 아래 처음으로 왜선을 찾아 나아가는 장엄한 순간이었다. 이때 뜻밖에도 거제에 사는 향화왜인[35] 김모(金毛) 등 7~8명이 소선을 타고 와서 새로운 정보를 전하였다.

"당포 앞 바다에서 쫓긴 왜선이 거제를 지나 당항포로 이동하여 정박하고 있습니다."

---

35 조선 시대에 우리나라에 귀화하여 살던 일본인.

이순신은 즉시 김모를 안내자로 하여 모든 전선에게 당항포로 급히 나가도록 하였다. 이윽고 포구 외양에 이르러 지형을 바라본 이순신은 놀라지 않을 수 없었다. 당항포 성에서 조금 떨어진 들판에 갑옷을 입고 말을 탄 1천여 명의 군사가 포진하고 있음을 발견하였기 때문이다. 그는 침착하게 사람을 보내어 탐문해 오도록 하였다. 그 결과 함안 군수 유숭인이 왜군을 쫓아서 이곳에 이른 것임을 확인하고는 마음을 놓았다. 뒤이어 전령선을 통하여 유숭인에게서 당항 포구의 형세, 즉 거리는 10여 리(약 4km)나 되고 또 넓어서 전선이 들어갈 수 있다는 사실을 듣게 되었다.

일반적인 정황을 알게 된 이순신은 치밀한 계획을 강구하여 먼저 몇 척의 전선에게,

"포구 내의 지형을 상세히 정찰하는 동시에 만약, 왜선에 발각되면 짐짓 퇴각을 가장하여 포구 바깥으로 이끌어 나오라!"

라고 엄명한 후, 나머지 전선은 포구 밖에 숨어 있다가 이를 요격할 계획을 세웠다. 몇 시간이 지난 뒤였다. 포구 내로 들어갔던 전선은 외양으로 나오면서 신기전으로 변보를 알렸다.

"적이 있으니 빨리 들어오라."

라는 보고였다. 그러나 이순신은 무조건 전 함대를 움직이지 않고 다시금 묘안을 세웠다.

그는 전선 4척을 포구에 머물러 복병하도록 지시한 후, 나머지 전선을 거느리고 포구 내를 향하여 들어갔다. 그때 전선 4척을 포구에 복병해 둔 것은 길목이 좁으므로 전투 중에 도주하는 왜선을 격멸하고, 또 당포

해전 때 전선 배치의 이점을 살려 왜군의 지원 함선이 올 것을 예측하였기 때문이다. 이순신의 용의주도한 작전 계획이었다.

이순신 함대는 단종진을 형성하여 양편 산기슭의 강같이 된 곳으로 들어갔다. 유숭인의 말과는 달리 그 거리는 약 6.5km나 되었다. 이순신은 그 사이의 지형이 그리 좁지 않아[36] 싸울 수 있는 곳이라고 생각하였다. 이순신 함대는 소소강(召所江) 서쪽 기슭에 이르러 비로소 왜선의 실정을 확인하였다. 이들 왜선은 당포 해전 때와는 달리 모두 검은 칠을 하였으며, 크기가 판옥선과 같은 대선이 9척, 중선이 4척, 소선이 13척으로 모두 26척이나 열박하고 있었다.

그중 대선 1척은 선수에 3층 누각을 세웠으며 단청으로 분장한 것이 불당 같았고, 전면에는 푸른 일산을 세우고 누각의 아래에는 검은 휘장을 쳤으며, 그 휘장에는 흰 꽃 무늬(白花汶)가 크게 그려져 있고, 휘장 안에는 수많은 병사가 줄지어 서 있었다. 이들 왜선 중 이순신 함대를 바라본 대선 4척은 포구 안쪽에서 나와 한곳으로 모이고 있었으며, 모두 검은 기를 꽂았고 기마다 흰 글씨로 '남무묘법연화경(南無妙法蓮花經)'이라는 일곱 글자가 쓰여 있었다.

전투는 왜선의 선공으로 개시되었다. 먼저 대선 4척은 이순신 함대를 향하여 철환을 우박같이 연발하였다. 공격을 당한 이순신은 여러 전선으로 하여금 이들 왜선을 포위하고 거북선을 돌진시켜 왜선 중의 대선을 공격 목표로 일제히 천·지자 총통을 쏘게 하고, 다른 전선들도 거북선의 뒤를 따라 번갈아 드나들며 총통과 화살을 우레같이 쏘게 하였다. 이리하여, 당항포의 좁은 포구에는 70여 척의 전선에서 연발되는 총성과 사

---

36 실제 이 지역은 강과 같이 좁은 바다로서 길이는 약 15km이고 입구의 제일 좁은 곳이 약 370m이며, 제일 넓은 곳이 약 4km를 넘지 못하는 곳이었다.

당항포 해전도

살당하는 왜군들의 아우성 등이 천지를 진동하는 일대 격전이 전개되었으나, 수적으로 우세한 이순신 함대의 군사들은 사기충천하여 전세는 일방적이었다.

그런데 왜군은 전세가 불리해지면 육상으로 도피한다는 것을 알고 있는 이순신은 이들을 끌어내어 남김없이 섬멸하기로 결정하였다. 그는,

"우리가 짐짓 전선을 돌려 포위를 풀고 퇴각하는 것처럼 보이면 왜군들은 그 틈을 이용하여 전선을 이동할 것이니, 그때 좌우에서 협격하면 모두 섬멸할 수 있을 것이다."

라고 명령한 후 물러나서 퇴로를 개방해 주었다.

과연 이순신이 예측한 대로 왜선들은 중선과 소선이 날개처럼 그들의 누각선을 호위하면서 개방된 수로를 향하여 나왔다. 계속 이들 함대의 동향을 모르는 척 관망하던 이순신은 왜선이 바다 가운데 이르렀을 때 준엄한 공격 명령을 내렸다.

모든 함선에 명령하여 즉시 포위하게 하고, 거북선은 적의 기함인 누각선에 돌진하여 총통을 치쏘고 다른 전선들은 화전(火箭, 불을 붙인 화살)으로 그 비단 장막과 돛을 쏘아 맞추게 하였다. 이에 거북선의 공격과 화전의 연발로 누각선의 돛대와 장막에 불길이 일어났고 누각선 위에 앉아 있던 왜장도 화살에 맞아 바닷속으로 떨어졌으며, 이 광경을 본 다른 대선 4척은 이 틈을 이용하여 허둥지둥 외양으로 도망치기 시작하였다.

그러나 이를 본 이순신과 3도의 장령들은 좋은 기회를 놓치지 않고 즉시 포위하여 맹격을 가하니, 지휘관을 잃은 왜군은 물에 뛰어들고 일부는 기슭을 타고 육지로 올라가거나 산으로 도망하였다.

사기충천한 이순신 함대의 군사들은 창검과 화살 등으로 추격하여 43명의 목을 베고 왜선을 전부 불태운 뒤 짐짓 1척만을 남겨두었다. 이는 이순신의 명령으로서, 왜군을 섬멸하지 못하였으므로 그 1척을 타고 어둠을 이용하여 도주하면 다시 사살해 버리려는 것이었다.

날이 어두워지자 이순신은 이억기, 원균과 함께 모든 전선을 포구 바깥으로 이동하게 하여 내일의 작전을 논의하고 하룻밤을 지냈다. 다음날 새벽에는 전부장 이순신(李純信)이 전일 남겨둔 전선의 동정을 살피기 위하여 그가 거느린 전선을 포구에 잠복시켜 두고 있었다. 도망친 왜군이 반드시 그 배를 타고 포구로 나오리라 예상하였는데, 예상대로 왜군이 남겨둔 전선을 타고 나오고 있었다.

이때 잠복하던 군사들이 일시에 지·현자 총통을 쏘고, 장편전, 철환, 질려포 및 대발화 등을 연발하였다. 왜군은 허둥대며 결사적으로 도주하려고 하였다. 이를 안 군사들은 요구금(要鉤金)[37]으로 그 배를 끌어내어

---

37 쇠로 갈고리 모양으로 만든 병장기의 한 가지. 끝에 줄을 연결해 상대편 배를 끌어당기는 데 사용한다.

　　　　　　　　　　　　　　　　　　　충무공 이순신

공격하였는데 반수 이상의 왜군이 바다로 뛰어들어 죽었다. 그중에 24, 5세로 되어 보이는 왜장은 배 위에서 부하 8명과 함께 계속 항전하였다. 결국 10여 개의 화살을 맞은 후 소리를 지르며 바닷속으로 떨어지고 말았다. 뒤이어 나머지 8명의 왜군도 필사적인 항전을 하였지만, 군관 김성옥 등이 사살하였다.

그때 좌척후장 정운은 왜군에 사로잡힌 억만(億萬)이라는 동래 소년(13세)을 구출하였으며, 왜선에 실린 궤짝 속에서 많은 문서와 3,040여 명의 '분군기(分軍記)'를 찾아내었다. 이 문서에는 개개인의 이름 아래 서명하고 피를 발라 두었는데, 왜군이 피를 내어 서로 결사적인 분전을 맹세한 듯하였다.

이렇게 하여 1척을 상대로 새벽부터 시작한 전투는 9시경 끝을 맺었다. 왜선을 불사를 때 원균과 남해 현령 기효근 등이 뒤쫓아 와서 물에 빠져 죽은 왜군을 모두 찾아내어 목을 벤 것이 50여 개나 되었으며, 특히 지휘관의 머리는 별도로 이순신(李純信)이 표를 하여 서울로 올려 보냈다. 이순신은 이날의 해전을 보고하는 장계에서,

"지금까지의 여러 해전에서 옥포는 붉은 기(赤旗), 사천은 흰 기(白旗), 당포는 누른 기(黃旗)였고, 이번 당항포에는 검은 기(黑旗)인바, 그 까닭은 각 부대를 식별하기 위함이었을 것이며, 분군기를 보아서도 철저한 준비 아래 침범하였음을 알 수 있는 바입니다."

하여, 왜선에 대하여는 세심한 주의로 관찰하여 보고하였다. 이 해전은 이순신, 이억기, 원균의 함대가 처음으로 함께 치른 것이다.

그리고 그날은 비가 내리고 바닷길을 분간하기 어려웠으므로 그대로 당항포 앞 바다에서 군사들을 쉬게 한 후 저녁에 고성 땅 말우장으로 이

동하여 밤을 지냈다. 다음 날, 즉 6월 7일 이른 아침부터 모든 함대를 지휘하여 시루섬 앞 바다에 이르러 일단 포진하고, 근해 일대의 왜선 수색에 임하였다. 수색 방법은 먼저 탐망선을 멀리 파견하고, 주력대는 언제나 출전할 수 있게 만반의 준비를 갖추는 것이었다. 그러자, 천성과 가덕 등지로 파견하였던 탐망선장 진무 이전과 토병 오수 등이 왜선 1척을 발견, 즉시로 포착하여 왜군 3명을 사살하고 돌아와서,

"가덕 앞 바다에서 1척에 3명이 타고 도망하는 것을 추격하여 모두 쏘아 죽이고 머리 셋을 베었는데, 하나는 원균의 군관에게 빼앗기고 말았습니다."

라고 보고하였다. 이순신은 이전과 오수 등에게는 각별히 술을 나누어주고 다시금 가덕 등지를 수색하게 하였다. 그리고 1척이 나타났다는 사실에 반드시 그 주위에 더 많은 왜선이 있을 것으로 믿고, 정오경에 모든 전선을 지휘하여 영등포 앞 바다에 이르렀다. 이때 그의 예상처럼 대선 5척과 중선 2척을 발견하였다. 이들 왜선은 율포에서 출발하여 부산 방면으로 향하는 중이었다.

여러 전선이 역풍을 거슬러 율포 앞 바다까지 추격하여 왜선과의 거리가 약 1.5km 정도에 이르자, 왜군은 전의를 상실한 채 배 안의 적재 물품을 바닷속으로 던지면서 일제히 도주하기 시작하였다. 뒤따르던 이몽구를 비롯한 여러 장령이 일제히 공격을 개시하여 왜선 2척을 포획하고, 나머지는 깨뜨리고 혹은 불 지르고 배 안에 타고 있던 왜군의 머리 41두를 베었다.

병력의 우세로 쉽게 전승한 이순신은 다시금 수색전을 전개하였다. 모든 전선을 두 편으로 나누어 가덕과 천성, 몰운대(沒雲臺) 등지를 철저

히 수색하도록 하였으나 아무런 성과를 얻지 못하고, 그날은 온천량(溫川梁) 내에 있는 송진포(松珍浦)로 이동하여 밤을 지냈다.

이순신은 단일 지역에 대한 단 한 번의 수색 작전만으로 만족하지 않았다. 다음 8일에는 수색 작전을 더욱 확대하여 마산포, 안골포, 제포 및 웅천 등지에 탐망선을 파견하고, 주력대는 남포 앞 바다로 옮겨 대기하였다. 그러나 그날 저녁 탐망선으로부터 어느 곳에서도 왜선을 발견할 수 없다는 보고를 접하고 다시 송진포로 옮겨 밤을 지냈다. 이어 다음 날 새벽에는 웅천 앞 바다로 이동하여 다시금 소선을 천성, 안골포, 제포 등지로 파견하여 왜선을 탐색하게 하였으나, 역시 왜선의 그림자도 발견할 수 없었으므로 그날은 당포로 이동하여 밤을 지냈다.

제2차 출전에서도 통쾌한 승리를 거두었지만, 이번에도 왜군의 집결지라고 할 수 있는 부산포는 공격을 가하지 못하였다. 이에 관하여 이순신은 그가 올린 장계에서 그 이유를 이렇게 말하였다.

"가덕도에서 수색전을 전개하던 그날, 그대로 부산 등지의 왜적을 섬멸하고 싶었으나, 연일 대적을 만나 바다 위를 돌아다니며 싸우느라고 군량이 벌써 떨어지고 군사들도 피곤할 뿐 아니라 부상자도 많았으므로 피로해진 우리가 왜적을 대적한다는 것은 군사상 좋은 계책이 아니옵니다.

또 양산강은 지세가 좁아서 겨우 1척 정도를 수용할 수 있는 곳인데 적선이 오랫동안 유박하여 이미 험한 곳에 있기 때문에 우리가 싸우려면 적이 응하지 않을 것이고, 또 우리가 퇴각한다면 도리어 약점만 보이게 될 것입니다. 부산을 향하여 진항한다 하더라도 양산의 적이 뒤를 포위할 것이므로, 타도에서 온 군대가 깊이 들어가서 앞뒤로 적을 받는다는 것은 안전한 계획이 아니옵니다.

본도 병사의 공문에 서울을 침범한 적들이 운송선을 빼앗아 서강(西

江)으로 내려온다고 하므로…… 이외의 사변도 걱정하지 않을 수 없어 신은 이억기와 의논하고 다시 가덕 등 여러 섬을 수색하였으나 끝내 적의 종적이 없으므로 곧 본영으로 돌아왔습니다."

그는 실로 출전 중에 반드시 고려해야 할 군수 상황(軍需狀況)과 군사들의 사기, 왜군의 동태 등을 신중히 판단한 후 6월 10일 본영으로 귀항하였다.

이번 2차의 출전은 사천·당포·당항포·율포, 4번의 해전에서 왜적 72척을 격파하는 큰 전과를 올린 것이었으나, 왜군의 저항이 강하였기 때문에 이순신 함대는 정병(正兵) 김말산을 비롯한 13명의 전사자와 이순신과 나대용을 비롯한 34명의 부상자를 내었다. 이순신은 이들 중에서 전사자는 반드시 고향으로 보내어 장사 지내게 하고 그 가족은 구휼법(救恤法)에 의하도록 하였으며, 부상자는 약을 나누어 주어 충분히 치료하도록 각별히 지시하였고, 유공 장병을 일일이 3등급으로 나누어 조정에 논공행상을 건의하였다. 사천·당포·당항포·율포 4번의 해전을 총칭하여 '당포 해전'이라고 부르는데 이순신은 이 해전에서 승리한 공훈으로 자헌대부(資憲大夫, 정2품 하계)로 승직하였다.

한편 이순신이 출전 중일 때 산중에 숨어 있던 피난민 가운데 이순신이 나타나기만 하면 기뻐하지 않는 사람이 없었다. 이들은 모두 내려와서 그들이 본 왜선의 동태를 말해주곤 하였고, 이순신은 그들의 사정이 측은하여 왜선에서 얻은 쌀과 포목 등을 나누어 주었으며 또 자기의 주변에 몰려든 200여 명의 피난민에 대해서는

"각자가 자기의 직업에 부지런하며 오래도록 평안히 살 수 있도록 마련하기 위하여 여수와 가까운 장생포(長生浦) 등 땅이 넓고 인가도 많은

곳에 이주시켰습니다."

하는 등 피난민의 안위를 위하여 자신의 힘이 미치는 데까지 계속 노력하였고, 장령들에게는,

"한번 승첩으로 방심하지 말고, 군사들을 위로하고 군비를 다시 정돈하여 급보만 있으면 출전하되, 언제나 한결같이 할 것을 엄하게 지시한 후 진을 파하였습니다."

하여, 귀항 후 일단 전진(戰陣)을 해체할 때는 언제라도 출전할 수 있는 태세를 갖추었으며, 나아가서는 해전 아닌 육상 전투를 염려하여 6월 14일에는,

"신은 이제 전선 수만 척을 거느리고 비장군(飛將軍)을 선봉으로 삼고 바로 일본을 치러…… 떠나겠습니다."

라는 내용의 장계를 써서 서울로 가는 길가에 고의로 떨어뜨려 왜군이 주워 보게 하였다. 이는 육상의 왜군을 정신적으로 불안하게 하고 그 일부분이나마 남쪽 바다로 유인하여 격멸하려는 이순신의 계책이었다.

이순신은 1, 2차 출전 시의 여러 해전에서 수적으로 약한 왜선을 나포하여 함대 세력을 증강하려는 계책을 세우지 못하도록 무조건 때려 부수고 불태워 버리는 전술로 작전을 지휘한 것으로 보인다. 다만 이 같은 문제는 제3차 출전 때부터 고려되어 작전에 임하였으나, 나포한 왜선을 어떻게 활용하였는지는 알 길이 없다.

03
—
빛나는 한산대첩

제2차 출전에서 귀항한 이순신은 일단 군사들을 휴식시킨 뒤 다음 출전을 위한 전선의 정비와 재훈련, 첩보 수집을 게을리하지 않았다. 그리고 이러한 정비와 훈련은 전라 좌수영 관하의 군사만 실시한 것이 아니라, 육상의 순찰사와 우수사 이억기 등에게도 공문을 돌려 엄한 약속 아래 실시하게 하였다.

한편 이순신의 출전으로, 도도 다카토라와 구루시마 미치후사 등이 거느린 수군 주력 부대를 거의 잃은 왜군은 크게 당황하면서 새로운 대응책을 강구하였다. 왜냐하면 개전 초에는 경상도 수군의 파멸로 인하여 쉽게 수륙병진(水陸并進)을 단행할 수 있다고 생각하고 그들의 수군 지휘관 일부분이 육상 전투에 참가한 것인데, 뜻밖에 이순신의 출전으로 수륙병진 작전에 커다란 타격을 받았기 때문이다.

이에 육상의 수비장으로 전출하였던 수군장 와키자카 야스하루, 구키 요시타카, 가토 요시아키 등은 수군의 패보를 접하자마자 웅천과 부

충무공 이순신

산 등지로 내려와 수군을 다시 수습하면서 그때까지의 패전에 기어코 보복한다는 목적 아래 철저히 준비하고 있었다.

그뿐만 아니라, 일본에 있는 도요토미 히데요시는 원정군이 육상에서 연승하는 보고를 듣고 만족하였으나, 반대로 해전에서 연패한다는 보고를 받고는 매우 당황하였다.

이에 도요토미는 바다를 제압하지 않고는 도저히 대륙 침공에 성공할 수 없다 생각하고, 와키자카 야스하루를 총지휘관으로 삼아 새로이 함대를 조직하게 하여 조선 수군, 즉 이순신 함대를 섬멸할 것을 명하였다. 와키자카 야스하루를 비롯한 수군장들은 제각기 함대를 편성하여 7월 초에 자신만만하게 서남 해상으로 진출하였다. 이순신은 이 같은 왜군의 움직임을 수시로 파악하고 있었다. 그는 철저한 첩보 활동에 따라,

"가덕과 거제 등지에 왜선 10여 척이 수시로 출몰한다."

는 사실을 알고 있었으며, 육상 전투에서도 금산(錦山) 등지의 왜군이 분탕을 자행하고 있으나 대응할 군사가 없어 왜군의 기세가 점점 높아지고 있다는 사실을 입수하였다. 이외에도 임금이 서울을 떠난 소식을 비롯하여 시시각각으로 육상의 패보를 접수하였으며, 이러한 패보를 접할 때마다 서쪽을 향하여 통곡하였다. 그는,

"조선에 이렇게도 사람이 없는가, 이렇게도 조선 사람은 못난 백성인가."

라고 한탄하기도 하였다.

해상과 육상의 정세를 파악한 이순신은 먼저 해상으로 출몰하는 왜군을 격멸하는 것이 가장 시급한 일이라고 생각하였다. '상륙한 왜군이

아무리 날뛰더라도 바다를 가로막으면 파멸하고 만다'라는 자신의 소신에는 조금도 변함이 없었다.

이리하여 이순신은 제3차 출전을 결정하고, 우수사 이억기와 연락하여 7월 4일 저녁 전라 좌·우도의 함대를 약속한 지점에 집결한 다음, 5일에는 전라 좌·우도 함대의 편성과 아울러 철저하게 훈련하고, 6일 경상도를 향하여 출전하였다. 출전 당시의 전선 수는 48(9)척이었으며, 함대 편성은 2차 출전 시와 거의 같았다. 이순신이 지휘하는 전라 좌·우도의 함대는 그날로 노량 해상에 이르렀으며 이곳에서 깨어진 7척을 수리하여 거느리고 온 원균을 만났다.

이순신은 전라 좌·우도 및 경상도의 수군을 합하여 55(6)척의 전선으로 통합 함대를 편성하고 앞으로의 세부적 작전 계획 등에 관한 제반 약속을 굳게 하였다. 아마 1, 2차의 협동작전에서 얻은 교훈, 즉 단일 지휘관에 의한 명령 계통의 일원화 및 작전 시의 여러 표식과 암호 등이 결정되었을 것이며, 3도 통합 함대의 최고 지휘관은 그때까지의 해전 경험과 전선 수 등을 고려하여 이순신이 선정되었을 것이다. 이날 이순신은 모든 전선을 지휘하여 창신도에 이르러 밤을 지냈다. 다음 7일은 강한 동풍이 불어서 항해하기 매우 곤란하였으나 무리하게 출항하여, 해 질 무렵에는 6월 2일의 격전지이었던 당포 포구에 이르러 모든 전선의 식수와 연료를 준비하였다. 그때 이순신 함대가 당포로 들어오는 것을 보고 달려온 그 섬의 김천손이라는 목동으로부터 중대한 적정을 입수하였다.

"왜의 대·중·소선 70여 척이 오늘 오후 2시경, 영등포에서 거제를 지나 견내량(見乃梁)에 이르러 머무르고 있습니다."

라는 내용이었다.

충무공 이순신

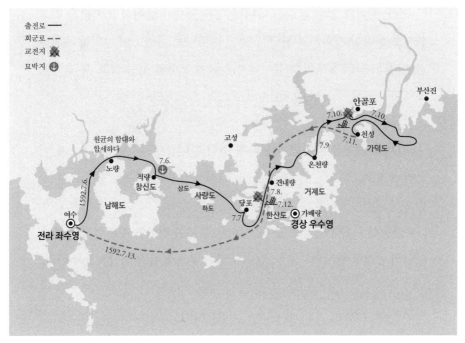

출전로 ——
회군로 - - -
교전지 ✗
묘박지 ⚓

부산진

안골포
7.10. ✗
7.10.
천성
7.11.
가덕도
7.9

온천량

고성

원균의 함대와
합세하다
7.6.
노량
적량 ⚓
창신도
상도
사량도
하도
당포
7.7
1592.7.6.
여수
전라 좌수영
남해도

견내량
7.8.
거제도
7.12.
한산도 ◉ 가배량
경상 우수영

1592.7.13.

이순신 함대의 제3차 출전도

    이순신은 즉시 장령들에게 만반의 전투 준비를 명하는 동시에 밤새 도록 수적으로 우세한 왜선에 대한 응전책을 논의하고, 8일 이른 아침에 견내량을 향하였다. 왜선이 조선 수군의 동향을 모르는 사이에 이순신이 먼저 왜선의 동향을 알게 된 것이다.

    이순신이 지휘하는 함대가 견내량 외양에 이르러 왜선의 동향을 바라보고 있을 때, 왜선 2척이 선봉으로 나오면서 이순신 함대의 진용을 탐색하고는 안쪽으로 다시 들어가는 것을 발견하였다. 이들 2척의 왜선은 척후선인 것 같았다. 이순신은 왜선을 뒤쫓아 왜선의 세력과 인근 지형을 상세히 관찰하였다. 왜선의 척 수는 73척(대선 36, 중선 24, 소선 13)으로 김천손이 진술한 내용과 거의 같았으나 견내량은 지형이 좁고, 또 암초가 많아서 판옥선의 활동이 자유롭지 못하다는 것을 확인한 후 이렇게 말하였다.

4장 해전의 승리

145

"싸움하기가 어려울 뿐만 아니라 적은 형세가 불리하면 기슭을 타고 육지로 올라갈 것이므로 한산도 앞 넓은 바다로 유인하여 전멸할 계획인 바, 한산도는 거제와 고성 사이에 위치하여 도주할 곳이 없고, 혹 육지에 오르더라도 굶어 죽게 될 것이다……."

실제로 왜선을 끌어내기 위하여 주력 함대를 조금 한산도 쪽으로 이동하게 하고,

"판옥선 5~6척이 앞서 들어간 왜선 2척을 추격하는 것처럼 가장하여, 왜선의 공격을 받자마자 주력 함대가 있는 곳으로 슬슬 퇴각하도록 하라."

라고 지시하였다.

이순신의 계책은 그대로 적중하였다. 판옥선이 뒤쫓아가자 왜선이 일제히 돛을 달고 나오면서 공격을 개시한 것이다. 이 순간 판옥선 5~6척과 조금 후방에 있던 주력 함대는 전술적인 후퇴를 개시하였다. 조선 수군의 후퇴에 왜선은 사기충천하여 앞뒤를 가리지 않고 따라 나왔다.

양 함대의 전선들이 거의 한산도 앞 바다에 이르렀을 때였다. 이순신은 모든 전선을 향하여 북을 치면서 새로운 명령을 내렸다.

"모든 전선은 선수를 돌려라!"

그리고 뒤이어,

"모든 전선은 학익진(鶴翼陣)을 편성하여 적의 선봉선을 먼저 공격하라!"

충무공 이순신

명령이 하달됨과 동시에 모든 전선은 위험한 적 전면에서 서서히 대회전(大回轉)을 하기 시작하였다.

이때의 학익진은 마치 스페인의 무적함대가 영국을 공격할 때의 독수리 진형과 비슷하였다. 그런데 사실상 이순신의 계획과 명령은 매우 위험한 것이었다. 왜냐하면 공격을 가해오는 적 앞에서 많은 전선이 서서히 선수를 돌린다는 게 쉬운 일이 아

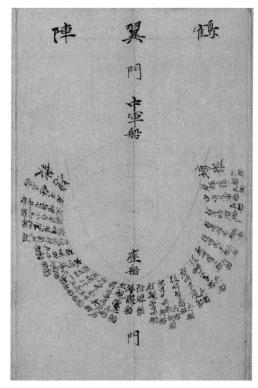

학익진도 출처: 현충사

니기 때문이다. 영국의 유명한 해전사가인 밸러드(G. A. Ballard) 제독도 이러한 이순신의 작전에 관하여,

"일제히 180°로 선회하여 적의 선도 추격 함선을 반격하는 전법은 전문적인 지식이 없는 사람으로서는 쉽게 생각할 수 없는 일이며, 이러한 기동은 잘 훈련된 함대에서 시험적으로 시도하는 기동이다."

라고 감탄하였다.

적 앞에서 대선회를 무사히 완료한 이순신 함대는 학익진을 형성하

였다. 이제 왜군의 주력 함대인 신예 전선 73척과 55(6)척으로 편성된 이순신 함대가 승패를 판가름하는 순간이 닥친 것이다. 이 해전의 패배는 조선의 전멸을 뜻하는 것이며, 나아가서는 도요토미 히데요시의 대륙 침공을 성취시켜 주는 중대한 판국이었다.

이순신 함대의 장령들은 조금도 두려움을 갖지 않고 지·현자, 승자총통 등의 각종 포화를 연발하였으며, 공격의 주목표는 선봉선 2~3척이었다.

상상외의 대공격을 받은 왜군의 선봉선도 반격을 개시하였다. 그러나 이들 선봉선은 집중포화를 막아내지 못하고 순식간에 부서지기 시작하였다. 이리하여 해전은 본격적인 단계에 돌입하는 것 같았으나 의외로 싱겁게 끝날 징조를 보이기 시작하였다.

선봉선의 파손을 목격한 다른 왜선들은 초기부터 사기가 저하되어 대혼란을 일으키는 동시에 격전 중 도망할 기색을 띠었다. 이때 진두지휘를 하면서 왜선의 동태를 파악한 이순신은 계속 북을 치면서,

"대선 아니면 층각선을 공격하도록 하라!"

라는 명령을 내렸다.

이러는 동안에 초기부터 기세를 올린 군사들은 앞을 다투어 돌진하면서 전환(箭丸)을 발사하고, 중위장 권준은 자기 자신을 돌보지 않고 맨먼저 왜의 대선단에 돌입하여 층각대선 1척을 나포한 뒤 왜의 장수와 병사를 사살한 후 이들 왜선에 포로로 잡힌 조선인 1명을 구출하였다. 뒤이어 중부장 어영담, 우척후장 김완과 후부장 배흥립 등의 장령도 용감히 돌진하여 층각선과 대선에 모든 화력을 집중하여 그 배의 장수들을 사살하고 왜선을 나포하거나 불태웠다.

전황이 이렇게 계속되니 비명을 울리면서 바닷속으로 떨어지거나 거꾸러지는 왜군이 헤아릴 수 없이 많았다. 그뿐만 아니라, 대함대가 진형을 잃고 혼란 상태에 놓이고 독전 중이던 여러 장수가 전사함에 따라 명령 계통을 잃으니 무질서한 최후의 발악이 계속되었다. 특히 접전 지역보다 조금 멀리 후방에 위치한 왜선 14척은 그들의 병사를 전혀 구출하지 못하였으며, 응전할 기색도 없이 공포에 사로잡혀

한산 해전도

멀리 안골포과 김해 등지로 도망쳤다. 이로써 전방에서 항전하던 약 400여 명은 완전히 대세가 기울어졌음을 자인하고 가까운 한산도로 도주하였으나 퇴로가 막혔으므로, 전선을 버린 채 육상으로 도주하였다. 사기충천한 이순신 함대의 군사들은 조금의 두려움 없이 이를 추격하여 그중 일부는 사살하고, 버린 전선은 모두 불태웠다. 다만, 안골포 등지로 도주한 14척만은 종일의 접전으로 군사들이 피곤하고 또 해가 저문 까닭에 추격을 중지하고, 서서히 견내량 내양으로 이동하여 하룻밤을 지냈다.

이순신은 한산도 앞 거제도 바다로 꾀어낸 왜선 73척 중 12척을 나포하고 47척을 불태워 버리는 대승리를 거두었다. 특히, 격전 중에 12척을 나포한 것은 오로지 이순신의 탁월한 작전 지휘와 군사들이 용전분투한 결과다.

이 치열한 해전을 지휘한 왜선의 총지휘관은 39세의 와키자카 야스하루였는데 전투 시 후방에서 독전하다가 전세가 불리해지자 김해 방면으로 도주한 후 '구사일생(九死一生)'이라는 말을 남겼다. 이순신과는 비교가 안 되는 수군장(水軍將)이었던 것이며, 이로써 수륙병진책에 따른 왜군의 계획적인 서침(西侵)은 이순신의 용감한 공격으로 완전히 좌절되고 말았다.

견내량 내양에서 왜선의 동향을 살피면서 하룻밤을 지낸 이순신은 다음 날 다시금 왜선을 격멸할 목적으로 가덕 방면으로 향하였다. 이때에도 그는 척후선을 멀리 파견하고 그 뒤를 주력 함대가 따르도록 하였다. 이들 함대의 군사들은 모두 전일의 전승에 고무되어 드높은 사기로써 최후의 1척까지 모조리 때려 부술 전투 정신으로 충만해 있었다.

그런데 이순신 함대가 견내량에서 출발한 시각을 전후하여 왜군의 신예 함대를 거느린 구키 요시타카와 가토 요시아키 등은 부산에서 가덕도를 거쳐 바로 이날 안골포로 향하고 있었다. 따라서 이순신 함대와 왜선은 서로 알지 못하는 가운데 접근하고 있었으며, 이러한 왜선의 동정은 해가 저물 무렵에 이순신 함대의 척후선이 확인할 수 있었다. 즉시 이순신에게 보고된 척후선의 정보는,

"왜선 40여 척이 안골포에 정박하고 있습니다."

라는 것이었다.

이에 이순신은 이억기, 원균과 함께 토멸책(討滅策)을 논의하였으나, 이미 해는 서산에 걸려 있고 역풍이 강하게 불어 더 나아갈 수 없었으므로 부득이 거제도 온천량에 이르러 밤을 지낸 후 다음 10일 새벽에 왜선이 있다는 안골포로 향하였다. 함대가 안골포 외양에 이르렀을 때, 이순신은 새로운 작전 계획을 세워 장수들에게 알렸는데 그 내용은 다음과 같다.

(1) 우수사 이억기는 포구 외양에서 결진하여 왜선이 오는 것을 미리 막는다. 만약, 이순신이 포구 내에서 접전하게 되면 일부의 병력을 복병해 두고 포구 내로 들어와서 협력한다.
(2) 이순신은 최선두에서 학익진을 형성하여 포구를 향하여 전진한다.
(3) 원균은 이순신 함대의 뒤를 따른다.

즉, 모든 전선을 3분하여 각각 작전 임무를 분담하도록 한 것으로서, 안골포의 지형과 왜군의 실정을 확인하지 못한 상황에서 만일의 경우를 위하여 예비 함대 같은 역할을 고안해냈으며, 소수의 전선으로 적을 꾀어내려는 계획이었다.

예정된 계획에 따라 이순신은 안골포 포구에 이르러 적세를 관망하였다. 척후선의 보고처럼 왜선 42척이 머무르고 있었다. 그중에서 기함으로 보이는 3층 누각의 대선 1척과 2층 누각의 대선 2척은 포구 바깥을 향하여 정박하고, 그 외의 전선들은 포구 안의 일면에 3개 진으로 질서정연하게 정박하고 있었다.

안골포 포구는 매우 협소하고 얕아서 썰물 때면 해저가 노출되기 때문에 판옥선 같은 대선은 자유롭게 출입할 수 없는 곳임을 알게 되었다.

적세와 지형을 파악한 이순신은 수차례에 걸쳐 여러 가지 방법으로 유인작전을 감행하였다. 그러나 전일 한산도 앞 바다에서 와키자카 야스

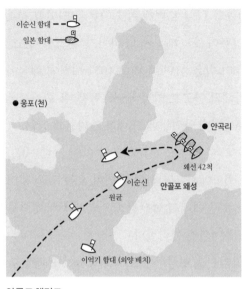

안골포 해전도

하루가 거느린 대함대가 이순신의 유인작전으로 대패하였다는 것을 알고 있었던 까닭에 형세가 급하면 육상으로 도주하려는 계획으로 왜 전선은 험한 곳, 즉 대선이 들어갈 수 없는 곳에 집결하고 항전할 기색을 보이지 않았다.

이순신은 작전 계획을 일부 변경하여 장령들에게 왜선이 있는 곳까지 번갈아 드나들면서 각종 총통과 장편전 등을 빗발같이 발사하게 하였다. 공격을 받은 왜군도 이제는 하는 수 없다는 듯이 용감하게 그들이 갖고 있는 조총 등의 신예 병기로 반격을 가하니, 조그마한 포구에서 치열한 공방전이 전개되었다. 특히, 이 해전을 지휘하는 구키 요시타카는 특수 신형 전선인 '니혼마루(日本丸)'에 승조하여 조선 수군을 격멸할 것을 사명으로 삼고 있었다.

요란한 총성과 더불어 외양에서 대기 중인 이억기 함대도 예정 계획에 따라 포구 안으로 진입하였으며, 모든 함대의 화력은 왜선의 층각선에 집중하였다.

이러는 동안, 기함격인 2층으로 된 층각대선에서 대응하던 병사들은 거의 죽거나 다쳤고, 살아남은 약간의 병사는 도망하지 않고 사상자를 소선으로 실어내고, 또 다른 전선의 병사를 옮겨 실어 결원을 보충하느라 분주하게 움직이고 있었다. 계속되는 이순신 함대의 공격을 받은 왜

충무공 이순신

군은 층각선에 옮겨진 보충 요원 중에서 사상자가 생기면 먼저와 같이 전투 요원을 다시 층각선으로 보충하면서 최후의 기력을 다하여 끈기 있게 응전하였고, 이 같은 공방전이 종일 계속되는 동안 층각선과 다른 전선은 거의 전부 부서지고 말았다.

이리하여, 생존한 왜군은 육상으로 도주하고, 지휘관인 구키 요시타카와 가토 요시아키 등은 밤을 이용하여 도주하였으며, 안골포 포구에는 종일의 포성이 멎고 이순신 함대의 늠름한 모습만이 바다 위에 빛났다.

이 안골포 해전은 우수한 왜군의 임전 정신을 보여주었으나 이순신의 끈덕진 공격을 막아내지는 못하였다. 한산도 앞 바다에서 대패한 와키자카 야스하루와 함께 조선 수군을 전멸한 후에 수륙병진을 꾀하려 한 구키 요시타카와 가토 요시아키 등이 거느린 신예 함대마저 거의 전멸당한 것이다.

이번 한산과 안골포 해전은 병력 규모나 지리적 여건으로도 이순신 함대가 매우 불리하였으나 유능한 작전 지휘로 1척의 전선도 잃지 않았으며 단지 19명의 전사자와 114명의 부상자를 내었을 따름이다.

그는 자신의 승리보다 도망친 왜군이 죄 없는 백성에게 해를 끼친다는 것을 마음 아프게 여겨,

"상륙한 적을 다 잡지 못하였으니, 산중에 숨은 백성이 많은데 만일 왜선을 전부 불태워 버리면 도망할 길 없는 막다른 골목의 적들이 우리 백성에게 살육을 자행할 것이다 …… "

하며, 백성의 생명을 염려한 나머지 포구 내의 잔선(殘船)은 그대로 버려 두고 그날 밤은 약 4km 정도 멀어진 곳에 이르러 진을 치고 밤을 지냈다. 잔선을 그대로 둔 것은 6월 6일에 있었던 당항 포구에서의 해전 때

와 같이 왜군을 모조리 섬멸하려는 뜻이었다.

다음 11일 새벽, 이순신은 다시금 안골포에 들어가 보았으나 왜군은 밤중에 닻줄을 끊고 도주하고 없었다. 이에 이순신은 전일의 전투지역을 탐색한 후 그날 10시경에는 모든 전선을 거느리고 양산강(梁山江)과 김해 포구 등지를 탐색하였다. 그러나 왜선과 왜군을 발견할 수 없었으므로 다시금 새로운 수색 방법을 강구하였다.

그는 가덕 외양으로부터 몰운대에 이르기까지 함대의 진형을 펼쳐 수군의 위용을 과시하면서 탐망선을 사방에 파견하여 철저히 수색하도록 하였다. 그러자 이날 밤 8시경에 탐망군 허수광이 이렇게 보고하였다.

"연대(烟臺) 위에 망을 보러 올라가는 길에 봉 밑에 조그마한 암자에 사는 늙은 중을 데리고 올라갔습니다. 연대에서 바라보니 양산, 김해의 두 강 구석 쪽에 흩어져 있는 전선이 100여 척이나 되는데 늙은 중의 말을 들으면 '요사이는 날마다 50여 척씩 들어오던 전선이 전일 안골포의 포성을 듣고 간밤에 거의 전부 도망하고 이제 100여 척이 남은 것이다.'라고 합니다."

그러나 이 보고만으로는 확실하지 않으며 또 해안 깊숙이 왜선이 있다 하더라도 쉽게 공격할 수 없는 일이었다. 그리하여 이순신은 천성보(天城堡)로 이동하여 잠시 왜선들에게 장기간 머무르는 것같이 조선 수군의 위세를 보이게 하고, 그날 밤을 타서 회군(回軍)을 개시하여 12일 10시경, 한산도에 이르렀다. 특히 야간 이동은 적에게 함대 행동을 은폐하려는 이순신의 치밀한 함대 운용이었다.

한산도에는 4일 전 해전 때 도망한 왜군이 굶주림에 허덕이면서 해변

충무공 이순신

에 어슬렁거리거나 졸고 있었다. 그러나 도망칠 길이 막혔으므로 우선 이순신은 모든 전선의 동태를 파악한 후 아래와 같은 장계를 올렸다.

"신과 본도 우수사(이억기)는 타도의 군사로서 군량이 벌써 떨어졌으며, 또 금산의 적들이 전주에 이르렀다는 연락이 있으므로 그 섬에 있는 왜군은 거제의 군사와 백성이 합력하여 토멸한 후, 그 결과를 공문으로 통지할 것을 수사 원균과 약속하고 13일 본영(여수)으로 귀항했습니다."

즉, 군량과 육상의 전세를 염려하여 여수로 회군하였고, 이억기와는 기회를 기다려 '다시 연락이 있으면 전선을 거느리고 달려올 것'을 약속하고 파진(罷陣)하였다. 여수에 도착한 이순신은 군사들의 사기를 고려하여 먼저 공을 세운 장령을 1, 2, 3등급으로 구분하고, 또 전사자 19명은 전과 같이 구휼법에 의하도록 하고, 부상자 114명은 충분한 치료를 하도록 엄명하는 동시에 그 외의 군사들에게는 각별히 노고를 치하하였다.

이번 3차 출전한 한산섬 앞 바다에서의 해전과 안골포에서의 해전을 합하여 '견내량 해전' 또는 '한산대첩'이라고 부르는데, 이 해전에서 왜군은 '전라도 수군' 즉 이순신의 위용에 눌려 꼼짝 못 하고 말았다. 그들이 바라던 수륙병진은 꿈으로 사라졌으며, 평양까지 진출한 고니시 유키나가는 지원군이 오기를 고대하였으나 결국 수군의 패배로 남하할 수밖에 없는 운명에 놓였다. 특히, 접전할 때 왜선 내에서 구출한 우근신 등이 진술한 내용에는,

"다른 말은 모르겠으나 '전라도'라는 말을 들먹이면서 혹은 칼을 휘두르면서 혹은 …… 조선 수군을 격멸할 기세를 보이더라. …… "

하였고, 또 웅천 사람 주귀생은,

"왜인들은 전라도에서 접전할 것이라고 하는데, 여러 배에 방패 외 괴목(槐木, 회나무) 판자를 덧붙여 튼튼히 만들고 그 안에서 서로 약속하고 3개 부대로 나누어 정박하고 있었으나, 하룻밤에는 멀리 보이는 고기잡이 불을 보고 '전라도 수군'이 온다 하고 떠들어대며 어찌할 줄 몰랐다. ……"

하는 등 왜군은 이순신에게 공포감을 갖고 있었다. 참으로 매사에 치밀한 이순신의 군사 운용과 전투장에서의 침착과 용감함이 해전을 승리로 이끌었고, 나아가서는 임진왜란의 불리한 전국을 유리하게 전환하였다. 그리고 이러한 한산대첩을 알게 된 임금은 또다시 이순신에게 '정헌대부(正憲大夫, 정2품 상계)'를 내리어 그의 공훈을 높이 찬양하였다. 뒷날 서양의 사학가들도 높이 평가하였는데, 유명한 헐버트(H. G. Hulbert)는 이렇게 감탄하였다.

"이 해전은 조선의 살라미스(Salamis) 해전이라 할 수 있다. 이 해전이야말로 도요토미 히데요시의 조선 침략에 사형 선고를 내린 것이며, 히데요시가 기획하던 명나라 정벌의 큰 그림을 좌절시킨 것도 바로 이 일전(一戰)이다."

살라미스 해전은 BC 480년 페르시아군이 그리스의 수도까지 침입하였을 때, 그리스의 테미스토클레스(Themistocles) 제독이 페르시아 해군을 살라미스만으로 유인하여 격멸함으로써 전(全) 페르시아군을 격퇴하는 일대 전환점을 마련하여 패망 직전에 놓인 그리스를 구출한 전쟁이다. 따라서 이 해전을 이순신의 '한산대첩'과 비교하여 논평하는 것은 해전

충무공 이순신

상의 전술이나 참여한 전선 등이 아니라, 그 해전의 결과에 따른 사실이 같기 때문이다.

04
부산포 해전의 대승리

이순신의 제3차 출전은 왜군의 기세를 완전히 꺾어버렸다. 비록 그가 왜군의 집결지인 부산을 공격하지는 못했지만 왜군은 당초의 작전 계획을 변경하지 않으면 안 되었다.

견내량 해전의 패보가 일본에 알려지자 도요토미 히데요시는 크게 실망하여, 7월 14일에는 수군장 와키자카 야스하루에게 수군의 경거망동을 꾸짖고 "거제도에 축성하여 구키 요시타카, 가토 요시아키 등과 같이 이를 수비하라."는 명령을 내렸다. 뒤이어 16일에는 수군장 도도 다카토라에게 대총 300자루와 탄약 약간을 보내어,

"거제도와 중요 포구에 성을 구축하고 대총을 분산 배치하여 구키, 와키자카, 가토, 구루시마 및 기슈(紀州)의 수군을 각 성에 나누어 주둔하게 하고, 규슈 및 시고구(四國) 등지의 전선과 서로 연락하여 적 수군에 대비하고 적과 해상에서 싸우는 것을 금한다."

충무공 이순신

라고 명령하여 거제도까지의 각 포구에 대한 수비에만 주력하도록 하였다. 도요토미 히데요시의 명령은 해양의 제패 없이는 대륙으로 진군할수 없음을 확인해 준 것이었다. 히데요시는 수군 재건을 위한 준비에 총력을 기울이도록 각 다이묘[38]에게 엄하게 명령을 내렸다.

왜군이 수비 태세로 전환하고 전비를 강화하는 동안 이순신은 왜선이 보이지 않는다 하여 방심하지 않았다. 그는 반드시 왜군을 섬멸한다는 굳은 각오로, 귀항한 후에도 계속 전쟁 준비에 전력을 기울였다. 이순신은 전쟁 준비에서 가장 중요한 것이 '군량'이라고 생각했다. 수차에 걸친 출전에서 항시 군량의 부족으로 고심했으며, 특히 이번 출전에서도 군량 문제로 귀항해야만 했기 때문이다. 귀항한 후 7월 16일에는,

"본영과 본도 소속 각 포구의 군량은, 세 번이나 출전하여 오랫동안 바다에서 작전 행동을 하는 동안 많은 전선의 군사가 굶주려서, 넉넉하지 못하지만 이미 다 나누어 주었습니다. 그런데 적은 아직 물러가지 않았고 우리는 잇달아 바다로 나가야 하니 군량은 달리 어찌할 방도가 없어 극히 민망하고 염려스러워 부득이 비축해 두었던 순천에 있는 군량 500여 석, 흥양 군량 400석과 여도, 사도, 발포, 녹도, 4포구 군량 각각 100석씩을 우선 옮겨다가 불의의 일에 준비하도록 할 것을 도순찰사(이광)에게 공문을 보냈습니다."

라는 장계를 올렸다.

말하자면 그때까지 비상용으로 준비해 두었던 1천여 석의 군량을 불의의 일에 대비하도록 한 것으로, 이 같은 그의 조치는 군량을 확보해야

---

38 중세 일본의 각 지방을 다스리는 영주를 가리키는 말.

만 전쟁을 지속할 수 있으며, 또 군사들의 사기를 앙양시킬 수 있음을 확신하였기 때문이다.

그뿐만 아니라 이순신은 그때까지 수차의 해전에서 연패한 왜군이 반드시 준비를 강화하여 다시금 침범하리라는 것을 굳게 믿고, 전선의 수선과 더불어 철저하게 훈련하면서 항시 탐망선을 멀리 파견하여 해상과 육상의 정세를 파악하였다.

이러는 동안 육상에서는 여러 곳에서 궐기한 항일 의병(抗日義兵)들이 관군과 합세하거나 독립하여 항전을 계속하였으며, 견내량 해전에서 패전의 공포를 느낀 왜군은 도요토미 히데요시의 명령에 따라 부산, 김해 등지로 모여들어 성을 구축하고 또 때때로 가덕, 거제 등지에 출몰하여 백성에게 노략질을 자행하고 있었다.

왜군의 동태를 들을 때마다 이순신은 매우 분개하였다. 그는 수륙으로 합공(合攻)하지 못하는 아쉬움을 통감하였다. 그러나 당시의 조정은 명나라 구원병을 기다리는 것과 당파 싸움을 하는 것 이외에는 다른 뚜렷한 계획이 없었고, 또 계획이 있다 하더라도 육상의 왜군을 전면적으로 공격할 힘도 없는 실정이었다.

그러나 이순신은 각 도에 가득 찼던 적들이 날로 내려오므로 도망갈 때를 틈타서 수륙 합공으로 섬멸하려고 경상우도 순찰사 김수에게 공문을 발송하여 수륙 합공을 약속하였으며, 원균에게도 연락하였다. 그리고 우수사 이억기에게도 동시 출전을 약속하여 8월 1일 여수 앞바다에서 좌·우도의 통합 함대를 편성하였다.

이때 정비한 좌·우도의 전선 수는 전선 74척과 협선 92척으로 모두 166척이었다. 이들 함대는 이날부터 이순신의 지휘 아래 피눈물 나는 맹훈련을 하였다. 특히 1, 2, 3차 출전은 분산하여 서진하는 왜선을 찾아다니면서 개별적으로 격멸하는 작전이었고 또 교전 시의 전력으로 보아도

충무공 이순신

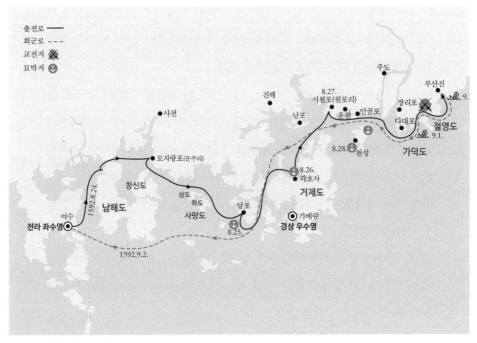

이순신 함대의 제4차 출전도

견내량 해전을 제외하고는 우세한 것이었으나, 이번 출전은 왜군 총집결
지인 부산 일대를 공격하려는 매우 중대한 결전이므로 더욱더 충분한 준
비와 함대 훈련이 필요하였다.

그런데 이순신은 8월 1일부터 계속 훈련하는 도중 김수로부터 공문
을 받았다.

"육상으로 진군한 왜적들이 낮이면 숨고 밤이면 행군하여 양산 김해
방면으로 내려오는데, 짐짝들을 가득 실은 것이 도망하려는 자취가 현저
하다."

라는 내용이었다.

이에 이순신은 근 24일 동안의 함대 훈련을 끝마치고, 8월 24일을 제 4차 출전일로 결정하였다. 그는 이번 출전이 수륙 합공으로 왜군을 전멸할 수 있는 가장 좋은 기회라고 생각하였다.

전라 좌·우도의 수군을 거느린 이순신은 지난번 출전할 때 전라도 등지의 방비에만 임하게 하였던 조방장 정걸도 대동하고 24일 오후 4시경 여수에서 출항하였다. 이날은 관음포에 이르러 일단 밤을 지내려고 하였으나 다시 한밤중에 야간 항해를 시작하여 동이 트기 시작할 무렵 모자랑포에 도착하였다. 이때는 아침 안개가 사방을 뒤덮어 지척을 분간할 수 없을 정도였다.

25일에는 삼천포 앞바다를 거쳐 원균과 만나기로 약속한 사량 해상에 이르렀다. 여기서 원균을 만난 이순신은 왜군에 대한 상세한 정황을 들은 후 당포에 이르러 밤을 지냈다.

다음 26일에는 비바람이 몰아쳐 항해할 수 없었다. 해가 떨어진 후에 겨우 함대를 견내량으로 이동하여 잠시 우수사와 작전에 관해 상의하고 밤에 견내량의 좁은 수로를 지나 각호사(角呼寺) 앞바다에 이르러 밤을 지냈다.

27일은 원균과 함께 앞으로의 작전을 상의한 후 일단 칠천도에 이르렀다가 밤중에 원포(院浦)에 이르러 밤을 지냈다. 이순신의 함대 행동은 왜군에 접근할수록 야간에 항해를 하였으며, 이순신 스스로도 앞으로의 작전에 대한 여러 가지 문제점이 많았는데, 그날의 일기(8월 27일)에 이렇게 써 두었다.

"저물녘에 제포를 건너 서원포(西院浦)에 이르니 밤은 벌써 11시쯤인데, 서풍이 차게 불어 나그네 회포가 어지럽다."

이순신은 이날 원포에서 경상도 육군 정탐인(偵探人)으로부터

"고성, 김해, 창원 등지에 주둔했던 왜적이 이달 24, 25일 밤중에 전부 도망하였다."

라는 새로운 첩보를 입수하였다. 그는 왜군이 도망한 것이 아니라 산 위에서 함대의 위용을 바라본 후 한곳으로 이동하여 집결하였을 것으로 단정하였다. 그리하여 이날 이른 아침부터 함대 행동을 개시하여 수색 작전을 전개하면서 양산과 김해 등지로 향하는 도중 구곡포(九谷浦)에 이르러 전복잡이를 한다는 정말석으로부터,

"김해강에 정박하였던 적선들이 며칠 동안에 떼를 지어 몰운대 외양으로 이동하였습니다."

라는 새로운 사실을 입수하였다.

이때부터 이순신은 대부분의 전선을 가덕도 북쪽 서편 기슭에 은폐시켜 두고, 이순신(李純信)과 어영담을 가덕 외양에 잠복하게 한 후, 양산 등지의 왜선을 정탐하도록 탐망선을 멀리까지 보냈다. 종일 정탐하고 오후 4시경에 돌아온 탐망선으로부터,

"왜 소선 4척이 김해강 하류에서 몰운대 방면으로 지나가는 것 이외에는 전혀 발견하지 못하였습니다."

라는 보고를 받았으므로 일단 천성 선창으로 이동하여 밤을 지냈다.

29일은 첫닭이 울 때 모든 전선을 출항시켜 날이 맑을 무렵에 낙동강

의 양쪽 하구에 이르렀다. 여기에서 장림포(長林浦)에서 낙오된 듯한 왜대선 4척과 소선 2척이 양산에서 나오는 도중에 이순신 함대를 발견하고 기슭에 배를 버리고 육지로 도망하는 것을 발견하였다.

원균이 거느린 전선과 좌별도장 이몽구 등이 즉시 추격하여 왜선 6척을 불태워 버렸다. 이순신은 전 함대를 좌우로 나누어 두 강으로 돌입하려고 하였으나 강 입구의 지세가 좁고 얕아서 대형 전선의 활동이 자유롭지 못하여 날이 어두워질 무렵에 가덕 북방으로 회항하여 밤을 지냈다.

이날 밤 이순신은 이억기, 원균 등과 밤을 새워가면서 앞으로 치러야 할 부산포 공격에 관한 방책을 논의하였다. 이 자리에서 그는,

"부산은 적의 근거지가 되어 있으니, 그 소굴을 없애버려야만 적의 간담을 꺾을 수 있을 것이다."

하며, 이번 작전의 중대성을 다시금 밝혔다.

가덕도 북방에서 제반 계획을 수립한 이순신은 다음 날(9월 1일) 첫닭이 울자 모든 전선을 지휘하여 부산포로 향하였다. 아침 8시경 몰운대를 지날 무렵 갑자기 동풍이 일고 파도가 높아지기 시작하였으나 간신히 함대의 진형을 갖추어 가면서 화준구미(花樽龜尾)에 이르러 대선 5척, 다대포 앞바다에 이르러 대선 8척, 서평포 앞바다에 이르러 대선 9척, 절영도에 이르러서는 대선 2척, 총 24척을 조방장 정걸 등이 전부 깨뜨리거나 불태워 버렸다. 왜군은 산 위로 도망쳐서 사살하지 못하고 말았다.

이순신은 군사들에게 다시 한번 절영도 주위를 샅샅이 수색하게 하였으나 왜선을 발견할 수 없었다. 탐망선을 부산포 앞바다로 보내 적정을 정탐하게 하였는데 얼마 후 돌아온 탐망선의 보고 내용은 그를 놀라게 하였다.

"왜선 약 500여 척이 선창 동쪽의 산기슭 아래 열박하고 있으며, 그중에서 선봉선 대선 4척은 멀리 초량 동쪽으로부터 나오고 있습니다."

이때 500여 척이라는 말에 군사들은 긴장과 흥분으로 어찌할 바를 몰랐다. 그러나 이순신은 침착한 태도와 위엄 있는 말로

"우리 수군의 위세를 가지고 지금 공격하지 않고 돌아간다면 반드시 적은 우리를 멸시할 것이다. 이곳에서 싸워 전멸할지언정 싸우지 않고 돌아갈 수는 없다."

하여 공격할 것을 결심하고, 즉시 독전기를 힘차게 휘두르며 부산 선창을 향하여 총공격 명령을 내렸다. 왜군은 언덕을 의지하여 높은 곳에서 낮은 곳을 향하여 공격하는 반면에 이순신 함대는 해상에서 완전히 노출된 상태에서 공격하는 것이라 매우 불리하였다.

바람에 나부끼는 독전기와 함께 이순신 함대의 우부장 정운, 구선돌격장 이언양, 전부장 이순신(李純信), 중위장 권준, 좌부장 신호 등은 맨먼저 포구를 향하여 곧장 들어가면서 밖으로 나오던 왜 대선 4척과 맞닥뜨렸다. 우부장 정운을 비롯한 여러 장령은 일제히 함성을 울리면서 맹렬한 공격을 가하여 4척을 모두 분멸하였다.

이 모습을 보고 사기가 올라간 여러 전선의 군사들은 여러 종류의 깃발을 휘날리며 북을 치면서 '장사진(長蛇陣)'을 형성하여 포구로 돌진하였다.

이때 부산진 동쪽에서 약 2km 정도 떨어진 언덕 밑의 3개 소에 정박하던 왜선은 대·중·소선을 합하여 470여 척이었다. 이들 왜선은 이순신 함대를 바라본 후 두려워서 감히 해상으로 나오지 못하고 망설이는 것

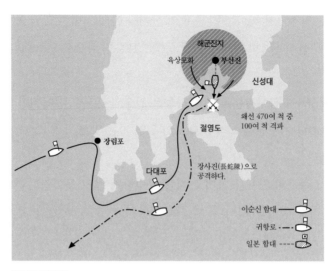

부산포 해전도

같았으나, 공격과 더불어 발사된 포환 세례를 받으니 배 위의 왜군은 제
각기 배를 버리고 육상으로 올라가서 성 안쪽의 언덕 위에 굴을 파고 있
는 왜군과 함께 총통과 화살을 갖고 육상에 진을 치고 대응하였다.

즉, 산 위에 올라간 왜군은 6개 진지에 분산하여 조선 수군을 내려다
보면서 철환과 편전을 빗발같이 발사하였다. 궁지에 빠지면 전선을 버린
채 육상으로 도주하는 것은 왜군에게서 자주 볼 수 있는 현상이기도 하
였으나 이번은 도요토미 히데요시의 명령으로 철저하게 육상에서 수비
하는 소극적인 전법으로 대응하는 것이다. 이 같은 왜군의 수비 위주의
반격전에 분격한 이순신 함대의 군사들은 더욱더 힘을 다하여 죽음을 무
릅쓰고 다투어 돌진하면서 천자·지자 총통과 장군전, 피령전, 장편전, 철
환 등을 일제히 발사하니 치열한 포화전은 하루 종일 계속되었다.

이순신은 모든 군사에게,

"왜군을 죽이는 것보다 전선의 격파에 전력을 기울이도록 하라!"

166

라고 명령하였다. 군사들은 이순신의 명령에 따라 조금도 쉬지 않고 맹공을 퍼부었다. 육상의 진지에 숨어 있던 왜군 또한 최후의 발악을 계속하였다. 부산포가 포성과 불타는 화염으로 뒤덮인 가운데 전세는 거의 결정적인 단계에 이르렀다. 이 전투에서 왜선 100여 척이 깨지고 왜군은 큰 피해를 입었다.

이순신은 승기를 잡았지만 해가 떨어질 무렵 냉정하게 전세를 판단하였다.

(1) 성내·외의 6~7개 소에 머무르고 있는 왜군은 말을 타고 사격해 오는 자가 많은 반면에, 우리는 말을 갖지 못하였으며, 또 종일의 포화전에 시달리고 있다는 것.
(2) 언제 왜군이 반격할지 모른다는 것.
(3) 해가 저물어가므로 육군의 지원 없는 수군 단독의 추격은 위험하다는 것.

등을 고려하여 추격전의 성공 가능성과 그 효과를 신중히 검토한 뒤, 일단 안전한 지역으로 회항할 것을 결심하고 야간 항행을 단행하여 가덕도에 이르러 하룻밤을 휴식하였다.

이번 부산포 해전은 이순신이 그때까지 출전한 여러 해전 중에서 가장 힘들었던 교전(交戰)이었다. 왜군은 육상의 높은 언덕에서 그들이 노획한 편전과 대철환, 수마석 등을 발사하여 수많은 전선에 손상을 입혔다. 이 전투에서 중부장 정운을 비롯한 전사자 6명과 부상자 25명이 발생하였다. 육군의 지원을 받지 않는 한 이들 왜군을 전멸하기란 도저히 불가능한 일이었다.

가덕도에서 하룻밤을 지낸 이순신은 다음 날(9월 2일)에 다시금 작전 회의를 개최하여 제반 사항을 논의한 후 전일의 소굴을 불 지르고 남은 전선을 전부 불태워 버리려고 하였으나 그만두었다. 공격을 중단하게 된 이유를 조정에 써 올린 장계에서 전선을 불태우지 않은 이유도 함께 말하였다.

"위로 올라간 적들이 여러 곳에 꽉 차 있는데, 그들의 돌아갈 길을 끊는다면 막다른 골목에 몰린 도적이 되어버릴 염려가 있습니다. 부득이 수륙 합공으로 공격해야만 섬멸할 수 있을 뿐만 아니라, 전투 시 풍랑이 심하여 전선이 서로 부딪쳐서 깨어진 곳이 많으므로 전선을 수리하고 군량을 넉넉히 준비한 후 왜군이 육전에서 크게 몰려나오는 날을 기다려 경상 감사 등과 수륙으로 함께 공격하여 남김없이 섬멸하기로 하고, 초 2일 진을 파하고 본영으로 돌아왔습니다. ……"

이순신은 전선의 보수, 병기의 수리, 군량 준비 및 수륙 합공의 필요성 등을 고려하여 3도의 함대를 해체한 후 그날로 여수로 귀항하였다. 왜군에게서 획득한 백미와 포목, 의류 등은 군사들에게 전공의 보상으로 나누어 주고, 왜군의 정황과 갑옷, 장창, 총통 및 대정(대형 닻) 등과 장편전, 지자·현자 총통, 대완구(대형 화포) 등은 남김없이 기록하여 조정에 보고하였다.

또한 전사자는 그 시체를 고향으로 보내어 장사 지내게 하고 그 가족은 구휼법에 의해 지원하도록 엄명하였다. 특히 녹도 만호 정운에 대하여는 별도로 장계를 올려

" …… 정운은 회항할 무렵에 탄환에 맞아 죽었사온바, 그 늠름한 기운과 맑은 혼령이 부질없이 사라져 뒷세상에 알려지지 못한다면 참으로 안

타까운 일입니다. 이대원의 사당이 아직 그 포구에 있사오니 같은 제단
에 초혼하고 함께 제사한다면 한편으로는 외로운 혼백을 위함이 되고,
또 한편으로는 남을 격려함이 되오리다. ······ ”

　　하여, 값있게 전사한 부하를 길이 빛나게 하려고 하였으며, 별도로 차
사원을 정하여 각별히 호상하게 하고 후임자가 발령될 때까지 전(前) 만
호인 윤사공을 가장(假將)으로 파견하여 제반 업무를 처리하게 하였다.

5장

공세적 전략

01

명분 없는 화의 진행

이순신이 해상에서 연속적인 대승리를 거두어 거제도 서쪽 해역에서는 왜선의 그림자를 찾아볼 수 없게 되고, 또 승보(勝報)가 육상에 전해질 무렵 국내의 각처에서는 유생과 승려까지도 나라와 겨레를 위하여 궐기하고 있었다. 이들은 의군(義軍) 혹은 승군(僧軍)을 조직하여 관군과 함께 여러 곳에서 왜군을 공격하였다. 그중에서도 1592년 8월에는 조헌이 승장 영규 등 700 의사와 함께 청주를 수복하고, 이어 전라도로 향하는 왜군을 저지하고 금산 전투에서 최후의 1인까지 육탄 돌격으로 장렬하게 전사하여 관·의군을 크게 격동시켰다.

이어 9월에는 박진이 '비격진천뢰(飛擊震天雷)'라는 일종의 시한폭탄을 사용하여 경주를 수복하고, 왜군을 서생포(西生浦)로 패주하게 하였으며, 10월에는 진주 목사 김시민의 결사적인 항전으로 진주성을 지켰다.

이와 때를 같이하여 곽재우, 김천일, 고경명, 김덕령 등의 눈부신 활약과 더불어 평안도 및 강원도에서 궐기한 서산대사와 사명대사 등이 거느린 승군은 전투에도 참여하면서 경비를 하는 데 크게 이바지하였다.

이들 의·승군은 단독으로 활동하거나 각처에서 재편성되는 관군과 협동하여 부분적으로 항전하였으므로 전국(戰局)을 좌우할 만한 결과는 가져오지 못하였다.

한편 그해 7월 명나라에서 5천여 명의 군사를 거느리고 온 조승훈은 평양까지 진출하였으나 고니시 유키나가의 기습을 받아 다시 요동으로 철퇴하고 말았으며, 그 후 4만여 명의 군사를 거느리고 온 이여송이 다음 해 1월에 이일, 김응서 및 서산대사 등의 관·의군과 합세하여 평양을 수복하였다. 원래 왜군은 서울을 점거한 후 고니시는 평양으로 향하고 가토 기요마사는 함경도 방면으로 침공하고 수군은 서해를 거쳐 대동강 즉 평안도까지 진출함으로써 수군과 육군이 함께 조선 전역(全域)을 석권하려는 계획이었으나, 이순신의 출전으로 그들 수군이 거의 무너지고, 또 이여송과 이일 등의 맹렬한 공격을 받아 작전을 변경해야만 했다.

이여송의 남진 공세에 밀려 고니시 등이 거느린 왜군은 대동강 이남으로 후퇴하고, 구로다 나가마사와 가토 등이 거느린 왜군은 모두 서울로 집결하였는데, 자신만만하게 남진을 계속하던 이여송은 벽제관 전투에서 패배하고 다시금 개성으로 퇴각하였다.

한편 권율은 군사 1만여 명을 거느리고 행주산성에서 왜군 3만여 명을 격파한 후 파주로 진군하여 임진강 이남 지역을 확보하니 왜군의 육상 세력은 크게 좌절되었다. 이에 강화(講和) 이야기가 다시 거론되었다.

사실 강화에 관한 이야기는 임진왜란 초에도 나왔다. 임진년(1592) 초 북상하던 왜군이 임진강을 사이에 두고 조선군과 대진하고 있을 때 고니시와 소 요시토모가 강화를 청하였으나 거절당했으며, 다시 대동강에 이르러서도 고니시와 소 요시토모는 겐소 등을 보내어 강화를 꾀하였다. 이에 조정에서도 이덕형을 보내어 강 가운데에서 만나게 하였으나 역시 강화를 이루지 못하였다.

그런데 이순신의 연승과 전라도의 확보로 인하여 왜군은 군량이 모자라고 유행병이 발생하여 사기는 크게 꺾이고 있었으며, 조선군 측에서는 도체찰사 류성룡의 지시를 받은 일부 관·의군이 수원과 이천 등지에서 왜군의 퇴로를 차단할 계획을 세우니, 고니시 등은 또다시 강화를 원하게 되었고 이여송도 강화교섭을 재개할 뜻을 갖게 되었다.

이에, 명나라의 심유경이 서울로 들어가서 왜군의 서울 철수를 종용하였고, 진퇴양난에 빠져 있던 왜군은 순응하여 1593년 4월 18일부터 서울 철수를 개시하였다. 뒤따라 충청, 강원 등지에 산재하고 있던 왜군도 남쪽으로 철수하였다. 이들 왜군은 주로 경상도의 연해 지대로 집결하여 울산과 서생포 등지로부터 동래, 웅천, 거제 등지를 연결하는 18개 소에 성곽을 구축하고 오랫동안 주둔할 태세를 취하였는데, 조선과 명나라의 육군이 서서히 남하하여 왜군과 가까운 곳에서 대치하게 되었다.

한편 왜군은 임진년(1592) 10월에 진주성에서 김시민의 항전으로 참패당한 것을 복수하고자 6월에 남쪽으로 집결한 고니시와 가토 등이 거느린 약 5만 명의 대병력으로 진주성 공략에 나섰다. 조선군은 김천일, 최경회, 양산수 등 6만여 명의 군·관민이 8일 동안 최후의 일각까지 혈전을 거듭했으나 결국 함락당하고 말았다.

02

전라도의 해륙 방비

이순신은 부산포 해전에서 왜선 100여 척을 격파하였으나 그 이전의 해전과는 달리 적을 완전히 격멸하지 못하고 왜군의 해상교통로도 차단하지 못한 채 귀항해야만 하였다. 이순신은 휴전 상태에 있는 동안 군사들의 사기를 높이는 것을 비롯하여 전선의 수리와 물자의 보충 등 다음 작전을 위해서 보완해야 하는 것들을 하나하나 준비하기 시작하였다. 특히 그는 왜군을 쫓아내고 국난을 극복하는 길은 오로지 제해권[39] 장악에 있다는 확고한 전략 목표를 가지고 있었으므로,

"한 번이라도 해상전에서 실패하면 그 여파는 곧 중앙에 미친다. 해상 제패만이 최종적인 승리를 가져올 수 있는 일이다."

---

39 전시 또는 이에 준하는 상황에서 자국이 필요로 하는 해역을 자유롭게 사용할 수 있을 뿐만 아니라 적국이 자국을 공격하기 위한 목적으로 일정한 해역을 자유롭게 사용할 수 없도록 하는 능력 또는 그 상태.

충무공 이순신

라고 말하였다.

이순신은 언제 어느 곳에서도 올바른 전략 아래 작전 임무를 수행하려고 하였다. 그뿐만 아니라 군사들의 적극적인 임전이 수차에 걸친 해전을 승리로 이끌었다는 사실과 이러한 군사들에게는 앞으로의 계속적인 전투를 수행할 수 있는 '힘'이 필요하다는 점을 명심하고 있었다.

때문에 이순신은 자신이 겪는 고충은 숨기면서 모든 군사의 사기를 돋우고 결원을 보충하기 위하여 노력하였다. 우선 조정에서 내려온 군사들의 표창 명단 중에 누락된 군사를 일일이 조사하여 하루빨리 표창해 주기를 건의하였다.

이러한 그의 건의는 상벌(賞罰)을 공정하게 엄중히 하려는 자신의 태도를 밝힌 것이며, 또 '힘써 일하며 싸운 자에게는 임금으로부터 표창이 내린다'는 그 자체가 당시 군대에서 군사들의 사기에 매우 큰 영향을 미쳤기 때문이다.

그런데 모든 일에 세심한 주의를 기울여 다음 작전 준비에 바쁜 이순신에게 힘겨운 일이 많았다. 수군의 상황을 제대로 파악하지 못한 조정에서는 "행재소(行在所)40에서 소용하는 종이를 넉넉히 올려 보내라."는 지시를 하는가 하면, 비변사에서는 "전죽(箭竹, 화살대)을 넉넉히 올려 보내라."라는 공문을 내리는 등 명령만 하곤 하였다.

이러한 공문을 받은 이순신은 모두가 나라를 위하는 일이라는 생각으로 우선 종이 10권을 준비하여 올려 보내는 동시에 장편 전죽(長片箭竹)과 별도로 임금을 위한 의연곡(義捐穀, 기부한 곡식)을 준비하여 배로 올려 보내기도 하였다. 특히 그는 수군에 관한 준비를 하면서도 정미 500석을 별도로 보관해 둔 일이 있었는데, 이를 본 사람들이

---

40 임금이 상주하는 궁궐을 떠나 거동할 때 임시로 머무르는 별궁, 행궁.

"그것을 무엇에 쓸 것이냐?"

라고 물은 일이 있었다. 그때 그는 조용히 이렇게 답하였다.

"지금 임금이 의주로 피난 중인데, 만일 평양에 있는 적이 서쪽으로 더 침공하면 국왕은 압록강을 건너가게 될 것이다. 그러면 나의 직책으로서 마땅히 그곳에 가서 국왕을 모셔야 할 것이다. 그때 하늘이 중국을 망하게 하지 않는다면 다시 회복하기를 도모할 수 있을 것이며, 설사 불행하게 되더라도 국왕과 신하가 함께 우리 국토 내에서 죽는 것이 옳지 않으냐. 더구나 내가 살아 있는 동안에는 적이 감히 침범하지 못할 것이다."

이순신은 힘겹더라도 그것이 나라를 위한 일이라면 온 정성을 다했으며, 침략자를 끝까지 격퇴하고 만다는 신념과 설사 힘이 부족하여 패배하더라도 조국 땅에서 죽는다는 굳은 각오를 가진 무인이었다.

한편, 그 당시 조선군 내에서는 병무 행정의 문란과 아울러 숨 가쁜 전쟁을 겪느라고 군사들이나 그때까지도 입대하지 않은 장정들은 자신들의 태도를 결정하지 못하는 실정이었으며, 소모사(召募使)[41]나 소모관(召募官)들은 자기가 맡은 모집 인원수만을 채우기 위하여 무리한 모병을 하기도 하였다. 이로 인한 백성의 원성은 날로 높아질 따름이었다. 그런가 하면 조정에서는 백성의 원성을 무마한다는 뜻에서 군사를 충족할 방책을 강구하지 못한 채, 전쟁 이전에 실행하고 있었던 '일족에게 대신 충원하는 징발을 하지 말라'는 명령을 일방적으로 내리곤 하였다.

---

41 조선 시대 병란이 발발했을 때 그 지역의 향병(鄕兵)을 모집하기 위하여 국왕이 임시로 임명하던 관리.

충무공 이순신

이 때문에 아직 입대하지 않은 장정이 고의로 기피한다든가, 입대한 군사 중 죄 지은 자들은 소모군(召募軍)에 가서 붙거나 의병장 밑으로 가는 등 젊은 장정과 군사들은 마음이 들떠 있었다. 더구나 전쟁과 유행병으로 전사하거나 병사하는 군사의 수가 날로 증가하였고 변방을 지키는 군사들마저 소모사들의 강압에 의하여 다른 곳으로 끌려가는 등 사실상 중요한 지역의 방비는 점점 허술해졌다.

이러한 실정을 파악한 이순신은 먼저 군사를 보충하지 않는 한 앞으로의 수군 작전이 어려워질 것임을 감지하였으며, 수군의 특수성 즉 출전하지 않는 동안에는 전선을 수리하고 군기를 정비해야 하는 일에 전력을 기울여야 함을 판단하였다.

이에 이순신은 임진년(1592) 12월 10일, 일족에게 대충 징병하지 말라는 명령을 다시 취소하지 않으면 수군 보충이 불가능하다는 내용의 장계를 올렸다.

" …… 그런데, 이같이 위험하고 어려운 때를 당하여 수졸(水卒) 1명은 평시의 100명에 해당하온데, '한번 대충 징병하지 말라'는 명령을 듣고 모두 모면하려는 꾀만 품어서 지난달에는 10명이나 유방군(留防軍)[42]을 내보내던 지방이 이달에는 겨우 3, 4명에 이르니 …… 몇 달 안 가서 수졸이 날로 비어 진장이 속수무책일 것입니다. 그러니 배를 타고 적을 토멸함에 무엇에 힘입어 막아 죽일 것이며, 성을 지켜 항전함에 누구를 의지하오리까. …… 대충 징병하는 일은 그 전과 같이 시행하되, 조금씩 조금씩 처리하여 백성의 원성을 풀어주는 것이 급선무일 것입니다. …… "

---

42 군사상 중요한 여러 진에 배치되어 방어를 맡았던 군대. 다만 영안도와 평안도는 모든 지역이 요새지였으므로 관내의 정병과 갑사는 중앙에 보내지 않고 자기의 거주지를 지키도록 하였다.

하여, 우선 군사를 보충할 방법을 마련하려고 하였으며, 아울러 이와 같은 내용의 장계를 다음 해 4월 10일과 2년 후인 갑오년(1594) 1월 5일에도 써 올려, 남해안 일대의 방비를 위한 군사 보충에 전력을 기울였다. 그런데 이순신은 이러한 군사의 보충만으로 그치지 않았다. 그는 수군의 중요한 작전 임무 수행을 위하여,

"신의 소속 수군이 오관오진포(五官五鎭浦)이온데 …… 도내의 왕명을 받은 장수들이 수군의 여러 장병을 육전으로 이동시킨다고 하고 혹은 왕명을 들었다면서 전령을 내어 분주히 잡아내는바, 수군과 육군을 분별할 뜻이 없으므로 동서로 분주하여 어디로 따라갈지 모릅니다. 명령은 이렇게 여러 곳에서 나오므로 호령이 시행되지를 못하고 왜적은 제거되지 않았는데 대장의 지휘만 어긋나니 참으로 민망스럽고 걱정이 됩니다.
앞으로 수군에 소속된 수령과 변장들을 다른 곳으로 옮기지 말고 전부 수군에 있도록 본도의 감사, 병사, 방어사 및 조방장에게 명령하여 주시기 바랍니다."

하여, 수군에 소속된 군사들은 일체 다른 곳으로 이동하지 못하도록 하였다. 참으로 수군의 중요성을 이해 못 하는 시대에 이 같은 이순신의 건의는 수군 발전을 위한 새로운 계기를 마련한 것이었으며, 나아가서는 수군의 독립성을 암시해 준 것이기도 하였다.
이순신은 육상의 정세를 주의 깊게 내다보면서 전쟁 중에 가장 많이 필요로 하는 '화약'을 준비하고, 나아가서는 해상 아닌 육상 방비에도 힘을 기울였다. 즉 부산포 해전 후 화약을 보충하기 위하여 그 제조법을 연구하던 중에

"신의 군관 훈련주부 이봉수가 그 묘법을 발명하여 3개월 동안에 염초(焰硝) 1천 근(600kg)을 제조하여 본영과 각 포구에 분급하여 주었으나, 석유황(石硫黃)만은 달리 나올 곳이 없으므로 감히 100여 근 정도 내려보내 주심을 청하나이다."

하여, 그의 힘이 자라는 데까지는 조정의 도움을 청하지 않고 스스로 화약을 제조하여 앞으로 전쟁에 대비하였으며, 또 경상도 등지에 웅거하고 있는 왜군이 기회만 있으면 수륙으로 전라도를 침범하고자 하였으므로 이에 대한 방비책을 세웠다.

"신은 비록 해전을 담당하였사오나 육상의 방비에도 마음을 늦출 수 없어서 호남 접경인 구례의 석주, 도탄, 광양의 두치 및 강탄 등 요충지를 수비하게 하여 왜군이 경계를 넘지 못하게 하였습니다."

하여, 인근 고을에 통문을 보내어 절간에 숨어 있는 중과 병적에 들지 않고 놀고 있는 자를 적발하여 석주, 도탄, 두치 등지를 수비하게 하였다. 당시 이순신의 통문이 어떠한 내용으로 쓰였는지는 알 수 없지만, 이 소식을 접한 중들은 즐거이 모여들어 1개월 이내에 400여 명을 넘었다.

이순신은 다시 이들 중에서 용략(勇略)을 가진 자를 선발하여 중 삼혜는 시호별도장(豺虎別都將), 중 성휘는 우돌격장, 중 신해는 좌돌격장, 중 지원은 양병용격장(揚兵勇擊將)으로 각각 정하고, 별도로 증모할 즈음에 방처인, 강희열, 성응지 등이 분개하여 향도들을 규합하여 의병을 일으킨 까닭에 재배치하였다.

구례에서 의병을 일으킨 방처인을 도탄으로, 광양에서 의병을 일으킨 강희열과 중 성휘 등은 두치로, 광주의 승장인 신해는 석주로, 곡성의 승

장인 지원은 운봉 팔양치(雲峰八陽峙)로 각각 파견하여 그곳의 관군과 합력하도록 하였으며, 일단 유사시의 병력 이동을 고려하여 성응지는 순천성을 수비하게 하고, 중 삼혜는 순천에, 의능은 여수에 각각 머무르다가 왜군의 동향을 보아서 만일 육상이 중대하면 육전으로 나가고, 또 해상이 중대하면 해전에 임하도록 하였다.

그러나 해로를 차단하여 도망치는 왜군을 전멸하려면 병력이 약해서는 안 되며, 또 소속 수군력을 정비하여야 했으므로 성응지, 삼혜 및 의능 등에게는 전선을 나누어 주어 활용하도록 하였다.

이순신 육상 방비도

그리고 이순신은 여러 전비를 강화하면서도 피난민들에 대한 새로운 대책을 강구하곤 하였다. 1592년 말에는 추운 겨울인데도 경상도 등지의 피난민이 200여 호나 여수 경내로 몰려 들어온 것을 목격한 그는,

" …… 임시로 기거할 수 있게 하여 간신히 겨울은 지나게 하였으나 당장에 구호할 물자라곤 얻어낼 길이 없고, 비록 전쟁이 끝난 뒤에는 그들의 고향으로 돌아갈망정 눈앞에서 굶주리는 것을 차마 볼 수 없습니다.

충무공 이순신

신이 피난민들의 거처를 찾아본바 돌산도만 한 곳이 없습니다. 이 섬은 여수와 방답 사이에 위치하여 겹산으로 둘리어 사방에 적도들이 들어올 길이 없으며, 지세가 넓고 토질이 비옥하므로 피난민들을 이곳으로 옮겨 살게 하여 방금 춘경(春耕)하게 하였습니다. ……"

라고 장계를 올려, 피난민들의 정착지까지 마련해 주었고 아울러 말을 길러 전쟁에 사용할 수 있게 하였으며, 한산도로 진영을 옮긴 뒤에는 순천과 흥양 등지까지 확대하여 군민 합작의 '군량 확보책'을 마련하기도 하였다. 이러한 그의 움직임은 군인이라기보다 애국휼민(愛國恤民)의 사상을 간직한 행정가로서의 능력을 보여준 것이다.

03

웅포 해전

해상과 육상의 방비를 철저히 하면서 연해변으로 몰려온 피난민들의 생업까지 해결해 온 이순신은 다음 해, 즉 1593년 1월 의주에 피난 중인 임금으로부터 두 차례의 유서를 받았다.

"명나라 이여송이 대군을 거느리고 평양, 황해도, 서울을 차례로 수복하려고 진군하면 왜군들이 도망할 것이므로 그대는 수군을 지휘하여 왜군의 귀로를 차단하고 전멸하라."

하였고, 3일 후인 25일에 받은 내용은

"1월 8일 이여송이 평양을 수복하고 계속 진군하니 그대는 수군을 정비하여 해전으로 모조리 무찔러서 나라의 치욕을 크게 씻도록 하라."

충무공 이순신

라는 것이었다.

그런데 이는 군사의 보충과 기타 전쟁 물자는 제대로 지원하지 못하면서 근본 전략에만 입각하여 명령만 내리는 조정의 처사였다.

그러나 그는 스스로 힘 닿는 데까지 전비를 강화하면서 유서의 내용을 소속 각 진포에 알리는 동시에 1월 30일까지 모든 전선을 동원하여 여수 앞바다로 집결하도록 하였다. 아울러 전라우도와 경상우도 수사에게도 출전을 위한 회합 지점을 통보하였다.

이순신은 제5차 출전일을 2월 2일로 정하고 소속 수군의 집결을 기다리고 있었다. 그러나 연일 계속되는 비바람으로 2월 3일이 되어서야 집결이 완료되었으며 4일과 5일은 악천후로 전선을 움직이기 어려웠던 까닭에 부득이 6일에 출전을 단행하였다.

2월 6일, 이순신은 모든 전선을 지휘하여 출항하였는데, 하루 종일 역풍을 받아 힘들게 전진하여 날이 저물어서야 사량 해상에 이르러 밤을 지냈다. 다음 7일 새벽에 정박지를 출발한 이순신은 지난날의 격전지를 지나 견내량에 이르러 경상 우수사 원균을 만났으며 8일 정오경에는 뒤따라온 전라 우수사 이억기 함대가 도착하였다.

이순신은 3도 수군의 통합 함대를 편성한 후 오후 4시경에 전 함대를 지휘하여 온천량에 이르렀다. 다음 날에는 종일 비가 내려 10일 6시경 온천량을 출항하여 바로 웅포(熊浦)로 향하였다.

그 당시 웅포는 부산포 해전 이후 이순신이 전비를 강화하는 동안 왜군이 다시 모여 그들의 수군 집결지로 설정한 후 동서의 산록에 용의주도한 진지를 구축하고, 그 주변인 안골포, 제포, 원포, 장문포, 영등포, 천성 및 가덕 등지에 요새지(要塞地)를 두어 어느 한 곳이 공격당하더라도 쉽게 지원하고 방어할 수 있는 태세를 갖추고 있었다.

원래 왜군의 집결지는 안골포였으나 이 지역은 해상에 노출되어 있을 뿐만 아니라 육상으로부터 지원이 곤란하였던 까닭에, 배를 쉽게 감출 수 있고 육상의 지원을 받기 쉬운 웅포로 이동한 것이며, 이곳을 부산을 수비하는 해상의 제1선 주진지(主鎭地)로 정하였다.

이순신은 항시 부산을 강타하는 것을 최종 목표로 정하고 있었으나 부산보다 먼저 웅포를 공격해야 하는 이유로

" ······ 웅천의 적들이 부산 항로를 누르고 험한 지형에 웅거하여 배를 감추고 소굴을 많이 만들고 있으므로, 부득이 이곳의 적을 먼저 제거해야 하겠습니다. ······ "

하여, 전술상 배후로부터의 위험을 없애버리는 것이 선결문제였으므로 웅포를 공격하기로 결정하였다.

그러나 왜군은 조선 수군과의 해상 결전을 피하고 그들이 구축한 진지 내에서 절대 바다 바깥으로 나오지를 않았으며, 주로 산등성이에 설치한 집결지를 이용하여 그들 전선을 엄호하면서 사격을 가하였다. 왜군의 이런 행동으로 이순신이 원하는 해상 전투를 실행할 수 없는 실정이었는데 이를 타파하기 위해 수륙 합동작전이 절실하였다.

웅포 앞바다에 이르러 왜군이 전선을 포구 깊숙이 줄을 지어 감추어 두고 소굴도 많이 만들어 둔 것을 관망한 이순신은 3도 수군을 은폐하고 먼저 경쾌선을 파견하여 왜선을 바다 바깥으로 유인하려고 하였다. 그러나 왜군은 겁을 내어 나오지를 못하고 단지 경선(輕船)만이 바다 바깥으로 나오다가 다시 안으로 들어가곤 하므로 전면적인 공격을 가할 수가 없었고, 동서 산등성이에 있는 진지에서는 깃발을 꽂고 총을 쏘면서 교만한 꼴을 보일 따름이었다. 이순신은 2월 10일의 일기에서,

"두 번이나 유인하려고 하였으나, 우리 수군을 겁내어 나올 듯하면서도 도로 들어가 버리니 끝내 모조리 잡아 없애지 못한 것이 통분하다."

하여, 안타까운 심정을 기술했으며 부득이 오후 2시경에는 소진포(蘇秦浦)로 회항하여 밤을 지냈다.

11일은 날씨가 흐려 군사들을 휴식하게 하고, 12일 새벽에 3도 수군을 지휘하여 웅포에 이르러 공격했다가 다시 퇴각하는 등 유인 전술을 감행하였으나 역시 전일과 같이 왜군은 총만 쏠 따름이었다. 이날도 이순신은 통분한 심경을 간직한 채 칠천도로 회항하였다.

비록 10일과 12일의 유인작전에서 승리하지는 못하였지만 왜군의 사상자는 그 수를 헤아릴 수 없었다. 이순신은 깊숙한 적의 소굴까지 돌진하려는 계획을 세워보기도 하였으나 왜군의 소굴이 어느 정도로 험하게 구축되어 있는지를 명확하게 알 수 없어 일단 중지하였다. 왜군의 동태로 보아서 육군의 지원을 받지 않는 한에는 도저히 섬멸할 수 없는 일이었다.

이순신은 칠천도에 머무르는 동안 군사들을 휴식시키면서 경상우도 순찰사 김성일에게

"육군장들에 명령하여 병마를 거느리고 빨리 웅천을 공격하도록 하여 주시오."

라는 내용의 공문을 발송하고, 다음 작전을 구상하였다. 육군이 웅천을 공격했을 때 해상으로 몰려나오는 왜군을 어떻게 대응하느냐 하는 것이 그가 고민하는 부분이었다.

17일에는 이억기 수사와 함께 원균이 있는 곳으로 갔다가 선전관이

유서를 갖고 왔다는 말을 듣고 진으로 돌아가 받아 보니,

"명나라 군사들이 평양을 회복하고 서울로 향하고 있으니 …… 급히 적들의 귀로를 차단하고 몰살하라."

라는 내용이었다.

이 유서는 사실상 1개월 전에 있었던 육상의 전세를 알리는 것이었으나 육전의 부진 상태를 안타까워하던 이순신에게는 매우 반가운 소식이었으며, 그가 고심하고 있던 '웅포 공격'에 대해 힘찬 용기와 희망을 넣어 주었다.

유서를 받은 다음 18일 이순신은 모든 전선을 지휘하여 웅천에 이르러 공격을 개시하였으나 왜군은 여전히 대응하지를 않고 이순신 함대의 동정만 살폈다. 이에 이순신은 그때까지 구상하고 있었던 유인작전을 한 번 시도해 보았다.

그는 사도첨사 김완을 복병장으로 임명하여 여도 만호, 녹도 가장, 좌우별도장 및 좌우돌격장 등을 거느리고 송도(松島)에 복병하게 한 후 여러 전선을 포구로 돌진시켜 왜선을 꾀어 나오게 하였다. 그러자 왜선 10여 척이 조선 수군의 뒤를 따라 나왔다. 기회를 놓치지 않으려는 이순신은 먼저 복병선으로 하여금 10여 척의 왜선을 포위하게 하고 각종 총통을 발사하도록 지시하였다. 복병선들은 날쌔게 공격을 가했으나 왜선들은 불의의 공격과 포위를 당하여 대응하면서 포구 내로 도망치기 시작하였다.

그때 좌별도장 이설과 좌돌격장 이언량 등이 도망치는 왜선 중 3척을 끝까지 추격하여 그 배에 타고 있던 100여 명을 사살하였으나 전선은 깊이 들어간 뒤였기에 사로잡지는 못하였다.

이로 인하여 왜군의 사기가 크게 저하되어 다시 나오지 않았으므로

186

이순신은 모든 전선을 사화랑(沙火郎)으로 이동시켜 일단 휴식하였다.

이번에도 사실상 육군의 협력이 전혀 없었기 때문에 왜군을 전부 끌어내지 못한 이순신은 이들의 사기가 저하된 기회를 이용하여 수륙합동 공격을 단행하려고 두 번째로 경상우도 순찰사에게 육군의 웅천 공격을 요청하였다. 그러나 순찰사의 답장에,

"곽재우가 먼저 창원을 토벌하게 하고 차차 웅천으로 진격하게 한다."

라는 연락을 받고 크게 실망하였다.

왜선을 눈앞에 둔 이순신은 일방적인 해상 공격을 가하여 섬멸하려고 하였으나 19일은 서풍이 크게 불어 출발하지를 못하고, 20일 새벽 사화랑을 떠나 동풍을 받으면서 진격하였으나 교전 시에는 바람이 크게 불어 전선들이 서로 맞부딪쳐 파손될 지경에 이르러 전투를 계속할 수 없었다.

이에 무리한 공격은 도리어 손해를 입게 된다는 판단을 내린 이순신은 호각을 불고 초요기를 세워 전투 중지를 명령함과 더불어 모든 전선을 소진포로 이동하게 하고, 다음 날까지 이곳에 머무르면서 새로운 작전을 논의하였다.

2월 10일, 12일, 18일과 20일의 4차에 걸친 일방적인 공격으로 큰 성과를 얻지 못한 이순신은 조금도 자신의 계획을 변경하지 않고 계속 공격할 것을 결심했다. 그는 이억기 및 여러 장령에게,

" …… 육군이 뒤를 공격하지 않고는 적을 섬멸할 길이 없다. 그러나 요사이는 적의 전상자가 많고 사기가 저하되어 있으며 포구를 살펴보니 험한 설비는 없는 것 같고 또 전선 7~8척은 출입할 만도 하다. 여러 날의 전투에서 섬멸하지 못하니 참으로 통분하다. …… "

라고 일반적인 정황을 말하고, 다음과 같은 구체적인 작전 계획으로서 웅포를 공격하게 하였다. 즉, 22일 웅천 앞바다에 이르러,

(1) 그가 모집하여 거느린 두 승장(삼혜, 의능)과 의병장 성응지는 서쪽인 제포로 상륙한다.

(2) 3도의 전선 중 변변하지 못한 것을 골라서 동쪽인 안골포로 상륙하게 한다.

(3) 3도의 수군 중 각각 경쾌선 5척씩을 선발하여 15척으로 주력대를 편성하여 웅포로 돌진한다.

(4) 기타 전선은 주력대를 뒤따른다.

이러한 이순신의 계획은 왜군의 세력을 견제 또는 분산시킨 후 웅포의 저항력을 약하게 하여 포구 깊숙이 감추어 둔 적선을 공격하려는 것이었고, 그의 빈틈없는 계획에 따라 전투는 종일 계속되었다. 주력대는 돌진하면서 지·현자 총통을 연속으로 발사하니 왜군의 사상자는 헤아릴 수 없었다. 동·서로 상륙한 의승병과 사수들도 창과 칼을 휘두르며, 또는 활과 총으로 왜군을 닥치는 대로 사살하였다.

그러나 웅포의 왜군은 해상보다 육상의 진지를 견고하게 구축하였으므로 전멸하기란 힘들었고, 왜군은 그들의 진지를 이용하여 항전하였다.

격전 중, 사도첨사 김완과 우별도장 이기남 등이 왜군에 포로로 잡혔던 웅천 수군 이준련과 양갓집 딸 매염을 비롯한 5명을 구출하였다. 이들로부터,

"왜군의 사상자는 많으며 왜장도 사살되었고 1월 말부터는 유행병이 번져 사망자가 속출하고 있다."

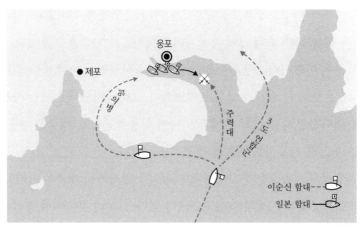

웅포 해전도

라는 실정을 알 수 있었다.

　왜군의 실정을 파악한 이순신과 군사들은 더욱더 용기를 내어 최종 승리를 거둘 때가 바로 지금이라고 판단하였고, 발포 통선장 이용개와 가리포 통선장 이경집 등이 서로 다투며 돌진하여 왜선을 때려 부수었다. 그러나 불행하게도 이 2척의 전선은 돌아 나올 때 서로 충돌하여 발포 통선 1척이 전복되고 승조원 일부분만 구출하는 손실을 보았다.

　또한, 전투 중 왜군은 진도 상선(上船)을 포위하였다. 이때 원균의 부하인 좌부장과 우부장이 포위된 진도 상선을 못 본 체하는 바람에 큰 위기를 겪을 수 있었지만 운이 좋아서 겨우 면하였다.

　원균과 그의 부하들이 전투 지역에서 비협조적인 행동을 하는 일이 한두 번이 아니었으나 이순신은 군사들이 보는 앞에서는 아무 말을 하지 않았다. 이날도 마음속으로 전복된 통선과 희생된 군사 모두 자기 잘못으로 생각하고 소진포로 회항하여 치열했던 그날의 전투를 회상하며 하룻밤을 지냈다.

　다음 날부터 이순신은 악천후임에도 불구하고 계속 웅천 등지의 왜군을 견제하면서 28일과 3월 6일에는 다시 웅포를 공격하였다. 이때는 포환과 시석(矢石)을 더 많이 준비하여 최대한으로 화력을 퍼부었다.

왜군은 이전처럼 산등성이의 소굴에서 응사하면서 바깥 바다로 나오지 않았으므로 큰 성과는 얻지 못하였으나, 그때까지도 육전에만 사용되었던 '비격진천뢰'를 전선 위에 장비하여 활용하였으며, 새로운 전술, 즉 '화선(火船)'을 사용하는 계획을 세우기도 하였다.

산등성이의 소굴을 향하여 비격진천뢰를 발사하니 왜군은 어찌할 바를 모르고 그들의 사상자를 끌고 도주하였다. 그러나 바다에서 공격하는 것이기 때문에 비격진천뢰로도 견고하게 구축된 방어진을 파손하기에는 힘들었으며 그 안에서 항전하는 왜군을 섬멸할 수 없었다.

이순신은 3월 10일 배에 불을 질러 그 배를 바람을 이용하여 숨어 있는 왜선을 공격하려고 사량 해상으로 퇴진하여 화선을 준비하였다. 그러나 매사에 세심하고 백성의 생활을 염려해 오던 그는 생각하였다.

'명나라 군사가 아직까지 머뭇거리기만 하는데, 부질없이 왜 전선만 불태워 버리면 반드시 갈 길을 잃은 적의 최후 발악이 백성에게 가해질 것이다.'

그리하여 일단 화선 사용을 중지하고 복병선을 웅천으로 파견하여 왜군의 동정만을 정찰하게 하였다.

시간이 지나면서 이순신은 점점 초조해졌다. 조정에서 말한 명나라 군사들의 지원이 없을 뿐만 아니라 2월 6일 출전한 이래 근 2개월 동안 바다에서 작전 임무를 수행하였던 까닭에 군사들의 노고와 더불어 시급한 여러 문제를 해결하지 않는 한, 더 이상 머무르면서 작전 임무를 수행할 수 없었다. 때문에 그는 4월 3일을 기하여 일단 3도의 통합 함대를 해

충무공 이순신

체하고 전라 좌수영으로 귀항하여 조정에 써 올린 장계에서,

" …… 각처에 머무르고 있는 왜군들은 여전히 버티고 있으며, 농번기가 되어 비가 많이 내렸으나 연해안 여러 진이 모두 출전하였기 때문에 좌·우도의 수군이 모두 농민이라 농사를 전폐하면 가을 추수의 소망은 바랄 수 없습니다. 우리나라 8도 중에서 오직 호남이 조금 안전하여 군량이 모두 이 도에서 나오는데, 도내의 장정들은 모두 육전과 해전으로 나가고 늙고 약한 사람들은 군량을 운반하느라고 경내에는 남은 일꾼이 없어 봄 한철이 지나도록 들판이 쓸쓸하니, 다만 백성이 생업을 잃어버릴 뿐만 아니라 필요한 여러 물자마저 의뢰할 수 없으므로 민망하고 걱정이 됩니다. 사부와 격군들이 비록 교대로 귀향하여 농사를 짓고자 하나, 달리 대체할 사람이 없어서 영구히 살아갈 길이 끊어질 뿐만 아니라 유행병이 번져 사망자가 속출하고 있으므로, 명나라 군사들이 남쪽으로 내려오는 날일지라도 굶주린 군사를 거느리고서는 도망하는 왜군을 섬멸하기 어려운 형편입니다.

그러므로 우선 교대로 들어가 농사를 짓게 하고 아울러 병든 군사를 간호하며 군량을 준비하고 전선을 수리하면서 명나라 군사들이 내려오는 것을 살펴서 기회를 보아 다시 출전하도록 지난 4월 3일, 이억기와 약속하고 본도로 귀항하였습니다."

왜군을 눈앞에 두고 귀항하지 않으면 안 되었지만, 그보다도 이순신은 지휘관으로서의 명석한 판단을 내린 것이다. 이번 출전으로 왜군을 계속 깊숙한 포구 내에서 꼼짝 못 하게 하였다. 한편 그가 육군의 지원을 아쉬워하면서 전비를 강화하는 동안 해상의 사정은 육상 정세와 더불어 교착 상태로 들어가고 말았다.

04
왜선 수색 작전

근 2개월 동안, 이순신은 웅포 해전에서 말과 글로 표현할 수 없는 고충을 겪었다. 무엇보다도 3도 수군의 통합 작전은 지휘권이 확립되어야 하고, 또 3도의 수사는 최대한으로 협력해야만 했으나 원균은 그러하지를 않았다. 원균은 그전에도 그러했지만, 이번 웅포 해전에서는 더욱 비협조적 태도를 드러내어 작전상 큰 지장을 초래하기도 하였다. 이순신은 그때마다 넓은 도량으로 이를 묵과하면서 작전 임무 수행에 총력을 기울이곤 하였으나 참을 수 없는 분통만은 일기에다 이렇게 써 두었다.

2월 22일(1593년)
참으로 통분하였다. 오늘 통분한 것을 어떻게 말할 수 있겠는가. 모두 경상수사(원균) 때문이다.

충무공 이순신

2월 23일(1593년)

원 수사가 와서 보았다. 그의 흉악하고 음험함은 참으로 형용할 수가 없었다.

3월 2일(1593년)

이영남과 이여염이 왔다. 그들에게 원 수사의 옳지 못한 일들을 들으니 깊이 탄식할 따름이다.

이처럼 이순신은 극단적인 문구를 남기기까지 했지만 대의를 위해서 이렇다 할 불만을 나타내지는 않았다. 더구나 원균의 행동은 점점 노골화되었어도 '왜군을 격퇴하기 위해서는 참아야 한다'는 마음가짐으로 원균에 대해 비방하지 않으려고 했으며 항시 자신의 지휘 능력이 부족한 탓이라고 뉘우쳤다.

그는 귀항한 지 3일 후에 자신을 뉘우치는 장계를 올렸다. 즉, 지난 2월 22일 해전 때 통선 1척을 전복 상실한 데 대하여,

"신이 외람되이 중책을 지고 밤낮 근심하고 두려워하여 티끌만 한 공로로나마 보답하기를 생각하고 있었는데 …… 부하 장령들이 승리한 기세를 타고 교만한 기운이 날로 더하여 앞을 다투어 돌진하며 서로 뒤떨어지는 것을 두려워하므로 신이 다시금 명령하여 적을 가벼이 여기면 반드시 패하는 법이라고 하였습니다만, 오히려 조심하지 않고 통선 1척을 전복시켜 많은 죽음이 있게 되었으니 이것은 신의 용병(用兵)과 지휘 능력이 부족하였기 때문이니, 극히 황공하여 거적자리에 엎드려 죄를 기다립니다."

통선 1척과 인명 피해를 감추려 하지 않고 솔직하게 보고하는 동시에 그날의 일기에는 이렇게 써 두었다.

" …… 발포 이선과 가리포 이선이 명령하지 않았는데 돌입하다가 그만 얕은 곳에 걸려서 적들에게 습격당하게 된 것이 통분하여 가슴이 찢어질 것만 같다."

이순신이 왜선의 동향을 살피면서 나라를 위해 전비 강화에 심혈을 기울일 동안, 남해안 일대에 집결한 왜군도 그들 본국에서 오는 병사들과 합력하여 호남 등지를 노리는 진용을 형성하고 있었다. 이를 알게 된 조정에서는 5월 2일, 또다시 그에게 출전을 명령하는 유서를 전달하였다.

" …… 그대(이순신)는 수군을 정비하여 내원하는 왜선을 쳐부수어 함부로 상륙하지 못하도록 하라."

사실상 이 유서는 그전에 몇 차례에 걸쳐서 받았던 것과 같이 수군의 일방적인 출전을 강요할 뿐 수군의 세력이나 기타의 전쟁 물자는 고려하지 않았다. 그러나 유서를 받은 이순신은 각 진포의 전선을 소집하고, 우수사 이억기에게도 통고하여 5월 7일 경상도를 향하여 출전하였다. 바로 1년 전의 이날 옥포에서 대승리를 거두었으므로, 그는 그날의 감격을 회상하였을지도 모른다.

그는 산더미 같은 파도를 헤치면서 간신히 미조항에 이르렀다. 전라 좌·우도의 함대 세력은 그동안의 피눈물 나는 준비로 인하여 이순신이 거느린 함선이 전선 42척, 척후선 52척이었고, 이억기가 거느린 함선이 전선 54척, 척후선 54척으로 모두 202척에 달하였다.

충무공 이순신

다음 8일에는 사량 해상을 지나 당포에 이르고 9일은 걸망포(乞望浦)에 이르러 비와 바람을 피하면서 이억기와 가리포 첨사 구사직과 함께 앞으로의 작전을 상의했다. 이날 저녁에 겨우 2척을 거느리고 온 원균과 합세하였다. 원균은 불과 2척의 전선으로 경상도를 대표하여 3도 통합 함대의 일원이 된 것이다. 10일은 날씨가 흐린데도 이순신은 일찍 출항하여 견내량에 이르러 일부 전선을 점검하였다. 그리고 여기서 새로운 유서를 받았는데 그 내용은,

"왜군들이 전선과 수군들을 전부 집결시켜 부산 앞 바다에 집결하였다 하니, 경솔하게 움직이지 말고 경략(經略)의 지시를 기다려서 적을 무찌르는 일에 협력하여 나라의 치욕을 씻도록 하라."

라는 것이었다. 그런데 이순신은 병력 증강의 필요성과 경략, 즉 명나라 장수의 지시를 받으라는 반갑지 않은 명령에 대하여 이렇게 장계를 써 올렸다.

"신이 …… 견내량에 이르러 적의 형세를 탐망해 본바 웅천의 적들은 여전히 웅거하고 있습니다. 그런데 부산으로 나아가려면 웅천이 길목이 되는 까닭에, 부산으로 깊이 들어간다면 적군이 앞뒤에 있게 됩니다. 따라서 아무리 생각해 보아도 수군만으로는 끌어낼 길이 없으므로 부득이 육군과 합공한 후 수륙에서 섬멸하여야 하겠습니다.
그리고 경상도는 분탕당한 한편 명나라 군사들을 치다꺼리하기에 격군을 채울 길도 없으며, 또한 사부와 격군들도 굶주리고 파리해져서 노를 저어 배를 부리기에 감당하기 어려운 형편입니다. 병력이 극히 약함은 참으로 딱하고 걱정되는 바이며, 적의 도망할 날이 빠를지 늦을지도

예측하기 어렵사오니 복청하건대 충청도 수군을 보내어 하늘에 닿는 치욕을 씻게 하심을 바라옵니다."

그때까지 간직하고 있었던 소신, 즉 부산 공격의 위험성, 수륙 합공의 필요성과 수군 증강의 필요성 등을 극력 건의하였다.

이어 11일에는 견내량을 중심으로 멀리 파견해 두었던 탐적인(探賊人)으로부터 "가덕 외양에 왜선 200여 척이 머물고 있으며, 웅천에도 전일과 같다."라는 보고를 받았으나 경솔한 작전 행동을 하지 않았다. 13일에는 조그만 산등 위에서 군사들에게 '활 쏘기 시합'을 하도록 하면서 왜선의 동정을 살폈다. 그런데 다음 14일에는 다시금 송경략의 지시라 하면서

"전선을 정비하여 적을 무찌르라. 경략의 말대로 먼저 부산을 불 지르라."

라는 유서를 받았다. 이는 확실히 부산과 웅천 등지의 실정을 파악하지 못한 조정의 그릇된 처사였다. 때문에 이순신은 우선 제1선에서 파악한 왜군의 실정을 상세히 장계하였다.

" …… 창원, 웅천, 김해, 양산 등지에 웅거하여 길목을 누르고 있던 적의 형세가 지금에는 더욱더 강해졌으므로, 육군의 지원 없이 수군만으로는 도저히 끌어내기가 어렵기로 매우 걱정입니다. …… 충청도 수군을 빨리 보내 주시기를 바랍니다."

전날과는 다른 대군 앞에 경솔하게 단독 작전을 수행할 수 없음을 밝

충무공 이순신

히고 보다 조심스러운 수색전을 전개하였다.

21일은 유자도(柚子島), 24일은 칠천도, 25일은 다시 유자도 등지를 수색하면서 왜선을 거제 서쪽 지역으로는 침범하지 못하게 하였으며, 6월 1일에는 고대하던 충청 수사 정걸이 도착하여 합세하였다.

이순신은 수사 정걸과 함께 여러 날 동안 함대 작전을 상의한 후, 6월 13일에는 세포(細浦), 19일에는 오양역(烏壤驛) 등지를 수색하다가 21일 새벽에 일단 한산도에 이르러 왜선이 몰려나오기를 기다렸다. 그러나 지금까지 여러 곳에서 왜선의 동향을 살핀 것은 '해상에서의 대전투'를 하려는 의도였으나 왜군은 해상 전투를 극력 회피하면서 병력을 증강하여 조금씩 서진을 강행하였기에 육군의 지원 없이 부산으로 진공하기란 사실상 불가능한 일이었다.

그리하여 한산도에서 왜선이 물러 나오기를 기다리던 이순신은 6월 23일 복병선으로부터 "왜선이 오양역전까지 이르렀다."는 보고를 받자, 즉시 호각을 붙어 닻을 달게 하여 적도(赤島)로 향하였으나 왜선들은 복병선에 발견되자마자 바깥 바다로 나오지 않았다.

27일에는 "적선이 견내량에 출현하였다." 하므로 곧 그곳으로 나갔으나 이미 도망가고 없었으므로 모든 전선을 불을도(弗乙島) 앞바다로 옮겼다.

그 이후에도 여러 번 '적선 출현'이라는 보고를 받자마자 출동했으나 역시 왜선들은 도주하여 별다른 성과를 얻지 못했다. 견내량을 통과하려는 왜선과 이를 저지하여 섬멸하려는 이순신 함대는 서로 주력대의 행방을 감추어가면서 '숨바꼭질'하는 것 같기도 하였다.

7월 7일에는 경쾌선 15척을 선발하여 견내량 등지를 탐색하게 하고 10일에는 한산도 끝머리에 있는 세포로 옮겼다. 11일에는 "적선 10여 척이 견내량에 내려온다." 하므로 즉시 그곳으로 나아가 퇴각시킨 후 걸망포를 지나 14일에 한산도의 두을포(豆乙浦)로 옮겼다.

이번 출전은 처음부터 끝까지 수색전으로서 큰 전투는 없었을 뿐만 아니라 발견한 왜선을 끝까지 추격하지 않고 여러 번 중도에서 포기하곤 하였다. 이에 대하여 이순신은,

" …… 왜군들은 반드시 우리 군사를 유인하여 좌우로 또는 뒤로 포위할 계책일 것이다. …… "

하였다. 당시 왜군은 부산에서 웅천에 이르는 연해안 일대에 그들의 영구적인 병영을 구축하고, 6월 15일 이후로는 진주 복수전을 위하여 창원 일대의 병력을 함안 방면으로 투입하고 아울러 해상으로는 부산과 김해 지역에 있던 전선 800여 척이 모두 서쪽으로 이동하여 웅천, 제포, 안골포 등지로 집결하고 있었다.

때문에 육군의 지원 없이 수군만으로의 단독 진격은 병력 등 여러 가지 조건이 극도로 불리했으며 무리한 공격으로 적군에 포위당하게 되면 매우 위험한 일이었으므로 이순신은 모험이 따를 작전을 펼치지 않았다.

충무공 이순신

05
한산도의 수군 진영

수색 작전을 전개하는 동안 원균의 비협조적인 행동으로 인한 내부의 불화와 작전 지휘권에 대한 명나라 군사의 간섭은 이순신의 작전 행동을 부진하게 하였다. 이미 2월과 3월에 있었던 웅포 해전 때에도 나타났지만, 시간이 지나면 지날수록 비협조적인 행동은 더욱 노골적으로 드러났다. 작전 초기인 5월 8일에도 관하의 수군을 집합시키지 않고 다음 날 저녁에야 겨우 2척의 전선을 거느리고 도착하였다. 구국 일념의 이순신은 작전 시작 전부터 지휘부에서 불화가 일어나는 것을 염려하여 아무 말 없이 반가이 그를 맞이하였다. 원균은 이순신의 일기에서 볼 수 있듯이 공식 석상에서 술주정을 부리며 거짓 공문을 돌려 대군을 소동하게 하는 등 작전에 협조할 마음이 없었다.

5월 14일(1593년)
…… 나는 우수사(이억기)의 배로 옮겨 선전관과 이야기하며 술을

두어 순배 나누자 영남 우수사 원균이 와서 술주정을 부리니 온 배 안 장령 중 분개하지 않는 이가 없었다. 그 고약스러움은 말할 길이 없다.

5월 21일(1593년)
…… 원 수사가 거짓 내용으로 공문을 돌려 대군을 동요시켰다. 군중에서조차 속임이 이러하니 고약스러움을 말할 길이 없다.

5월 30일(1593년)
…… 남해 기효근의 배를 내 배 곁에 대었는데 그 배 안에 어린 색시를 싣고선 남이 알까 봐 두려워한다. …… 그러나 그 대장인 원 수사부터 역시 그러하니 어찌하랴.

6월 10일(1593년)
…… 원 수사의 공문이 왔는데, 내일 새벽에 나아가 치자는 것이다. 그의 시기와 흉모는 형언할 길이 없다.

6월 11일(1593년)
…… 아침에 적을 토벌할 일로 공문을 만들어서 영남 수사 원균에게 보냈더니 술이 취하여 정신이 없다고 하면서 회답하지 않았다.

이순신의 일기에 나타난 원균의 이러한 행동은 왜군을 섬멸하려는 이순신의 마음을 크게 불안하게 하였으며 작전에 지대한 영향을 가져왔다.

3도 수군의 지휘권마저 해결되지 않던 차에 명나라의 지나친 간섭은 수군에까지 미쳐 5월 2일과 10일의 두 차례에 걸친 유서에 명장(明將)의

한산도 충무사 한산도에 있으며 공의 영정을 봉안하고 있다.

지시를 따르도록 하였으며, 다시 7월 1일의 유서에는 "이제 송경략의 분부를 듣건대, 부총병 유정을 재촉하여 날랜 군사들을 거느리고 급히 왜군을 무찌르도록 하였다 하니 그대는 전선을 정비하여 부총병의 지시를 받아 빨리 무찌르되 지체하거나 어긋남이 없도록 하라." 하는 등 일선 지휘관으로서는 사실상 누구의 지시를 받아야 할지 분별할 수 없을 정도였다.

심지어는 명나라 군사를 수군 진영에 파견하여 수군의 허실을 알아보는 등 수륙 합공이라는 미명 아래 조선 수군을 간섭하는 지경이었다. 명군의 이러한 지시와 간섭은 왜군을 하루빨리 섬멸한다는 근본 목적을 성취하는 데에 필요할 수도 있었으나, 명군은 왜군 섬멸에 적극적인 성의가 없었으며, 또 해상 실정을 알지 못하므로 오히려 작전상에 많은 지장을 초래하게 하여 이순신으로 하여금 적극적인 공격을 하지 못하게 하였다.

이러한 때 이순신은 명군과 왜군의 동향을 계속 주시하면서 기회만 있으면 전선과 무기를 새로이 만들고 군량을 준비하는 등 전쟁을 지속할 방도를 강구하고 나아가서는 하루빨리 육군의 지원이 있기를 기다리면서 그동안 서해 진출의 요충지인 한산도를 중심으로 철저한 저지선을 펴고 있었다. 당시 왜선을 눈앞에 두고도 공격하지 못한 이순신은 비통한 심경을 일기에 이렇게 써 두었다.

5월 16일(1593년)
…… 명장이 중도에서 늦추며 머뭇거리는 것이 무슨 교묘한 계책이 있는 것 같다는 말을 들으니 나라를 위해서 걱정이 많은 중에 일마다 이와 같아 더욱더 한심스러워 눈물을 지었다.

6월 3일(1593년)
…… 적들의 발악이 날로 더해 가는데 일은 모두 이렇게 되어가니 어찌 하랴. 어찌하랴.

7월 1일(1593년)
…… 나라를 근심하는 생각이 조금도 놓이지 않아 홀로 뱃전 밑에 앉았으니 온갖 회포가 일어난다.

1593년 5월 7일, 전라 좌수영을 출항한 이래 근 2개월 동안 걸망포, 견내량, 제포, 유자도 및 불을도 등 한산도 부근을 수색하면서 왜선의 서침을 저지한 이순신은 3도 수군의 제1선 기지로 한산도를 선정하고 이진(移陳)을 허락해 줄 것을 조정에 건의하였다.

조정의 허락을 받은 이순신은 7월 14일 한산도로 수군 기지를 옮겼다. 이러한 기지 설정은 부진한 육상 정세와 왜선의 동향을 정확하게 파악한 이순신의 전략적 이용이었으며 그가 조정에 올린 장계에서,

충무공 이순신

한산도의 여러 지명 한산도에는 임진왜란과 관련된 지명이 여러 곳에 남아 있다.

"신의 생각으로는 요로를 고수하여 편안히 있다가 피로한 적을 기다려 먼저 선봉을 깨뜨리면 비록 백만의 대적이라도 기운을 잃고 마음이 꺾여서 도망하기에 바쁠 것이며, 더구나 한산일해(閑山一海)는 작년에 대적이 섬멸당한 곳이므로 이곳에 주둔하고 적의 동태를 기다려 동심 협공(同心挾攻)하기로 결사 서약(決死誓約)하였습니다."

하여, 왜군 섬멸책에 관한 일련의 계획을 올렸다. 이분(이순신의 조카)은 한산도의 지리적 조건과 기지 설정의 구체적 목적에 대하여 이렇게 말하였다.

"7월 15일 공(이순신)은 본영이 전라도에 치우쳐 있어 해상을 막고 지휘하기가 어려우므로 마침내 진을 한산도로 옮기기를 청하였고 조정에서도 이를 허가하였다."

그리고 한산도로 옮긴 다음 날 7월 16일 현덕승에 보낸 이순신의 편지 중에는

"생각하면 호남은 나라의 울타리이므로 만일 호남이 없으면 그대로 나라가 없어지는 것입니다. 그리하여 어제 진을 한산도로 옮겼으며 해로를 가로막을 계획입니다."

하여 전략적 요충지로 이용하려는 의도를 밝혔다.

한산도를 수군 기지로 설정하였지만 '공세적 입장'을 취할 수는 없었다. 당시 왜군은 웅천 등지에 대·중·소선 200여 척과 그 옆의 제포 등지에 70여 척을 정박하고 있었으며, 거제도의 북단인 영등포와 장문포, 김해 일대에는 70~100여 척을 정박하였을 뿐만 아니라 성곽과 건물을 짓는 등 장기간 머무를 계책을 꾸미면서 기회를 노리고 있었다.

때문에 수군 단독 공격은 도저히 불가능하였으며, 수륙 합공을 단행한다 하더라도 고전을 면하지 못할 일이었으므로 이순신은 새로운 방안을 모색하였다. 그는 이렇게 장계를 올렸다.

"좌수영을 떠난 지 다섯 달이 되었으므로 군정(軍情)이 풀어지고 용기도 꺾였습니다. 또한 유행병이 크게 번져 진중의 군사들이 반이나 전염되어 사망자가 속출하고, 군량마저 모자라 굶게 되어 굶주림 끝에 병이 나면 반드시 사망하니 군사의 수는 날로 격감하고 있으며 다시금 보충할

충무공 이순신

사람도 없습니다. …… ”

　　이처럼 한산도를 수군 진영으로 선정한 전후의 실정은 참으로 암담
하였다. 이러한 곤궁을 어떻게 해결하면서 왜군을 격멸할지가 이순신의
고충이었다.

6장

위대한 개혁

01

통제사 임명

비록 이순신은 한산도를 전략적인 수군 기지로 설치하였지만, 그때까지도 3도 수군은 각각 독립된 지휘권을 갖고 있었고 이를 총괄하여 지휘하는 한 사람의 장수가 없는 체제여서 많은 고충을 겪어야만 했다.

1592년과 1593년에 걸쳐 벌인 10여 차례의 해상전에서 이순신이 거느린 함대가 중심 세력을 이루었고 그의 작전 계획에 의하여 승리하였으나, 사실상 각 도의 주장인 수사는 누가 누구를 지휘하고 명령할 권한이 없었다.

따라서 단일 지휘권이 없는 체제 아래서 일관된 작전을 수행하기란 근본적으로 불합리하였고, 이러한 체제 아래서 작전을 수행해야 했던 이순신에게는 눈물겨운 일이 한둘이 아니었으며 새로운 계획 아래 한산도로 옮긴 다음 날에는 스스로 괴로운 심경을 일기에 이렇게 적어 두었다.

"가을 기운이 바다에 들어오니 나그네 회포가 어지럽다. 홀로 뱃전 밑에 앉아 있으니 마음이 몹시 산란하다. 달빛은 뱃전에 비치고 정신도 맑아져서 잠을 이루지 못하는 사이에 어느덧 닭이 울었다."

실로 오늘날과 달리 상부로부터 작전에 관한 지시와 명령 그리고 특별한 지원 등을 기대할 수 없었고, 나아가서는 단일 지휘권이 없는 상태에서 증강되어 가는 왜군을 견제하며 부족한 군수 물자를 보충해야 하는 중대한 시기였다. 이러한 때에 이순신은 거의 매일 잠을 이루지 못하고 각 수사와 논의하여 힘이 미치는 데까지 철저한 대책을 강구하는 등 잠시도 우국 심경을 버리지 않았다.

그러나 한 가지 반가운 일은 해상전에 관심도 없고 지식도 없었던 조정에서도 전쟁이 장기화함에 따라 수군의 중요성과 아울러 수군만을 통합하는 지휘관 한 사람이 있어야 함을 알게 된 것이다. 그리하여 9월 2일에 충청, 전라, 경상도의 3도 수군을 총지휘하는 삼도수군통제사(三道水軍統制使)라는 직책을 신설하고 이순신을 '전라 좌수사 겸 삼도수군통제사'로 임명하였다.

조정에서의 발령은 9월 2일이었으나 이순신이 그 소식을 접수한 것은 10월 9일이었다. 그 교서(敎書)의 요지는 대략 다음과 같았다.

" …… 오직 그대는 일생고절(一生苦節)을 지켜 나라의 만리장성이 되었으니 남은 군사를 규합시켜 전라 및 경상도의 요로에서 강한 왜적을 요격하여 한산 및 당항포 해전의 기이한 공을 세우고, 힘써 일한 공로가 모든 영문(營門)에 뛰어나서 표창하고 승직함이 세 번 대첩에 거듭 빛났도다.

돌아보건대 군사상 가장 걱정스러운 것은 이른바 통솔할 사람이 없음인바 서로 각각 제 형편만 지킨다면 어찌 팔이 손가락 놀리듯 할 수 있

　　　　　　　　　　　　　　　충무공 이순신

으며 또 서로 관섭(管攝)[43]이 없으면 혹은 뒤늦게 오고 혹은 앞서 도망가는 폐를 면하지 못할 것이며 그러다가 마침 위급함을 만나면 조처할 방도가 없을 것이니, 하물며 이제 적의 형세가 쇠하지 아니하여 속이고 거짓함이 갈수록 더해감을 어찌하리오.

부산에서 창과 칼을 거두어 겉으로는 철병(撤兵)할 뜻을 보이는 척하면서 사실은 군량을 바다로 운반하여 마음속으로는 다시 일어날 꾀를 가진 듯한데, 거기 응하여 대책을 세우기란 지난번보다 더욱 어려운 일이 있을 것이므로 이에 그대를 기용하여 본직에다 전라, 충청, 경상 삼도수군통제사를 겸하게 하노니, 오호, 위엄이 사랑을 이겨야만 진실로 성공할 것이며, 공로는 제 뜻대로 해야만 이룩할 수 있을 것이로다. 수사 이하로 명령을 받들지 않는 자는 그대가 군법대로 시행할 것이며 부하 중에서 둔한 자는 그대가 충효로써 책려(策勵)[44]할지로다."

당시 선조는 이순신의 우국충정을 믿고, 또 의지한 것이다. 비로소 3도의 수군은 이순신 아래 통합하게 되었고 이순신은 한산도에서 모든 수군에 대해 소신대로 일할 수 있게 되었다. 한편 통제사 임명을 받은 이순신은 자신의 심중을 이렇게 써 올렸다.

"삼도통제사를 겸하라는 분부를 변변하지 않은 신에게 내리시니 놀랍고 황송하여 깊은 골에 떨어지는 듯하옵니다. 신과 같은 용렬한 사람으로는 도저히 감당하지 못할 것이 분명하므로 애타고 민망함이 이 때문에 더하옵니다."

---

43 자기가 맡고 있는 관직 이외에 다른 관직을 겸하여 관장하는 것.
44 채찍질을 하듯 격려함.

임금의 교서에는 '절대적인 권한', 즉 수사라도 명령을 좇지 않는 자는 누구든지 군법으로 조처하도록 하였으나 이순신은 엄격한 법으로 또는 권세의 발동으로 해결하려고 하지 않았다. 수사 이하는 누구든지 충의심을 발휘할 수 있도록 격려하였으며 혹 잘못한 일이 있어도 관대히 처리하여 스스로 깨우치게 하고, 심지어는 원균 같은 비협조적인 수사까지 포용하려고 온갖 심혈을 기울이곤 하였다.

02

—

운주당 설치

이순신이 초대 통제사로 임명된 후로는 그때까지 진통을 겪어오던 수군의 지휘권이 차차 확립되어 갔으나 해상 정세에는 이렇다 할 진전을 보지 못하였다. 왜군은 주로 웅천, 창원, 김해 등지의 요해지를 점유하여 포구 내에서만 우물거리며 장기적인 작전 준비에 임하고 있었으며, 육상에서도 명군과 왜군 사이의 화의교섭(和議交涉)으로 말미암아 이순신이 태산같이 믿고 갈망하던 육군의 지원이 있을 리 만무하였다. 그러나 통제사 이순신은 왜선의 해상 진출이 없다고 하여 조금도 경계하는 마음을 풀지 않았다. 그는 항시 척후선을 웅천 등지로 파견하여 왜선의 동태를 파악하고 새로운 계획을 수립하곤 하였다. 이에 관하여 《행록》에는,

"공은 진중에 있는 동안 여자를 가까이하지 않았으며 매일 밤 잘 때도 띠(帶)를 풀지 않았다. 그리고 겨우 한두 잠 자고 나서는 사람들을 불러들여 날이 샐 때까지 의논하고, 또 먹는 것이라고는 아침저녁 5~6합(合)뿐

제승당 운주당은 정유재란 때 불에 타 소실되었고, 1740년 107대 통제사 조경이 그 터에 제승당을 지었다.

이라 보는 사람들은 공이 먹지 않고 일에 분주한 것을 깊이 걱정하였다.

공의 정신은 보통 사람보다 갑절이나 강하여 이따금 손님과 함께 밤 중에 이르기까지 술을 마시고도 닭이 울면 반드시 촛불을 밝히고 혼자 일어나 앉아 문서를 보기도 하고 전술을 강론하기도 하였다."

특히 이순신은 한산도를 수군의 진영으로 설정하자 '운주당(運籌堂)' 을 설치하였다. 지금 말하는 일종의 참모부 또는 작전상황실 같은 곳으 로, 모든 군사는 직책의 고하를 막론하고 자기의 의견이나 통제사에게만 알려야 할 정보 등이 있으면 언제든지 개진할 수 있게 하여, 의견 중에 특 출한 것이 있으면 채택하여 작전이나 군사 운영에 반영하였다.

지금도 한산도에 제승당(制勝堂)이 있지만 운주당이나 제승당은 같 은 것으로 운주, 즉 모든 계획을 세웠다 하여 운주당이라고 불렀으며, 이 순신은 항시 이곳에서 기거하며 집무하였다. 그리고 이 운주당은 한산도 에만 설치하지 않고 그가 오랫동안 머무르는 곳에는 반드시 설치하였다. 뒷날 그가 백의종군 중에 다시 기용되어 수군 기지를 설치한 고하도와

충무공 이순신

고금도에도 운주당을 설치하여 집무하였다.

한편 육상전의 부진으로 장기전을 취할 수밖에 없었던 이순신은 휴전 상태 동안 군량 확보를 비롯하여 군사의 증원과 훈련, 총포와 전선의 건조 등에 단 한 사람의 노력과 일각을 헛되이 보내지 않고 병력 증강에 총력을 경주하였다. 이러한 이순신의 행적에 관하여 《행록》에는,

"공(이순신)은 진중에 있으면서 항상 군량 때문에 걱정하여, 백성을 모아 둔전(屯田)을 짓게 하고, 사람을 시켜 고기를 잡게 하며, 소금을 만들게 하고, 질그릇을 만들게 하는 등 안 하는 일이 없었고 그것을 모두 판매하여 몇 달 동안에 수만 석의 군량을 쌓았다."

하여, 전란 중 필요한 물자를 스스로 해결하려고 최대의 노력을 다하였다.

03

—

둔전 설치

이순신은 전라 좌수사라는 직위에 있을 때도 군무와 아울러 곤궁에 빠진 피난민의 생활을 그의 권한이 미치는 데까지 돌보아왔지만, 통제사라는 직책을 겸임한 이후로는 더욱더 민생 문제와 군량을 염려하여 더 새로운 대책을 강구하곤 하였다. 그는 1593년 윤11월 17일에 올린 장계에서,

"신의 생각에는 각 도의 피난민이 이미 머무를 곳을 잃었고, 또 생명을 이어갈 방도가 없어서 보기에도 참담한 형편입니다. 그러니 이들을 이 섬(돌산도)에 불러들여 살게 하면서 협력하여 농사를 지은 후 절반씩 나누어 가지게 한다면 공사 간에 모두 좋을 것 같습니다. 그리고 흥양 등지의 유방군은 도양장(道陽場)으로 들어가서 농사를 짓게 하고 그 외 남은 땅은 백성에게 나누어 주어 병작하게 하고 말(馬)들은 거금도로 옮겨 모으면 목장에도 손해가 없고 군량에도 도움이 될 것입니다."

충무공 이순신

하여 군사(軍事)와 민사(民事)를 크게 염려하여 여러 섬에 있는 목마장과 미개간지를 활용하는 둔전책(屯田策)을 조직적으로 추진하여 군량 확보와 아울러 피난민을 구휼하려는 것이었다. 이와 같은 이순신의 활동은 민생이 안정되어야만 반드시 군비가 넉넉해진다는 원칙 아래서 계속 이루어졌다.

이순신은 자신의 계획을 여러 곳에 공문으로 연락하니 모든 일을 신속하게 처리할 수 없었으며 또한 도원수와 순찰사에게도 지시받아야 할 일이 많았으나 서로 먼 곳에 있어 어긋나게 되는 일이 한둘이 아니었다. 이러한 불편을 오래전부터 느껴온 그는 또다시 새로운 방도를 세워 그 실정을 조정에 건의하였다.

"신의 어리석은 생각으로는 문관 한 사람을 …… 종사관(從事官)이라는 직책을 주어 여러 곳을 왕래하게 하여 연락도 하고, 또 소속 연해안을 순시하면서 모든 일을 감독 처리도 하고 사부와 격군을 계속 마련하도록 한다면 앞으로 닥쳐올 큰일들의 만분의 일이라도 처리할 수 있겠습니다. 그리고 이 섬에 있는 목장을 조사하여 농사를 지을 수 있는 곳을 가려내어야 하겠습니다."

이순신이 직접 순시하지 못하는 지역은 그의 뜻을 전달하고 또 제반 업무를 감독하고 처리할 수 있게 하여, 보다 쉽게, 보다 신속하게, 보다 효율적으로 귀중한 시간을 이용하려고 노력하였다.

04

창의적인 군비 강화

이순신은 전선, 병기 및 군량 등에서는 어느 정도의 발전을 이루었던가?

거북선의 건조를 위시하여 항시 창의적 두뇌를 발휘하였던 그는 전투장에서의 일시적인 승리만으로 만족하지 않았다. 그는 1592년과 1593년을 통하여 왜군의 신무기이며 주 병기인 '조총'에 대한 관심이 지대하였으며 어떻게 해서라도 그보다 위력이 강한 것을 만들려고 노력하였다. 그리하여 통제사 발령을 받기 직전 조정에 장계한 내용에 따르면,

"신이 여러 번 큰 전투를 겪어 왜군의 조총을 얻은 것이 많사온데 항상 눈앞에 두고 그 묘법을 실험한바 총신이 길어서 위력이 강하여 맞기만 하면 파손되는데, 우리의 승자(勝字)나 쌍혈총통(雙穴銃筒)은 총신이 짧아서 그 위력이 조총보다 못하고 그 소리도 크지 못하므로, 항시 새로운 총통을 만들고자 하였던바 신의 군관 정사준이 그 묘법을 알아내어 낙안 수군 이필종, 순천에 사는 종 안성, 김해 절의 종 동지, 거제 절의 종

언북 등을 데리고 정철(正鐵)을 두들겨 만들었습니다."

하여, 새로운 '정철총통(正鐵銃筒)'을 주조하였다. 다시금 그것을 실험하여 그 위력이 조총보다 강함을 실증한 후로는 즉시 관하의 각 진포에서 같은 모양으로 만들어 사용하게 하고, 그 견본과 주조법을 권율 등 육상의 지휘관들에 보내어 하루빨리 많이 만들어 왜군에 대비하게 조처하였다.

그런데 정철총통의 위력이 조총보다 강하다는 것을 실증하였지만 '철'을 많이 구해야 하는 난관에 부딪혔다. 당시 정철총통 이외에 새로이 만드는 수많은 전선에 탑재해야 할 지자·현자 총통 등도 만들고 있었으므로 이에 필요한 철을 구하려고 백방으로 노력하였다.

처음에는 중(僧)들을 모아 별도로 '화주(化主)'라 하여 권문(勸門)을 들고 다니면서 철을 얻기도 하고, 한편으로는 조정에 건의하여 백성의 기본 권리를 침해하는 강제적인 수집을 피하고 여러 곳에 산재되어 있는 총통을 빨리 수군으로 이송하도록 하여 그것으로 우선 각종 총통을 주조하였다. 그리고 총통의 주조와 함께 준비하여야 할 화약도 염초는 수군 자체에서 끓여내고 달리 구할 수 없는 석유황만은 조정에 요구하였다.

이순신은 군량과 총통 등을 준비하면서도 왜군이 반드시 언젠가는 재침할 것을 예측하고 이들 왜군에 대항할 수 있는 수많은 전선을 만들었다. 제반 전비가 충만되었다 하더라도 전선이 부족하면 필요한 군량과 군사들을 수송할 수 없으며 나아가서는 어느 한 가지도 성취할 수 없는 일이었다. 때문에 그는 통제사 임명을 받기 이전부터 전선을 건조하였으며 심지어는 전라 좌수영을 떠나서 출전 중이었던 6월 23일의 일기에,

"새 배에 쓸 밑판을 만들다."

하여, 여수를 출항한 후 왜선을 수색하면서도 일부에서는 전선을 만들곤 하였다.

당시의 전선은 오늘날과 달리 주로 목재로 만들었는데 쉬운 일은 아니었다. 이순신은 한산도에 수군 진영을 설치한 후로는 각 도 수사들과 약속하여 대대적으로 벌목 조선(伐木造船)을 단행하였으며, 통제사 임명을 받은 후로는 그해, 즉 1593년 말까지 최대한의 전선과 기타 전비를 강화하여 다음 해 1월 중에는 전 수군력을 집결하여 '부산으로 진격한다는 계획'을 세우고 각 수사들과 두 번 세 번 약속하였다.

그리하여 이순신은 총통과 군비의 준비와 함께 '전선을 두 배로 늘리는 것'을 목표로 대규모의 조선 공사를 실시하였으며 각 도의 수사들도 그의 뜻을 받들어 그해 윤11월 17일까지 아래와 같은 신조 전선의 증강을 보게 되었다.

1593년 말의 신조 전선

구분	판옥선	사후선(伺候船)[45]
전라 좌도(이순신)	60척	60척
전라 우도(이억기)	90척	90척
경상 우도(원균)	40척	40척
충청도(정걸, 구사직)	60척	60척
총계	250척	250척

판옥선과 사후선을 합하면 모두 500척이었고 사부와 격군의 수도 3만 5천여 명(충청도는 제외)이 필요하였다.

이와 같이 불과 1년 동안 2배 이상 대증강을 하게 된 것은 오로지 이순신

---

45 수영(水營)에 속하여 적의 형편이나 지형 따위를 살피는 데에 쓰던 전선(戰船).

충무공 이순신

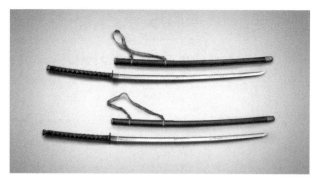

장검 한 쌍 1594년 한산도에서 태귀련과 이무생이 만들었다. 출처: 현충사

의 끊임없는 노력과 더불어 각 수사와 군사들의 숨은 노고와 협조가 있었기 때문이다. 이순신은 한산도에 있을 동안 종일 군의(軍衣)를 재단하기도 하였으며 태귀련과 이무생 등에게 환도(環刀)를 만들게 하여 충청 수사 등 여러 장령에게 선물로 나눠 주기도 하였다.

　그중에서 갑오년(1594) 4월에 만들어 그가 간직하고 있던 환도 한 쌍에는 칼자루 바로 위의 칼 면에 아래와 같은 검명(劍名)을 친필로 각각 새겨두었다.

　석 자 칼로 하늘에 맹세하니 산과 강물이 떤다.

　三尺誓天 山河動色

　한번 휘둘러 쓸어버리니 피가 산과 강을 물들이도다.

　一揮掃蕩 血染山河

　이 환도 한 쌍은 전투 시에 그가 실제로 사용하지는 않았고 항시 벽 머리에 걸어 두고 바라보며 정신을 가다듬었던 칼로 지금까지 보존되어 있다.

05

명령 계통의 일원화

전란 중에는 수많은 전선이 건조된다 하더라도 조정으로부터 일정한 인원과 군량, 기타 전쟁 물자에 이르기까지 지원은 기대할 수 없는 실정이었다. 때문에 이순신은 전선 건조와 더불어 군사 모집과 군량 등 여러 방면에서 이중 삼중의 곤경을 겪어야만 했으나 불평 없이 스스로 해결하려고 노력하였다.

더구나 당시의 병사 행정은 극도로 문란하였다. 연해안 일대에 몰려 있는 감사(監司)나 병사(兵使)들, 즉 육군 지휘관들이 임의로 통문(通文)[46]을 발하여 명나라 군사가 연습시킨다거나, 복병 파수하게 한다거나, 의병군으로 활용하게 한다 하면서 연해안의 군사들을 육전으로 징발하였다. 특히 연해안의 군사들은 명령의 혼란으로 정신을 차리지 못한 채 "해

---

46 조선 시대에 민간 단체나 개인이 같은 종류의 기관 또는 관계가 있는 인사 등에게 공동의 관심사를 통지하던 문서.

충무공 이순신

전은 어렵고 육전은 쉽다." 하여 육전으로 나가는 실정이었으나, 수군의 지휘관으로서는 이를 막을 수 없었다. 그뿐만 아니라 각 지방의 수군들은 관할 지역이 아니라는 것을 핑계로 따르지 않았고 군사상 중대한 일까지 내버려두기도 했다.

군량 면으로 보더라도 개전 이래 계속해서 연해안의 곡간에 저장된 군량을 실어내고 또 얼마간 저장된 것은 명나라 군사를 지원하느라 거의 탕진하였으며, 그 일대의 백성은 육상과 해상에서 징발하는 것을 감당하기 어려울 지경에 이르러 다른 지역으로 이사하는 사람이 속출하기도 하였다. 따라서 수군이 필요로 하는 군사와 군량은 쉽게 해결할 수 없었으며 근본적으로 명령 계통과 수군 및 육군의 관할 지역을 다시금 명확하게 하지 않는 한, 수군 활동은 기대할 수 없게 되었다.

이때 이순신은 그전에도 건의한 바 있지만, 왜군의 형세에 대한 해상 방어의 중요성 및 해전과 육전의 다른 점을 일일이 열거함과 아울러 연해안의 실정을 장계하여, 수군에 소속된 각 부, 현, 진, 포의 명령 계통을 일원화하고, 또 장계를 올려 3도 수군에 소속한 모든 장정과 군량, 병기 등은 전부 통제사의 명령을 따르도록 하고 육상의 어떠한 지휘관도 징발할 수 없도록 건의하여 전선 건조에 따른 군사의 보충과 군량을 동시에 준비하려는 올바른 태도를 보였다.

그러나 보행이 아니면 말을 타고 공문을 전달하는 당시의 사정으로는 단시일 내에 그의 뜻이 해결될 수 없었다. 수군의 중요성을 모르는 명군과 육군은 그들이 맡은 지역의 국부적인 방비를 위하여 계속 장정을 징발하였고, 심지어는 명나라 지휘관의 명령이라 하여 전라 좌·우수사에게도 각각 2천 명씩 배정하고 또 소속 포구에도 분배하는 등 직위와 권세로 비합법적인 명령을 계속 내렸다.

물론 전쟁의 승리를 위해서는 수륙군을 구별하지 않고 수군의 인적

도배(桃盃) 명나라 장수 진국경이 이순신에게 선물한 복숭아 모양의 술잔.

자원이 충족하면 육군으로, 또 육군이 충족하면 수군으로 돌려야겠지만, 수군 자체에 필요한 인원을 충족할 방도가 없는 상태에서 전라 좌·우도에서 4천 명을 징발하라고 하였으니, 천하의 이순신도 말문이 막혔을지 모른다.

이순신은 문제해결을 위해 계사년(1593) 윤11월 21일에 장계를 올려 웅천 등지의 왜군 실정과 더불어 수군에서는 징발할 수 없다는 사실을 분명히 하였다. 즉,

"수군의 사·격군을 남김없이 뽑아내도 4천이란 수가 차지 못할 것입니다. 대개 방어사나 병사들은 육전을 하는 대장으로서 항시 육상에 있으니까 각각 5천을 준비한다는 것이 이치에 당연하다 하겠으나, 수군으로 말하면 바닷길을 끊어 막고 있어 그 방비의 책임이 서로 다른데 바다를 떠나 육지로 올라오라는 것은 실로 좋은 계책이 아닙니다."

또한 조정에 대하여는 수군에 소속된 지역에는 육군을 배정하지 말

충무공 이순신

것이며 군량과 병기도 다른 곳으로 이동하지 말도록 각 도의 관찰사와 병마절도사들에게 명령할 것을 두 번째로 건의하여 보다 계획성 있는 수군 활동을 모색하였다.

한편 10월 9일에는

"그대는 통제사로서 3도의 군사를 양분하여 휴가를 보내되 옷과 양식을 준비해 주도록 하라."

라는 유서를 받았다. 그때 그는 동절기를 맞이하여 해상 활동을 할 수 없다고 판단하여 원균과 중위장 권준 등에게 한산도 부근을 방비하게 하고, 11월 1일에는 이억기에게 일단 전라 우수영으로 귀항하여 제반 전비를 정비한 후 다음 해 1월 15일까지 도착하도록 하였으며, 이순신 스스로도 전라좌도 연해안 일대의 전선 건조 현황과 군사, 병기 및 군량 등을 점검하기 위하여 12월 12일 한산도를 출발하여 여수 등지로 향하였다.

06

과거 시험장 설치

이순신은 자신의 곤경을 억제하면서 군비 강화에 전력을 기울이고, 군사들에게는 철저한 훈련을 실시하였다. 그는 10여 차례의 해상전을 통하여 훈련된 군사가 있어야 함을 절실히 느꼈으며, 이들 군사에게는 일정한 시험을 보여 승진할 기회를 주어야 한다는 것도 잘 알고 있었다. 그러나 당시 유일한 관문인 무과 과거시험은 통제사의 권한으로 행할 수 없었고 반드시 조정에서 공고하는 장소에서 응시하였다. 이때 광해군이 전주에서 과거를 개최하니 수군도 참여하라는 문서가 도달했다. 하지만 문서가 늦게 도착하여 제시간에 전주까지 가기가 어려워 과거에 응시하지 못했다. 이순신은 과거에 응시하지 못한 군사들을 위하여 12월 29일에 자신의 소신을 밝히는 장계를 올렸다.

"듣건대 12월 27일 전주에서 과거 시험장을 열라고 하였다 하오나, 해상에 있는 군사들은 물길이 멀고 기일 내 도착하기 어려울 뿐만 아니

충무공 이순신

라, 적과 대진해 있는 때에 뜻밖의 일이 있을지도 모르므로 정군 용사(精軍勇士)들을 일시에 보낼 수 없었습니다. 그러므로 수군에 소속된 군사들은 경상도의 예에 의하여 진중에서 시험을 보여 그들의 마음을 풀어주도록 하되 규정 중에 있는 '말 달리면서 활 쏘기' 시험은 먼바다에 떨어진 섬이라 말을 달릴 만한 땅이 없사오니 그 대신 편전을 쏘는 것으로 시험받으면 편리할 것 같사온바 조정의 선처를 바라옵니다." 하여, 육상과 다른 해상 사정을 고려함과 아울러 시험장을 한산도에 개설하도록 함으로써 획기적인 군 인사관리를 이루었다. 이러한 그의 건의는 임금과 중신들의 승인을 받아 1594년 4월 6일 한산도에서 과거시험장을 개설하게 되었다.

그는 시험 전일까지 도원수 권율과의 공문 왕래를 통해 참시관(參試官)과 시험관을 정하였으며 3일 동안의 시험을 치른 후 9일에는 100명의 합격자를 내어 군사들의 마음을 흐뭇하게 하였다.

군사의 사기를 항시 염려해 온 이순신은 잘하는 자에 상을 내리고 잘못하는 자에 벌을 주는 일을 잊지 않았다. 그는 고의로 여러 이유를 들어 핑계 삼아 방비를 소홀히 하는 자, 방비군의 결원을 낸 수령 등은 직위의 고하를 가리지 않고 냉정히 처벌하여 다른 장령에게 군율의 엄함을 보였다. 반면에 우수한 군사들을 표창할 때도 이미 표창을 받은 자 혹은 표창할 자를 엄정하게 평가하여 그야말로 공정하고 엄중한 신상필벌(信賞必罰)을 실행하였다. 그는 상벌의 공정성이 군사의 사기에 지대한 영향을 미친다는 것을 인지하고 1594년 3월에는 아래와 같이 장계를 올리기도 하였다.

"전라좌도에 소속된 여도 만호 김인영은 전쟁이 난 그때부터 분발하여 항시 앞장서서 적의 목을 벤 것도 역시 많았는데 단지 훈련부정(訓鍊副正)으로 승진하였을 뿐이니 다른 사람들의 예와는 다릅니다. 전후의 공로를 상고한 후에 발포 만호 황정목의 예에 따라 같은 논평으로 같은 표창을 내리셔서 다른 사람들을 격려하여 주시기를 청하나이다."

그뿐만 아니라 거의 해마다 봄여름에 발생하는 유행병으로 숨져가는 군사와 백성을 구제하기 위하여 백방으로 약품을 준비하는 등 그가 취할 수 있는 노력을 다하였다.

그러나 유행병만은 자신의 힘으로 어찌할 수 없으니 1594년 4월에는 유능한 의원을 특명으로 파견하여 생명을 구제해 주기를 청하는 장계를 올리기도 하였으며, 사망자들은 차사원을 보내어 그 유해를 장사 지내게 하고 글을 지어 제사를 지내주기도 하였다. 글을 지어 유행병에 죽은 자들을 제사 지내준 그날 새벽 이순신은 이상한 꿈을 꾸었다. 꿈속에 여러 사람이 나타나서 원통함을 호소하기로 이순신이,

"너희는 왜 그러느냐?"

라고 물으니 그들은,

"오늘 제사에 전사자와 병사자들은 모두 음식을 먹었지만 우리는 그 속에 같이 들지 못하였기 때문입니다."

라고 대답하였다. 너무나 이상한 일이기에 비록 꿈속에서나마 이순신이

"너희는 무슨 귀신이냐?"

하고 다시 묻자,

"물에 빠져 죽은 귀신입니다."

라고 대답하는 것이었다.

이순신은 즉시 일어나서 자기가 쓴 제문을 다시 보니 '물에 빠져 죽은 귀신에 대한 구절'이 없으므로 제문을 고쳐 제사 지내도록 하였다. 참으로 그의 꿈은 누구나 꿀 수 있는 꿈이 아니었다. 백성을 사랑하고 군사를 아끼는 숭고한 정신과 치밀한 성격이 있을 때 가능한 것이었다.

7장

구국의 심정

01

제2차 당항포 해전

이순신은 병력 증강에 전력을 다하는 한편 가장 중요한 정보 활동도 철저히 하였다. 그는 어느 때라도 왜선이 왕래하는 기회와 형세를 보아 격멸하려고 하였다. 통제사로서 계속 한산도에 머무르는 동안 각처의 망대에는 장령을 파견하여 적정을 정찰하게 하고, 수로의 요충지에는 복병장을 배치하였다.

지난날 이순신의 위력에 눌려 바깥 바다로 나오지 못했던 왜선들이 한 해 겨울이 지난 갑오년(1594) 2월부터는 조금씩 움직이기 시작하여 진해, 고성 등지를 마음대로 출입하면서 민가를 불사르고 살인하는 등 온갖 행패를 자행하고 있었다. 경상 감사 한효순의 보고로 이들 왜선의 동향을 알게 된 조정에서는 2월 1일 이순신에게,

"그대는 3도 수군을 지휘하여 적을 무찌르라."

라는 유서를 전달하여 왜선에 대한 공격을 명령하는가 하면, 다시 2월 8일에는 도원수 권율로부터 "명나라의 심유경이 벌써 왜군과 화친을 정하였다." 하는 회답을 받게 되는 등 공격을 해야 할지 아니면 화친으로 인하여 공격을 중단해야 할지를 통제사 이순신으로서는 갈피를 잡을 수 없었다.

그러나 이순신은 침착한 태도로 이미 배치한 망장과 복병장을 통하여 들어오는 보고를 신중히 검토하였다. 그중 2월 7일에는 춘원포(春原浦)에 50여 척 출현, 또 8일에는 소소포(召所浦)에 50여 척 출현 등으로 나타났으나, 이것만으로 만족하지 않고 계속 출현하는 해역의 정세를 상세히 조사하도록 하였다. 계속 정확한 적정을 수집하던 중 20일 이후부터는 구화역(仇化驛)에서 혹은 춘원포, 소소포 등지에 6척 내지 16척씩 출현한다는 보고를 받으니, 왜선이 비록 주력은 아니지만 떼를 지어 움직이고 있음을 확인하였다.

이에 이순신은 원균과 이억기 등에게 출전을 지시하는 한편, 순변사 이빈에게도 그전 약속대로 많은 군사를 거느리고 육지로 올라간 왜군을 모조리 무찔러 달라는 내용의 공문을 발송하였다. 말하자면 수륙으로 협공하는 것이다.

더구나 침착하게 출전 준비를 하던 그는 3월 3일 오후 2시경 벽방(碧方) 망장 제한국으로부터

"날이 밝자 왜 대선 10척, 중선 14척, 소선 7척이 영등포에서 나와 21척은 당항포로 향하고, 7척은 오리량(五里梁)으로 향하였으며, 나머지 3척은 제도로 향하였습니다."

라는 급보를 받았다.

충무공 이순신

이때 그는 3도의 모든 수군을 한산도 앞 바다에 집결하게 하여 어둠을 타고 몰래 출전을 단행하였다. 왜군에게 함대 행동을 비밀히 함으로써 그들이 도망하기 전에 전멸하려는 것이다.

모든 전선을 거느린 그는 견내량을 통과하여 그날 밤 10시경 지도(紙島)에 이르러 일단 휴식하면서 새로운 계획을 강구하고 다음 날 새벽 2시경 다시 출항하였는데, 이때 세운 계획은 다음과 같다.

⑴ 전선 20여 척을 예비대로서 견내량에 머물러 두어 불의의 사태에 대비하게 한다.

⑵ 3도의 경쾌선 중 31명(전라좌도 10명, 우도 11명, 경상우도 10명)을 선발한 후 조방장 어영담을 인솔장으로 삼아 당항포, 오리량 등지의 왜선이 있는 곳으로 비밀히 파견한다.

⑶ 이순신은 원균, 이억기와 함께 함대를 거느리고 영등포와 장문포의 적진(敵陣) 앞 증도(甑島) 해상에 이르러 학익진을 형성하여 바다를 가로 끊어서 앞으로는 함대의 위세를 보이고 뒤로는 적의 도주로를 막는다.

이순신은 해상의 중요한 수로를 장악하여 함대의 시위를 행하며 공격하려는 것이었으며 모든 전선은 그의 예정 계획에 따라 각각 포진하였다.

이순신 함대의 치밀한 포진을 알았는지 몰랐는지는 명확하지 않지만, 조선 수군이 접근할 때 왜선 10척이 진해 선창(鎭海 船倉)에서 기슭을 따라 출항하고 있었다. 이를 발견한 어영담이 거느린 경쾌선은 일시에 좌우로부터 협공을 가하여 6척은 읍전포(邑前浦)에서, 2척은 어선포(於善浦)에서, 나머지 2척은 자구미포(紫仇味浦)에서 불태워 버렸으나 왜군은 배를 버리고 산으로 도망하여 사살하지 못하였다.

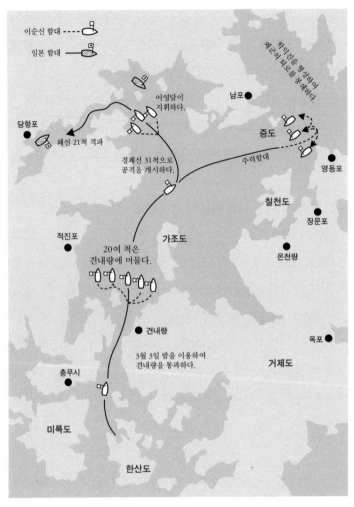

제2차 당항포 해전도

그 당시 당항포에 머무르던 왜선 21척은 그들의 모든 전선이 불타고
있는 연기를 바라보고는 모두 상륙하여 육전으로 대항하려는 태도를 보
였다. 왜군의 동정을 관찰한 이순신은 수륙으로 합공하기 위하여 또다시
순변사에게 많은 군사의 공격을 독촉하는 공문을 내고, 우선 어영담이
공격하게 하였다. 그러나 어영담이 당항포에 이르렀을 때는 마침 썰물이

232

되어 바닷물이 빠졌고 또 날이 어두워져 공격할 수 없는 상황이었다. 이에 이순신은 왜선들이 도망하지 못하도록 당항포 포구를 가로막고 밤을 지냈다.

다음 5일에는 어영담이 거느린 경쾌선이 포구 내로 돌진하였으나 왜군은 밤을 이용하여 모두 도망치고 빈 배만이 남아 있어 빈 배 21척을 불태워 버렸다. 이리하여 이 당항포 해전은 포성을 울리지 않은 채 끝났으나 이순신은 모든 전선을 집결하게 하여 포성을 울리고 동·서로 진형을 바꾸면서 대대적인 공격을 전개할 것 같은 기세를 보였다. 이에 영등포, 장문포, 제포, 웅천, 안골포, 가덕 및 천성 등지의 왜군이 겁을 내어 복병하던 막사를 그들의 손으로 불태우고 굴속으로 들어가고 말았다.

6일에는 아자랑포(阿自郎浦)를 출항하여 흉도(胸島)에 이르러 새로운 대책을 강구하였다. 즉,

(1) 나주 등지에서 만드는 전선과 각 고을의 징모병이 도착하지 않았으므로 제반 사정이 미비하다.

(2) 충청도 수군이 아직 도착하지 않아서 군세가 다소 약하다.

(3) 다시 형세를 보아 진격하기로 한다.

라는 세 가지 요건을 고려한 이순신은 대대적인 공격을 일단 보류하고 7일 한산도로 귀항하였다.

이번 출전은 별다른 전투를 하지 않고도 수군이 합력하여 31척을 불태운 전과를 올렸으나 빈 배 31척을 모두 나포하여 다시 이용할 계획을 세우지 못하고 불태워 버린 것은 이순신의 커다란 실책이라 할 수 있을 것이다.

그리고 경상 우수사 원균은 이 같은 전공을 모두 경상도 수군만의 것

으로 보고하였기 때문에 진중의 여러 장령은 불평이 많았다. 이를 알게
된 이순신은 다시금 상세하게 각 도별로 전공 장령들의 명단과 불태워
버린 척 수를 장계하여 그러한 불평을 무마하였으며, 왜선 중에서 꺼내
온 의복과 양식 등은 군사들에게 각각 나누어 주었다.

02

금토패문

당항포 해전을 끝마쳤을 때 전날부터 시작된 이순신의 병세가 더욱 심해져 그를 몹시 괴롭혔다. 이때 왜군과 화의교섭을 목적으로 웅천에 머무르고 있는 명나라 선유도사(宣諭都司) 담종인이 남해 현령 기효근을 통해 "왜군을 공격하지 말라."라는 내용의 '금토패문(禁討牌文)'을 보냈다.

이순신은 눕기조차 불편한 몸으로 우수사와 함께 명나라 군사를 불러들여 그 까닭을 물었더니 이렇게 답하였다.

"작년 11월 도사 담종인 등이 웅천에 도착하여 지금까지 머무르면서 화의를 허락하는 명령이 오기를 기다리고 있습니다. 그런데 근일에는 왜군이 귀국(貴國) 수군의 위세를 겁내어 도사 대인 앞에 온갖 애걸을 다하여 이 패문을 만들어 보내게 된 것입니다."

이순신은 교활한 왜군이 온갖 간사한 꾀를 내어 그곳에 있는 명나라 군사와 함께 그들이 이 패문을 만들어 도사 담종인의 이름으로 부쳐 보내게 한 것이 분명하다고 단정하였으나 그 담도사가 언제 웅천에 이르렀는지는 전혀 모르고 있었다.

그는 명나라 군사가 갖고 온 패문을 받지 않는다는 것은 온당하지 않다고 생각하고 펼쳐 보았는데 그중에 이런 말이 쓰여 있었다.

"왜군의 장수들이 마음을 돌려 귀화하지 않는 자가 없고 모두 무기를 집어넣고 군사들을 휴식시키며 그들 본국으로 돌아가려고 하니 너희 모든 병선도 각각 제 고장으로 돌아가고 왜의 진영에 가까이 하여 트집을 일으키지 말도록 하라."

이 패문은 참으로 허무맹랑하여 이를 읽던 이순신은 너무도 분하여 견딜 수 없었다. 그는 "…… 제 고장으로 돌아가고 ……"라는 구절에 이르러 더욱더 분함을 참지 못하였다. 바로 패문에 대한 답서를 쓰려고 하였으나 몸이 몹시 불편하여 움직일 수 없었는데 3월 7일 일기에는

"우선 아랫사람에게 답서를 기초하도록 하였으나 글의 내용이 마음에 들지 않았다. 또 경상 우수사 원균이 손의갑을 시켜서 지어 온 것도 마땅하지 않았다. 내가 병중에 억지로 일어나 앉아 글을 짓고 정사립에게 대서하게 하여 즉시 담도사에게 보내기로 하였다."

하였으며, 이어 12일에는 그 패문을 동봉하여 조정에 장계를 올렸다. 그가 스스로 지은 금토패문에 대한 답서는 이러하였다.

금토패문에 답하는 글월

조선 신하 삼도수군통제사 이순신은 삼가 명나라 선유도사 대인 앞에 답서를 올리나이다. 왜적이 스스로 혼란을 일으켜 군사를 이끌고 바다를 건너와 죄 없는 우리 백성을 죽이고 또 서울을 침공하여 흉악한 짓을 저지른 것이 말할 수 없으니, 온 나라의 신하와 백성의 통분함이 뼛속에 맺혀 이들 왜적과 같은 하늘 아래서 살지 않기로 맹세하고 있습니다.

하여 왜군의 간악한 행위를 말하고 뒤이어 3도 수군의 작전 계획을 설명한 다음에,

도사 대인의 타이르는 패문이 뜻밖에 진중에 이르러, 받들어 두 번 세 번 읽어보니 순순히 타이르신 말씀이 간절하고 정성스럽기 그지 없습니다. 그런데 패문의 말씀 중에 "왜장에 트집을 일으키지 말라." 하였는데 왜인들이 거제, 웅천, 김해, 동래 등지에 진을 치고 있는바 그곳이 모두 다 우리 땅이거늘 우리더러 왜군의 진영에 가까이 가지 말라 하심은 무슨 말씀이며, 또 우리에게 속히 "제 고장으로 돌아가라." 하니 제 고장이란 또한 어느 곳에 있는지 알 길이 없고 또 트집을 일으킨 자는 우리가 아니요 왜적들입니다. 또한, 왜인들이란 간사스럽기 짝이 없어 예로부터 신의를 지켰다

는 말을 들은 적이 없습니다. 흉악하고 교활한 적토들이 아직도 그 포악스런 행동을 그치지 아니하고 바닷가에 진을 정비한 채 해가 지나도 물러가지 아니하고 여러 곳을 쳐들어와 살인하고 약탈하기를 전일보다 곱절이나 더하오니, 병기를 거두어 바다를 건너 돌아가려는 뜻이 과연 어디 있다 하오리까. 이제 강화한다는 것은 실로 속임과 거짓밖에 아니옵니다. 그러나 대인의 뜻을 감히 어기기 어려워 잠깐 동안 두고 보려 하오며 또 그대로 우리 임금께 아뢰려 하오니 대인은 이 뜻을 널리 살피시어 놈들에게 역천(逆天)과 순천(順天)의 도리가 무엇임을 알게 하시오면 천만 다행이겠습니다. 삼가 죽음을 무릅쓰고 답서를 드립니다.

이순신의 말은 '자주국민(自主國民)으로서의 떳떳한 태도'를 그대로 표현한 명문 중의 명문이며, 읽는 사람의 가슴을 뜨겁게 한다. 그뿐 아니라 이 글은 대국의 위세를 빙자하여 조선의 백성을 깔보며 무자비한 언행을 마음대로 하던 명나라 군사에게 반성의 기회를 준 것이다.

그리고 이순신은 병세가 더욱더 위중해졌지만 하루도 눕지 않고 집무하였는데 그의 아들과 조카들이 차마 눈 뜨고는 볼 수 없어 휴양하기를 청하였으나 오히려 그는 화를 내어,

"이제 적을 상대해 승패 결단이 숨 가쁜 사이에 놓여 있다. 대장으로서 죽지 않았으니 누울 수 있을 것이냐!"

라고 훈계하고 병과 싸워가면서 집무하였다.

충무공 이순신

03

장문포 해전

이순신은 당항포 해전을 치르고 귀항하는 도중에 '금토패문'을 받았지만 그것 때문에 자신의 작전 계획을 변경하지 않았다. 그는 계속해서 왜군의 정세를 정찰하면서 해상에 나타나기만 하면 격멸하려고 했으나, 당항포에서 대패한 왜군은 일체 꼬리를 감추었기에 이순신도 조그마한 공을 탐하여 대군을 동원하지 않고 사태의 변동만 주시할 뿐이었다.

그러나 당항포 해전 후 4개월이 지난 7~8월경부터는 왜군의 움직임이 이전보다 조직적으로 나타나기 시작하여 장문포 일대를 중심으로 포구마다 집을 짓는 등 장기간 머무를 준비를 하였으며, 이를 안 이순신은 수륙 협공책에 의한 출전 태세를 갖추기에 이르렀다.

8월 초순부터 이순신은 도원수 권율과 수차례에 걸친 공문을 통해 출전을 위한 여러 대책을 상의하고 또 직접 만나는 등 분주한 나날을 보내던 중 9월 22일에는 권율로부터,

"27일 군사를 일으킨다."

라는 내용의 연락을 받았다. 그는 24일에 전투를 효율적으로 지휘하기 위해 전투 시 각 도 지휘관들의 표식을 위한 호의(號衣)를 지급하였다. 즉 전라좌도는 노란색 옷 9벌, 전라우도는 붉은색 옷 10벌, 경상도는 검은색 옷 4벌이었다.

뒤이어 26일에는 유명한 육군장 곽재우와 김덕령 등이 권율의 지시에 따라 견내량에 이르렀기에 이순신도 27일 한산도를 출발하여 적도 앞바다에 이르러 이들 육군장을 각 전선에 승선하게 하였다. 말하자면 이제 그가 원하던 수륙 협공작전을 실천에 옮기려는 순간이었다.

이어 28일에는 흉도 앞 바다에 이르러 일단 휴식하고, 29일 일제히 장문포 앞 바다로 돌입하였다. 그때 왜군은 험준한 곳에 웅거하여 누각을 높이 짓고 양쪽 봉우리에는 벽루(壁壘)를 쌓으면서 조금도 항전하려고 하지 않았다.

이순신은 칠천량을 기점으로 하여 장문포 등지의 왜군을 격멸하려고 여러 날 동안 세부적으로 정찰하고 직접 전선을 공격하기도 하였으나, 왜군은 역시 응전할 기색을 보이지 않았으므로 10월 4일에는 보다 본격적인 수륙 협공전을 계획하였는데 계사년(1593)에 있었던 웅포 해전 시의 전술과 거의 같았다. 즉,

(1) 곽재우, 김덕령 등에게 초군 수백 명을 주어 산에 오르게 한다.
(2) 선봉선은 장문포에 파견하여 들락날락하면서 싸움을 걸게 한다.
(3) 이순신은 뒤이어 중군을 거느리고 수륙이 서로 호응하게 한다.

이 계획에 따라 공격을 개시하였으나 곽재우, 김덕령 등의 육군은 왜

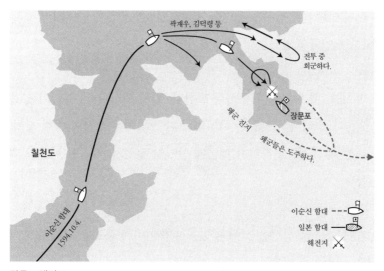

장문포 해전도

군이 겁을 내어 동서로 분주하면서 칼을 휘두르는 것을 보고는 계속 공격하지 않고 배로 내려오고 말았다. 이리하여 별다른 성과를 얻지 못한 이순신은 육군의 무능을 통탄하면서 칠천량으로 회군하였다. 6일에는 다시금 선봉선으로 하여금 장문포를 공격하게 하였는데 왜군은,

"일본은 지금 명나라와 화친을 의논하는 중이니 서로 싸울 수 없다."

라는 패를 꽂아 둔 채 도주하고 없었다.

이에 이순신은 군사들을 무조건 왜군의 소굴에 상륙하게 하는 것은 위험하고, 또 곽재우, 김덕령 등이 거느린 육군도 사실상 대병력이 아니라는 점을 감안하여, 7일에는 일단 수륙군을 해체하고 8일 한산도에 이르렀다.

원래 이순신은 육군의 지원을 얻어 거제도 북방을 봉쇄한 후 고립된 왜군을 격멸하려는 계획이었다. 그러나 육군의 무능으로 왜군의 해상 출현을 봉쇄하는 것으로 이 장문포 해전은 막을 내렸다.

한편 이순신이 장문포 해전을 계획하던 8월 30일에 아내의 병세가 위독하다는 연락을 받았는데 그의 일기에는,

"아내의 병이 극히 위독하다고 한다. 벌써 생사 간의 결말이 났을지도 모른다. 그러나 나랏일이 이러하니 다른 일에는 생각이 미칠 길이 없다. 다만 세 아들, 딸 하나가 어떻게 살아갈 것인가, 가슴이 아프고 괴롭구나."

하여, 스스로 심정을 적어 놓았을 따름이며 장문포를 공격하기 직전인 9월 28일의 일기에는,

"새벽에 불을 밝히고 홀로 앉아 적을 치는 일로 길흉을 점쳐 보았다. 첫 점은 '활이 살을 얻은 것과 같다(如弓得箭)'는 것이었고, 다시 쳐보니 '산이 움직이지 않는 것과 같다(如山不動)'는 것이었다."

이처럼 점을 쳐보는 일은 그의 심정이 불안할 때면 종종 있었다. 이해 7월 13일의 일기에도,

"비가 오는데 홀로 앉아 면[47]의 병세가 어떤가를 생각하고 글자를 짚어 점을 쳐보니 '군왕을 만나는 것과 같다(如見君王)'는 괘가 나왔다. 아주 좋았다. 다시 짚으니 '밤에 등불을 얻은 것과 같다(如夜得燈)'는 괘가 나왔으니 두 괘가 다 좋았다. 조금 마음이 놓였다. …… "

---

47 이순신의 셋째 아들.

하였다. 이러한 점은 오늘날 미신이라고 할지 모르지만, 그 당시는 미신이 아니라 출전하는 장수들이 종종 자신의 계획을 시험해 보곤 하였다.

04

공인(公人)의 자세

이순신이 통제사로 집무하는 동안 그에 대한 원균의 시기와 음모는 나날이 깊어갔다. 원균은 항상 자기가 선배라는 생각만으로 이순신을 따르지 않았다. 심지어 자기와 친한 사람을 만나기만 하면 울면서 동정을 구하기도 하였고, 나아가서는 위급하고 중요한 전투 구역에서도 이순신의 말을 지키지 않았다. 이럴 때마다 군법에 따라 능히 처벌할 수 있는 이순신은 주위의 잡음을 일소하면서 이해와 설득으로 다스리려고 노력하고, 원균에 대한 비방을 전혀 하지 않았다. 그는 자신뿐만 아니라 그의 자제들에게도 경계하여 원균에 대하여는,

"누가 만일 묻거든 다만 용서해 주어야지 하고 대답하라."

하였다. 이러한 말은 이순신에 대한 원균의 비방이 너무나 크게 번져 그의 자제들이 분함을 참지 못하는 정도에 이르렀기에 함구령을 내린

충무공 이순신

것이다. 또한 그의 자제들이 그가 어떤 이에게 형벌을 내리는 것을 보고, "그자의 죄는 용서하지 못할 것입니다."라고 말한 일이 있었는데, 이순신은 천천히 이렇게 말하기도 하였다.

"형벌은 규율대로 할 일이지 누구의 말에 따라 오르내리는 게 아니며, 또 자제 된 도리로는 남을 살려주는 길로 말해야지 무거운 형벌을 주라고 말하는 것은 옳지 못한 일이다."

실로 그는 넓은 도량으로 공직을 수행하려 하였고, 또 감정에 치우친 일은 일절 삼가는 무인이었다. 그런데 모든 일을 이해와 설득으로 다스리려고 하는 이순신은 높은 직위만을 탐하는 원균의 행동을 단시일에 해결할 수 없었으며, 그로 인해 군내의 분위기는 뒤숭숭하였다. 때문에 이러한 실정을 곰곰이 생각해 본 이순신은

'왜군을 눈앞에 두고 있는 이때 반드시 큰일을 그르칠까 두렵다.'

하여, 앞으로의 국란을 염려한 나머지 새로운 결심을 하였다.

그는 갑오년(1594) 말 조정에 자기의 직책을 교체해 주기를 요청하는 장계를 올렸다. 바로 그의 나이 50세 때의 일이며, 나라와 겨레를 위해서 통제사라는 높은 직위마저 사임하려는 것이었다. 조정에서도 다음 해 2월, 이순신과 원균에 대한 문제를 여러 차례에 걸쳐 신중히 논의하기에 이르렀다. 그 결과 통제사의 직책을 쉽게 교체할 수 없다 하여, 마침내 원균을 을미년(1595) 2월에 충청도 병사(兵使)로 전출시켰으며, 그는 다음 해에 다시금 전라도 병사로 전직되기도 하였다.

실로 이순신은 관직 생활을 시작할 때부터 간직한 태도, 즉 직책의 고

하를 가리지 않고 어떠한 직위에도 만족하고 오직 나라와 겨레의 영원한 앞날을 위하여 헌신하며 봉사하려는 정신은 전사할 그 순간까지 조금도 변함이 없었다.

원균의 후임으로는 배설이 임명되었다. 그는 수사로 임명될 때까지 자기 자랑을 스스로 말하기 좋아하는 교만한 사람으로서 일찍이 남에게 전혀 협조하지 않았다. 그러나 이러한 배설이 어느 날 한산도에 이르러 이순신이 처사하는 것을 직접 보고는 여러 사람에게,

"이 섬에 와서 영웅을 만날 줄은 꿈에도 몰랐다."

라고 탄복하였다. 교만하던 배설도 이순신 앞에서는 스스로 머리를 수그리고 만 것이다.

한편 을미년(1595) 8월에 우의정 이원익이 도체찰사가 되어 호남과 영남 등지를 순시하던 중 수군으로부터 수많은 호소문을 접수하여 이를 진주까지 갖고 와서 이순신을 불러 그것을 처리하게 한 일이 있었다.

그때 진주에 이른 이순신은 바른손에 붓을 쥐고 왼손으로 종이를 끌어당기며 쉽게 판결을 내렸다. 이를 본 이원익 일행은 그 판결이 모두 사리에 합당하였으므로 놀라고 말았으며 뒤이어 이원익은 이순신에게,

"우리도 이렇게 판결을 못 하는데 그대는 어찌 그리 능란하오?"

하였다. 그러나 이순신의 대답은 간단하였다.

"이것이 모두 수군에 관계되는 일이라 늘 보고 듣고 하여온 일이기 때문입니다."

그 후 8월 25일에는 이원익 일행이 이순신과 함께 한산도에 이르러 진의 형세를 두루 시찰한 후 9월 2일에 떠나려고 하였는데 이순신은 이원익에게,

"군사들 생각에는 반드시 대감이 잔치도 열고 시상도 할 것으로 알 터인데 이제 그런 행사마저 없다면 실망할까 염려스럽소이다."

라고 말하였으며, 이어 두 사람의 대화는,

"매우 좋은 일이오. 그러나 내가 아무런 준비가 없으니 어찌하랴."
"내가 대감을 위해서 미리 준비하여 두었으니 허락만 하면 대감의 분부라 하고 잔치를 열겠소이다."

하였다. 이에 이원익은 크게 기뻐하였으며 마침내 성대한 잔치를 베푸니 모든 군사가 즐거워하였다. 이러한 잔치는 군사를 사랑하고 위로하며 또 사기를 앙양하려는 이순신의 염원에서 우러난 것이었으며 뒷날 이원익은 이순신에 관하여,

"이 통제사는 참으로 큰 인물이더라."

라고 칭찬하였다.

05
우국의 심정

원균의 전출로 그때까지 뒤숭숭하던 한산도 군중의 분위기는 일단 진정된 듯하였으나 그것만으로 온전히 안정되지는 않았다. 그 당시는 전란으로 농민이 이농하여 전국에 기근이 발생하고 초근목피(草根木皮)를 예사롭게 먹는 일까지 일어나는 처참한 상태였고, 조정에서는 전란의 한고비를 넘겼다 하여 다시 당론을 일으켜 점점 어지러운 세태를 자아내고 있었다.

이러한 때, 서울과 가까운 충청 병사로 부임한 원균은 당시 서인을 이용하여 이순신에 대한 끈덕진 모해 공작을 전개하였는데, 이런 원균의 움직임은 이순신에게도 종종 들리곤 하였다.

그뿐만 아니라 국내의 기근과 당론을 이용하여 전란 초기부터 있었던 토적(土賊)들이 전국 도처에서 굶주린 백성을 규합하여 소란을 일으키고 있었으며, 그중에서도 병신년(1596) 7월 홍산(鴻山)에서 일어난 이몽학의 반란은 수천의 백성을 규합하기까지 하였다.

충무공 이순신

조정에서는 이몽학의 반란을 평정하기는 하였으나, 전란 초기에 구국 일념으로 의병을 일으켜 용전분투한 호남의 의병장 김덕령과 최담령 등을 이몽학의 반란에 내통하였다 하여 사형하는 등 백성의 심금을 울렸다. 이러한 조정의 처사는 오직 국가를 위하여 헌신하고 있는 이순신과 그 밖의 용장에게도 심리적인 커다란 충격을 가하였다.

비록 전쟁은 휴전 상태에 놓였지만 스스로 피눈물을 흘리면서 전비를 강화하던 이순신은 육상에서 들려오는 백성의 처참한 소리와 그의 가족에 대한 불행한 소식 등에 걷잡을 수 없이 우울하고 불안하고 또 분통한 심경에 놓이곤 하였다.

그리하여 그는 그럴 때마다 개인보다 나라를 위해서 누구에게도 말할 수 없는 자신의 괴로운 심경을 일기나 시가(詩歌)를 통해서 발산하였다. 그도 인간이었기에 달이 유난히 밝을 때 또는 새벽달이 창가에 비칠 때면 그때까지 참고 견디어오던 자신의 솔직하고 거짓 없는 심경을 이렇게 토로하였다.

한산도의 밤 閑山島夜吟

한 바다에 가을빛 저물었는데
찬바람에 놀란 기러기 높이 떴구나.
가슴에 근심 가득 잠 못 드는 밤
새벽 달빛이 창문 너머로 칼과 활을 비추네. (이은상 역)
水國秋光暮 驚寒雁陣高 憂心輾轉夜 殘月照弓刀

이 시는 그가 언제 지었는지는 확실히 알 수 없으나 을미년(1595) 10월 20일의 일기에,

"오늘 밤 바람이 몹시 싸늘하고 차가운 달빛이 낮과 같아 잠을 이루지 못하고 엎치락뒤치락 밤을 새웠다. 백 가지 근심이 가슴을 설렐 뿐이다."

라고 적혀 있을 따름이다. 그리고, 이 시는 '동서고금의 많은 영웅시 중에서도 가장 훌륭한 작품의 하나인 동시에 그가 나라를 근심하던 안타까운 심정을 가장 잘 표현한 작품'이다.

한산도의 노래 閑山島歌

한산섬 달 밝은 밤에
수루에 홀로 앉아
큰 칼 옆에 차고
깊은 시름하는 차에
어디서 일성호가는
나의 애를 끊나니.
閑山島 月明夜 上戍樓 撫大刀 深愁時 何處一聲羌笛 更添愁

이 노래는 그의 기백과 기상을 그대로 표현한 것이며, 이외에도 그가 한산도에서 읊은 노래는 20여 수가 있었으나 수차의 난리를 겪는 동안 없어지고 이것만이 전해진다. 이 노래 역시 그가 언제 어느 곳에서 읊었는지 명확하지 않으나 갑오년(1594) 6월 11일의 일기에,

"이야기할 때 피리 소리가 처량하게 들려왔다."

라는 내용과 을미년(1595) 8월 15일의 일기에,

충무공 이순신

"희미한 달빛이 다락에 비치었는데 잠을 이루지 못하고 시를 읊어 긴 밤을 새웠다."

라는 심정이 적혀 있을 따름이다.

무제육운 無題六韻

비바람 부슬부슬 흩뿌리는 밤
생각만 아물아물 잠 못 이루고
쓸개가 찢기는 듯 아픈 이 가슴
살을 에는 양 쓰린 이 마음.

蕭蕭風雨夜 耿耿不寐時 懷痛如摧膽 傷心似割肌

강산은 참혹한 꼴 그냥 그대로
물고기 날새들도 슬피 우노나.
나라는 허둥지둥 어지럽건만
바로잡아 세울 이 아무도 없네.

山河猶帶慘 漁鳥亦吟悲 國有蒼黃勢 人無任轉危

제갈량 중원 회복 어찌했던고
승승장구한 곽자의 사모하네.
여러 해 방어책을 준비했으나
이제와 돌아보매 성군을 속였네. (이은상 역)

恢復思諸葛 長驅慕子儀 經年防備策 今作聖君欺

이 시는 그의 우국 심경을 토로한 것이다. 제갈량과 당나라를 구출한 곽자의를 사모한다는 것은 스스로의 애타는 심혈을 쏟은 것이다.

이 시를 지은 날짜도 알 수 없으나 다만 갑오년(1594) 친필 일기 초고의 잡기사 속에 적어 놓았으며, 이와 비슷한 기사가 갑오년 9월 3일의 일기에 "초저녁에 촛불을 밝혀 두고 혼자 앉아 스스로 생각하니 나라는 어지럽건만 안으로 건질 길이 없다. 이 일을 어찌하면 좋겠는가."라는 기사와 을미년(1595) 7월 1일의 일기에 "……홀로 다락에 앉아 국세가 아침 이슬 같음을 생각하니 안에는 대책을 결정할 만한 기둥 같은 인재가 없고, 밖으로도 나라를 바로잡을 만한 주춧돌 같은 인물이 없음을 생각하여 보니 사직이 장차 어찌 될지 몰라 마음이 뒤숭숭하다."라는 기사가 보일 따름이다.

그러나 이 시는 우국하던 진실, 소박한 정열이야말로 무문농묵(舞文弄墨)[48]이나 하는 웬만한 문필가 따위로는 잘난 체하고 거드럭거림도 할 수 없는 것이었다.

선거이 수사를 떠나 보내면서 贈別宣水使居怡

북쪽에 갔을 때도 같이 일하고
남쪽에 와 사생결단 같이하였소.
오늘 밤 이 달 아래 잔을 들고는
내일이면 우리 서로 나뉘겠구려. (이은상 역)

北去同勤苦 南來共死生 一杯今夜月 明日別離情

---

48 시문(詩文)을 짓거나 서화(書畵)를 그리는 것을 문묵(文墨)이라 한다. 무문농묵은 문묵을 마음대로 다룬다는 뜻.

충무공 이순신

이 시는 을미년(1595) 9월 14일의 일기에 적혀 있다. 선거이는 이순신이 녹둔도의 둔전관을 겸할 때 오랑캐족의 침입을 함께 격퇴하였다. 그때 이순신은 병사 이일의 시기로 하옥되었는데, 그 병사의 군관으로서 눈물을 지으며 그를 위로했었다. 반면 위 시를 지었을 때는 충청 수사로 한산도에서 둔전을 경영하는 등 이순신의 일을 협력하고 있었다. 그러다 그해 9월에 전직되어 다른 곳으로 가게 되었기에 이순신은 9월 14일 밤에 몇몇 장령과 함께 송별연을 하면서 이 시를 읊은 것이다.

실로 그의 시, 그의 일기, 그의 노래는 모두 나라의 앞날을 근심하는 정곡(情曲)이었다. 위의 시나 노래는 정조 19년(1795년)에 편찬된 《이충무공전서》에 채록되어 있다. 그 뒤 1934년 청주에서 간행된 《이충무공전서》에는 더 많은 그의 시를 채록하고 있는데 이를 옮겨보면 다음과 같다.

진중에서 읊음 陣中吟 1

님의 수레 서쪽으로 멀리 가시고
왕자들 북쪽에서 위태한 몸.
天步西門遠 君儲北地危

나라를 근심하는 외로운 신하
장수들은 공로를 세울 때로다.
孤臣憂國日 壯士樹勳時

바다에 맹세함에 용이 느끼고
산에 맹세함에 초목이 아네.
誓海魚龍動 盟山草木知

이 원수 모조리 무찌른다면
비록 죽을지라도 사양하지 않으리.

讐夷如盡滅 雖死不爲辭

진중에서 읊음 陣中吟 2

이백 년 누려온 우리나라가
하룻밤 사이에 위급해질 줄 어찌 알았겠는가.

二百年宗社 寧期一夕危

배에 올라 돛대 치며 맹세하던 날
칼 뽑아 천산 위에 우뚝 섰었네.

登舟擊楫日 拔劍倚天時

놈들의 운명이 어찌 오래랴
적군의 정세도 짐작하거니.

虜命豈能久 軍情亦可知

슬프다 시 구절을 읊어보는 것
글을 즐겨 하는 것은 아닌 거라네.

慨然吟短句 非是喜文辭

충무공 이순신

진중에서 읊음 陣中吟 3

바다에 가을바람 서늘한 밤
하염없이 홀로 앉아 생각하노니.

水國秋風夜 愁然獨坐危

언제쯤 이 나라 편안하리오.
지금은 큰 난리를 겪고 있다네.

太平復何日 大亂屬玆時

공적은 사람마다 낮춰보련만
이름은 부질없이 세상이 아네.

業是天人貶 名猶四海知

변방의 근심을 평정한 뒤엔
도연명 귀거래사 나도 읊으리.

邊優如可定 應賦去來辭

무제 無題 1

병서도 못 읽고서 반생을 지났기로
위태한 때 연마는 충성 바칠 길이 없네.

不讀龍韜過半生 時危無路展葵誠

지난날엔 큰 갓 쓰고 글 읽기 글씨 쓰기.

오늘은 큰 칼 들고 싸움터로 달리노라.

峩冠曾此治鉛槧 大劍如今事戰爭

마음엔 저녁 연기 눈물이 어리우고

진중엔 새벽 호각 마음이 상하누나.

墟落晚烟人下淚 轅門曉角客傷情

개선가 부르는 날 산으로 가기 바빠

어찌타 연연산(燕然山)에 이름을 새기오리.

凱歌他日還山急 肯向燕然勒姓名

무제 無題 2

북쪽 소식 아득히 들을 길 없어

외로운 신하 시절을 한탄하네.

北來消息杳無因 白髮孤臣恨不辰

소매 속엔 적을 꺾을 병법 있건만

가슴 속엔 백성 구할 방책이 없네.

袖裡有韜摧勁敵 胸中無策濟生民

천지는 캄캄한데 서리 엉키고

산과 바다 비린 피가 티끌 적시네.

乾坤黯黲霜凝甲 關海腥膻血洦塵

충무공 이순신

말을 풀어 화양으로 돌려보낸 뒤

복건 쓴 처사 되어 살아가리다.

待得華陽歸馬後 幅巾還作枕溪人

죽은 군졸들을 제사하는 글 祭死亡軍卒文

윗사람을 따르고 상관을 섬겨

그대들은 직책을 다하였건만,

부하를 위로하고 사랑하는 일

나는 그런 덕이 모자랐도다.

그대 혼들을 한자리에 부르노니

여기에 차린 제물 받으오시라. (이은상 역)

親上事長 爾盡其職 投疆 我乏其德 招魂同榻 設奠共享

이 제문은 이순신이 을미년(1595)에 전사한 군졸들을 제사 지낸 글로
서 전편은 잃어버리고 다만 위 구절만 남아 부하를 사랑하는 그의 정성
을 드러낸 것이다.

참으로 이순신은 세계 사상 그 누구와도 비교할 수 없는 명장이면서
당시 세계에서 뛰어난 문인이며 시인이기도 하였다.

06

장군의 효성

계사년(1593) 12월 12일에 관하 수군 진영을 순찰하기 위하여 여수로 향한 이순신은 순천, 흥양, 보성, 광양, 낙안 등지의 전선 건조 현황을 순시한 후, 우선 건조가 완성된 전선 중에서 19척만을 거느리고 다음 해 1월 17일 한산도로 귀항하였다.

순시 중에는 사부와 격군을 모집하느라고 온갖 고충을 다하기도 하였으며, 1월 11일에는 어머님을 만나러 여천에 있는 고음천(古音川)으로 간 일이 있었다. 남보다 인자하고 엄격한 그의 어머니는 임진왜란이 발발한 임진년(1592) 초에 아들 이순신의 정에 못 이겨 이곳으로 내려와서 피난살이를 하고 있었으며, 이때 79세의 노령으로 겨우 명맥을 유지하고 있었다.

그러나 중대한 책임을 지닌 통제사로서 가정 일은 생각하지 않으려고 스스로 노력했으며, 가정에 대한 여러 가지 그리움이 치솟을 때는 일기에서 자신의 심정을 위로하고 달랬다.

충무공 이순신

십경도 〈이충무공 효행도〉 출처: 현충사

그의 어머니 역시 출전한 아들의 뒷모습을 상상하면서 한 번만이라도 더 보고 싶은 심정을 간직하곤 하였으나 위급한 나라의 앞날을 위해서는 스스로 외로움을 참고 견디어야 한다는 것을 명심하고 있었다.

때문에 1월 11일 아들을 만났을 때 어머니는 조금도 외롭고 쓸쓸한 표정을 나타내지 않았다. 다음 날 이순신이 하직을 고할 때 그의 어머니는 슬픈 표정을 보이지 않고 이렇게 말하였다.

"잘 가거라, 나라에 치욕을 크게 씻어라."

이때, 이순신도 몸이 몹시 불편하였으나 그러한 표정을 전혀 보이지 않고 어머님의 장수를 빌었으며 언젠가는 수연(壽宴)[49]을 베푸리라 생각하였다.

한산도에 있던 그가 어머님을 만나기 위하여 체찰사 이원익에게 써 올린 글월, 즉 휴가 신청서는 뒷사람의 가슴을 찌르는 명문이다.

"살피건대 세상일이란 부득이한 경우도 있고 정에는 더할 수 없이 간절한 대목도 있습니다. 이러한 정으로써 이러한 경우를 만나면 차라리 나라 위한 의리에는 죄가 되면서도 할 수 없이 어버이를 위해서는 사정으로 끌리기도 하는 듯합니다. …… 저는 원래 용렬한 사람으로 무거운 소임을 욕되게 맡아 일에는 허술히 해서는 안 될 책임이 있고 몸은 자유로이 움직일 수 없어 부질없이 어버이 그리운 정곡만 더할 뿐입니다.

자식 걱정하시는 그 마음을 위로해 드리지 못하는바 아침에 나가 미처 돌아오지만 않아도 어버이는 문밖에 서서 바라본다 하거늘 하물며 못 뵈온 지 3년째나 되옵니다. 얼마 전 하인 편에 글월을 대신 띄워 보내셨는데 '늙은 몸의 병이 나날이 더해가니 앞날인들 얼마 되랴, 죽기 전에 네 얼굴 다시 한번 보고 싶다' 하였습니다. 남이 들어도 눈물이 날 말씀이거늘 하물며 그 어머니의 자식이야 어떠하겠습니까. 그 기별을 듣고서는 가슴이 더욱 산란할 뿐 다른 일엔 마음이 잡히지 않습니다.

제가 지난날 건원보 권관으로 있을 적에 선친이 돌아가시어 천리를 분상(奔喪)한 일이 있었는바 살아 계실 때 약 한 첩 못 달여드리고 영결(永訣)[50]조차 하지 못하여 언제나 그것이 평생 한이 되었습니다. 이제 또 어

<hr>

49 장수를 축하하는 생일 잔치를 의미한다. 보통 환갑 잔치를 뜻하나 미수, 칠순, 팔순 등에서도 모두 사용할 수 있다.
50 죽은 사람과 산 사람이 영원히 헤어짐.

머니께서 일흔을 넘으시어 해가 서산에 닿은 듯하여 이러다가 만일 또 하루아침에 다시는 모실 길 없는 슬픔을 만나는 날이 오면 이는 제가 또 한 번 불효한 자식이 될 뿐만 아니라 어머니께서도 지하에서 눈을 감지 못하실 것입니다.

그러므로 이 겨울에 자친(慈親)[51]을 가 뵈옵지 못하고 봄이 되어 방비하기에 바쁘게 된다면 도저히 진을 떠나기가 어려울 것이옵니다. 이 애틋한 정곡을 살피시어 며칠간의 휴가를 주시면 한번 가게 됨으로써 늙으신 어머님 마음이 적이 위로될 수 있을 것입니다. 그리고 그 사이에 혹시 무슨 변고가 생긴다면 어찌 휴가 중이라 하여 감히 중대한 일을 그르치게 하겠습니까.”

실로 이 글은 어머니를 모시지 못하는 아들의 지극한 심정을 솔직하게 표현한 것이었으며 이러한 그의 심정은 병신년(1596) 10월 7일에 수연을 베풀어 어머니를 즐겁게 하고 그도 일시적이나마 그때까지 가슴에 사무쳤던 애타는 심정을 풀기도 하였다.

---

51 남에게 자기 어머니를 높여서 이르는 말.

8장

백의종군의 고행

01

왜군의 재침 계략

한산도의 운주당에서 전비 강화에 여념이 없던 이순신은 국내의 정황을 통탄하면서도 군사들에게는 엄숙하고 화기(和氣) 있는 통솔로써 조금도 긴장을 풀지 않았다.

그는 육상에서의 화의교섭으로 휴전 상태에 들어갔지만 그것은 전쟁을 일시 중단하기 위한 명나라와 일본의 계책이며 왜군은 반드시 대대적으로 재침공할 것임을 믿고 있었다. 그의 예상대로 그동안 끌어오던 화의교섭은 심유경 일행과 고니시 유키나가 등이 일본으로 건너가서 도요토미 히데요시를 만나자마자 사실상 결렬되고 말았다.

원래 도요토미는 '조선 8도 중 4도'를 나누어 받고 명나라 황녀(皇女)를 일본 국왕의 후비(後妃)로 할 것 등 7개 조목을 화의 조건으로 제시하였으나, 심유경 등은 이러한 7개 항목의 조건을 명나라에 그대로 알릴 수 없었으므로 명나라에 이르러서는 원문(原文)과는 달리, 도요토미는 "조공을 바치고 왕으로 책봉되기를 원한다."고 보고하여 화의가 성립되지 않은 것이다.

그때 명나라에서는 심유경의 보고를 받자 여러 차례의 회의를 거쳐 병신년(1596) 6월에 "도요토미 히데요시를 일본 국왕으로 봉한다."는 고명(誥命)52을 정사 양방형과 부사 심유경에게 주어 일본으로 떠나게 하였고, 조선 측에서는 그해 8월에 사신 황신이 뒤따라 일본을 향하였다. 그해 윤8월 일본에서 도요토미와 양방형 등이 회담을 열었으나, 도요토미는 그가 원하지도 또 뜻하지도 않았던 고명을 보게 되었으므로 즉석에서 회담은 결렬되고 말았다.

따라서 황신은 우선 사람을 보내어 화의 결렬을 조정에 통고하고 그해 12월에 귀국하여 '일본이 재침을 꾀하고 있음'을 보고하였다. 그 당시 무능한 조정에서는 사태의 위급함을 명나라에 보고하면서 또다시 원군을 요청하는 한편, 제반 전쟁 물자를 산성으로 옮기는 등 재침을 눈앞에 두고 방비를 서둘렀다.

한편 화의교섭이 진행되는 동안 전비를 강화하던 일본은 화의가 결렬된 다음 해, 즉 정유년(1597) 1월에 도요토미의 명령에 따라 가토, 고니시 등이 임진년(1592)의 경험을 되살려 선봉군 1만 4천 명을 거느리고 재침입의 태세를 취하였다. 그런데 이들 왜군은 지난날의 경험과 교훈에서,

'통제사 이순신이 바다를 제패하고 있는 동안은 침공 목적을 달성할 수 없다.'

라는 사실을 잘 알고 있었다. 때문에 이들은 먼저 조선 수군을 격멸해야 한다는 전략 방안을 세웠으나, 정면 대결은 불리할 뿐만 아니라 반드시

---

52 중국의 황제가 제후나 5품 이상의 벼슬아치에게 주던 임명장.

충무공 이순신

참패한다는 것을 자각하고 새로이 간사한 계책을 마련하였다.

즉, 이들 왜장 중에서 고니시와 가토 등은 이미 조선에서 장시간 작전을 수행하는 동안 조정의 당쟁 및 이순신과 원균의 관계 등을 알고 있었으므로 이를 이용하여 이순신을 제거하든가 아니면 이순신 함대를 그들의 대군이 있는 곳으로 유인하여 복병한 군사로써 기습하려는 계획이었다. 먼저 도착한 고니시는 그의 부하 요시라를 경상 좌병사 김응서의 진중으로 보내어 밀서를 전달하였다.

"이번 화의의 결렬은 가토의 탓이므로 고니시는 가토를 미워하여 죽이려 한다. 가토는 모일(某日)에 일본으로부터 다시 군사를 거느리고 올 것이니, 조선에서는 통제사에게 해상에서 요격하게 하면 조선의 원수도 갚고 고니시의 마음도 쾌하리다."

이 밀서는 분명히 고니시 등이 꾸민 간계였음에도 김응서는 이 사실을 중요한 첩보라도 입수한 것으로 믿고 도원수 권율에게 보고하였으며, 권율은 최고 지휘관으로서 이렇다 할 평가를 내리지도 않고 바로 조정에 보고하였다. 그런데 요시라는 사실상 이중간첩의 역할을 한 적이 있었으며, 또 조정에서는 전란을 겪는 동안 고니시와 가토는 공명심(功名心)이 크고 종교적 대립으로 그 사이가 좋지 못하다는 것을 어느 정도 알고 있었으므로 심각하게 그 밀서를 분석 평가하지 않았다. 그리하여 조정에서는 요시라의 밀서를 그대로 믿고 '이순신을 출동하게 한다'는 결정을 내려 이 명령을 권율로 하여금 이순신에게 전달하게 하였다. 권율은 1월 21일 한산도에 이르러 이순신에게,

"가토가 쉬이 다시 온다고 하니 수군은 꼭 요시라의 말대로 하라. 그

래서 기회를 잃지 말도록 하라."

하였다. 그때 이순신은 분명 왜군의 간계임을 알면서도 권율의 앞에서는 일단 나라의 명령을 받아들이지 않을 수 없었으나, 매사에 치밀한 그에게는 즉각적으로 출전할 수 없는 다음의 이유가 있었다.

(1) 적이 세운 '토적계(討賊計)'는 원칙적으로 간계인 것으로 일대 모험이다.
(2) 부산 해상으로 나갔다가 적의 계교에 빠져 기습당할 우려가 있다.
(3) 대군을 동원하면 복병을 할 수 없고, 또 소군을 동원하여 복병을 많이 두면 만일의 경우가 위험하다.
(4) 부산 앞바다는 병선을 숨기고 쉴 만한 곳이 없다.

하여, 우선 척후선을 멀리 파견하여 철저한 정찰을 하면서 대군을 출전시키지는 않았지만 스스로 가덕도 등지까지 수색 작전을 전개하였다.

이후 제1차의 간계에서 실패한 고니시 등은 다시금 요시라를 김응서에게 보내어 가토가 이미 도착하였다는 사실과 "이순신이 천재일우(千載一遇)의 기회를 놓쳤으니 원망스럽다."라는 말로 이순신을 제거하려고 하였다.

그런데 이순신의 예견대로 이즈음 왜군들이 건너온 것은 사실이었지만 가토 등이 장문포와 서생포 등지에 도착한 날은 권율이 이순신을 만난 1월 21일보다 1주일이나 빠른 15일을 전후한 시기였다.

02

어전 회의

한편 이보다 앞서 이순신을 제거하려는 원균의 활동은 급진전하여 조정에서 회의가 있을 때마다 서인 김응남 일당은 선조에게 이순신에 대한 비방만을 늘어놓았으며, 선조도 차차 이순신에 대해 좋지 못한 감정을 갖기에 이르렀다. 바로 그러한 때 가토가 군사를 거느리고 상륙하였다는 소식과 요시라의 간계는 당시의 조정 내에서 이순신을 제거하려는 서인 일당의 좋은 재료가 되고 말았다.

　이리하여 황신의 연락으로 뒤숭숭해진 조정에서는 아무런 방책이 없는 회의만 되풀이하였으며, 이 회의에서 서인 김응남과 이산해 등은 보다 적극적으로 이순신을 모함하기 시작하였다. 즉, 황신의 서장이 도착한 다음 날인 1일 28일에 열린 회의에서는 이러한 말들이 오고 갔다.

선조　한산도 장수(이순신)는 편안히 드러누워 무엇을 하고 있는지 모르겠군.

윤두수 순신은 왜적을 겁내는 것은 아니고 실상 나아가 싸우기를 꺼리는 것입니다.

이산해 순신은 정운과 원균이 없기 때문에 머뭇거리게 된 것입니다.

김응남 정운이 싸움에 나서지 않는 순신을 죽이려고 하자 순신이 겁을 내어 어쩔 수 없어 억지로 싸웠사온데, 해전에서 승리한 것은 정운이 격려했기 때문이라고 정언신이 늘 정운의 위인 됨을 말하고 있습니다.

선조 이제 순신에게 어찌 가토의 머리를 잘라 오도록 기대할 수 있겠는가? 다만 배를 거느리고 위세를 부리면서 기슭으로만 돌아다니며 종시 성의를 내지 않으니 정말 개탄할 일이다.

(한참 동안 탄식하시다가) 나라는 그만이야. 어쩌면 좋겠는가. 어쩌면 좋겠는가.

말하자면 이날의 회의는 "요시라의 말대로 이순신이 가토를 잡지 않았다는 것과 정운과 원균이 없었으므로 출전하지 않았다."라는 허무맹랑한 말로 이순신을 중상모략하여 그에 대한 선조의 인식을 나쁘게 조작하는 모임이었다.

그런데 서인 일당은 여기서 만족하지 않았다. 그들은 나라의 앞날은 고사하고 다시금 27일 회의에서 이순신을 추천한 동인 류성룡마저 이순신에게 불리한 발언을 하도록 하였으며, 류성룡의 태도 여하에 따라서는 류성룡마저 제거하려고 하였다. 때문에 류성룡은 유구무언(有口無言)이었으니, 이순신을 위한 옳은 발언을 할 사람은 아무도 없었다. 즉, 이날의 회의에서는 이러한 말들이 오고 갔다.

선조 전라도 등지는 전혀 방비가 없고, 또 수군으로 한 명도 오는 자

충무공 이순신

가 없다니 어찌 된 일인고?

류성룡 그곳에는 호령이 잘 행해지지 않기 때문에 군사들이 곧 나서 지 못하는 것입니다.

윤두수 이순신은 조정의 명령을 받들지 아니하고 싸움을 꺼려, 물러나 서 한산도만 지키고 있었으니 이번 큰 계획이 시행되지 못한 것에 대하여 신하로서 어느 누가 통탄하지 아니하오리까.

정탁 순신은 과연 죄가 있사옵니다.

선조 이제는 설사 가토의 머리를 손에 들고 온다 해도 결코 그 죄를 용서하지 못할 것이야.

류성룡 순신은 같은 동리 사람이라 신이 젊어서부터 잘 알았사온데 능히 자기 직책을 다할 사람으로 보았으며, 또 평소 희망이 반 드시 대장이 되려는 것이었사옵니다.

선조 글자는 아나?

류성룡 강직해서 남에게 굴복할 위인이 아니옵기로 신이 천거는 했습 니다만 임진년 공로로 정헌(正憲)까지 올린 것은 너무 지나친 일입니다.

선조 이순신은 용서할 수 없어.

김응남 수군으로는 원균만 한 이가 없사오니 그대로 버려서는 안 될 것이옵니다.

류성룡 원균은 나라를 위한 정성도 적지 않사옵니다.

선조 수군의 선봉으로 삼아야겠어.

김응남 지당하옵니다.

정탁 참으로 죄가 있기는 하옵니다만 이런 위급한 때에 대장을 바 꿀 수는 없사옵니다.

선조 순신은 도저히 티끌만큼도 용서할 수 없어. 무신으로 조정을 업신여기는 버릇을 징계하여 다스리지 않으면 안 돼.

해야 할 일은 속히 하는 것이 옳다. 원균도 오늘 정사에 할 수

있지?

이정형 원균이 통제사가 되면 일이 잘못될까 두렵습니다. 갑자기 할

것이 못 되오니 자세히 살피어 하옵소서.

선조를 비롯한 조정의 최종적인 결정은 원균을 통제사로 기용하는

것으로 귀착되고 말았으며 다음 날 선조는,

"원균을 경상우도 수군절도사 겸 경상도통제사로 임명한다."

라는 유서를 내렸다. 뒤이어 2월 4일에는 사헌부에서 이순신을 하옥하여

정죄하여야 한다고 주청(奏請)[53]하기에 이르렀으나 선조는 사태가 위급

함을 고려하여 "천천히 처리하리라." 하였다.

그리고, 2일이 지난 2월 6일 선조는 이순신을 잡아올 때의 주의 사항,

즉

"선전관의 표신[54]과 밀부(密付)[55]를 주어 잡아오게 하라. 또 원균과 교

대한 후에 잡아오도록 하라. 또 전쟁 중이면 싸움이 끝나고 쉬는 틈을 보

아 잡아오도록 하라."

라는 명령을 내리고, 다음 7일에 통제사를 바꿀 뜻을 밝혔다.

---

53 임금에게 아뢰어 청하던 일.
54 궁중의 급변을 전할 때나 궐문을 드나들 때 표로 지녔던 신분증.
55 조선 시대 난이 일어나면 즉시 군사를 동원할 수 있도록 만든 병부.

충무공 이순신

그 당시 이순신은 서울에서의 회의 결과도 아랑곳 없이 왜선을 수색 토멸하기 위하여 한산도를 떠나 가덕 방면으로 출전하였으나 '잡아올리라는 명령이 내렸음을 듣고' 곧 한산도로 귀항하였다. 벌써 이때는 원균이 통제사로 발령되고 이순신은 무보직 상태와 같았다. 그러나 이순신은 아무 말 없이 진중의 모든 전쟁 물자를 원균에게 인계하였다. 특히 인계 품목 중 중요한 것은 《행록》에 적힌,

군량미: 9,914석(밖에 있는 것은 제외)

화약: 4,000근

총통: 300자루(각 배 안에 실린 것은 제외)

등이었고, 그 외의 다른 장비도 하나하나 헤아려 인계하였다.

어느 한 가지를 막론하고 그의 손과 정성으로 이루지 않은 것이 없었다. 군사들과 함께 피눈물 나는 곤경을 겪어가면서도 있는 힘을 다하여 전비를 강화하려 하였고, 또 구국의 일념 이외에는 아무런 생각을 갖지 않았던 그가 이제 '죄 없는 죄인'이 되었다. 자신의 피땀으로 얼룩진 총자루를 들고 인계할 그때 그의 심경은 바로 이순신이 아니면 느낄 수 없으리라.

확실히 이순신은 파란곡절(波瀾曲折)을 수없이 겪은 인간이었다. 때문에 그도 그 순간 가슴의 피가 뭉쳤을 것이며, 어느 순간은 화도 났을 것이고, 어느 순간은 자신도 모르게 눈물을 흘렸을지도 모른다.

정말 그는 억울하게 잡혀갔다.

당시 도체찰사로 영남 등지를 순시하면서 이순신의 처사를 보고 감탄하였던 이원익은 이 소식을 접하자마자 장계를 올려,

십경도 〈억울한 죄수의 몸〉 공이 함거에 실려 가는 모습이 보인다.
출처: 현충사

"왜적들이 제일 무서워하는 것은 우리 수군이요, 또 이 아무는 바꿔서 안 될 사람이며, 원균을 보내서도 안 될 일입니다."

하였으나, 아무런 반응이 없으므로 스스로 탄식하면서,

"이제는 국사(國事)도 다시 어찌할 길이 없게 되었다."

라고 말하기까지 하였다.

그러나 이순신은 자기 자신의 일에 대하여 그 누구의 동정을 바라지 않았다. 그는 관직 생활을 시작할 때부터,

'명령은 개인의 감정이나 자신에게 불리하다 해도 모두 나라에서 내려지는 것!'

이라고 믿었으며, 그러기에 터지려는 가슴을 움켜쥔 채 5년 동안 정들인 한산도를 뒤에 두고 정유년(1597) 2월 26일 서울로 향하였다.

그때 그가 잡혀간다는 소식을 들은 백성은 서로 다투어 길목으로 모여들었다. 남녀노소를 막론하고 죄 없고 악의 없는 순진한 백성이었다. 이들은 서로 이순신을 에워싸며 마치 큰 불행을 스스로 당하는 것같이 울부짖으며,

"대감, 어디로 가시옵니까?"
"이제 우리는 다 죽었습니다!"

라고 외치면서 어쩔 줄을 몰라 하였다. 필자도 이 대목에 이르러서는 붓을 놓고 한참 동안 망설였으며, 눈물 없이 다음 글을 이어갈 수 없었다. 아마 그때의 이순신은 그가 아끼고 사랑했던 '백성들의 숨김없는 울부짖음'을 자신의 눈으로 똑똑히 보았을 때, 비로소 뜨거운 눈물과 뜨거운 손으로 위무해 주었을 것이다.

　한편 온 백성이 슬퍼했던 반면 즐거워 날뛰는 자도 없지는 않았다. 이들은 바로 조선과 대륙을 재침하려는 도요토미와 그의 부하 고니시 등이며, 또 원균을 비롯한 조정의 서인 일당이었다.

03
―
정탁의 신구차

사랑하는 군사와 백성들의 통곡하는 소리를 뒤로 남긴 채 함거(檻車)에 실린 이순신은 3월 4일 서울에 도착하였으며, 그날 저녁 감옥으로 들어 갔다. 그때 어떤 사람이 이순신을 찾아와 위로하면서,

"상감께서 극도로 진노하시고 또 조정의 여론도 엄중하여 사태가 어찌 될지 알 수 없으니 이 일을 어찌하면 좋겠소?"

라고 걱정한 일이 있었다.

이 말을 들은 이순신은 조금도 슬픈 표정이나 이상한 생각을 하지 않았으며 다만 조용한 목소리로

"죽고 사는 것은 천명이다. 죽게 되면 죽는 것이다."

라고 말할 뿐이었다. 그런데 선조도 여러 차례의 중신 회의를 통하여 이순신에 대한 중형을 결심하였으나, 좀 더 자세한 내용을 알고자 어사 남이신을 한산도에 파견하여 이순신이 출전하지 않은 사실을 조사, 보고하도록 하였다. 그러나 중요한 임무를 지닌 남이신은 전라도 등지에 이르렀을 때 이순신의 원통함을 풀어달라고 애원하는 관민이 많았는데도 이순신을 모함하여,

"가서 듣사온바 가토라는 놈이 건너오다가 섬에 걸려서 7일 동안이나 꼼짝 못 했는데도, 이순신이 나아가 잡지를 않았다고 하옵니다."

하였다.

이로 말미암아 그때까지도 이순신의 공적을 보아 그의 죄과를 조금이라도 참작하려고 했던 선조는 크게 노하여 오히려 중신보다 먼저 극형에 처하리라 결심하기에 이르렀다. 그러나 이와 때를 같이하여 경림군 김명원이 임금에게 경전 강독을 하던 중에,

"왜적들이 뱃길에 익숙한데 7일 동안 섬에 걸렸더라는 말은 빈말인 듯합니다."

라고 말하니 선조도

"내 생각에도 그렇기는 하다."

하였다. 그뿐만 아니라 뒤에 원균이 패하고 이순신이 통제사가 되어 대승리를 하였을 때, 남이신을 만난 어떤 친구가,

276

"7일 동안 섬에 걸렸다는 소문은 대관절 어디서 들었는가? 나도 그때 마침 전라도를 순시하고 있었는데 전혀 그런 소문을 듣지 못하였는걸."

하고 말하자 남이신이 부끄러워하였다 한다. 이는 남이신이 한산도까지 가지 않고 당색에 이끌려 중도에서 선조에게 허위로 보고하였음을 말하는 것이기도 하다.

이순신은 투옥 8일 후인 3월 12일 한 차례 형신(刑訊)[56]을 당했다. 당시 서울 등지에 있는 여러 수군 가족과 친척은 혹시나 그의 죄를 다른 수군들에게 전가하지나 않을까 하고 두려워하기도 하였다. 그러나 이순신은 어떠한 중형을 받더라도 전후의 정황을 들어서 소신대로 개진할 뿐이며, 직접으로나 간접으로 남과 관련되는 말은 일절 언급하지 않았다. 심지어는 원균에 대하여도 나쁜 말이나 공격을 하지 않고 유유히 조리를 따졌을 뿐이다. 그러므로 논죄할 뚜렷한 것이 없었다. 원래 처형할 계책으로 음모하였기에 김응남, 윤두수 등은 현감을 역임한 적 있는 박성으로 하여금 임금에게,

"이순신은 당연히 목을 베어야 합니다."

라는 내용의 상소문을 올리게 하는 등, 이제 이순신은 살아날 수 없는 궁지에 접어들고 있었으며 남은 것이라곤 사형을 당하는 시기뿐이었다.

그러면 이순신의 죄명은 무엇이었던가? 그의 죄명은,

(1) 조정을 속여 임금을 업신여긴 죄

---

56 죄인의 정강이를 때리며 죄를 캐묻는 일.

(2) 적을 놓아주어 나라를 저버린 죄

(3) 남의 공로를 뺏은 방자한 죄

등이며, 이러한 죄명으로 고문당한 것은 단 한 번이었으나 그 한 번도 이순신의 입장에서는 억울한 것이었다.

"영웅은 쉽게 죽지 않는다."라는 격언은 이순신을 두고 한 말인 것 같다. 그가 옥중에 있을 때, 전라 우수사 이억기가 사람을 보내어 안부를 묻는 말에서,

"수군은 멀지 않아 패할 것입니다."
"우리는 어디로 가서 죽을지 모르겠습니다."

라고 하였으며, 그때 함경도에 사는 지방 군사 몇 사람은 마침 과거에 응시하기 위하여 상경하였다가 이순신의 소문을 듣고는 비분을 참지 못하여,

"이순신을 석방하여 북병사로 임명해 주기를 바랍니다."

라는 내용의 글월을 올리기까지 하였다. 그러나 이런 일은 모두 선조의 마음을 조금도 움직이지 못하였다. 단지, 판중추부사(判中樞府事)[57]로 있던 정탁이 써 올린 신구차(伸救箚)[58]만이 선조의 마음을 움직일 수 있었으

---

57 조선 시대 자문 기관에 해당하는 중추부의 으뜸 관직으로 주로 종1품 관직(우찬성, 좌찬성, 우의정, 좌의정, 영의정 등)을 지낸 사람들이 임명된다.
58 구명을 요청하는 상소문. 정탁은 선조에게 지금 상황에서 이순신을 죽이면 안 된다는 글 '이순신옥사의(李舜臣獄事議)'를 올렸다. 이후 좀 더 설득력 있는 '신구차'를 준비했지만 이를 올리기 전에 이순신이 석방되었다. 《이충무공전서》에는 '신구차'가 수록되었다.

니, 그로 인하여 사형 직전에 놓인 이순신을 감형하여 구출할 수 있었다.

정탁은 살벌한 당시의 당파 싸움을 고려하여, 선조와 원균을 두둔하는 서인의 감정을 촉발하지 않는 범위 내에서 우선 이순신이 대죄인이라는 사실을 전제로 하여 '신구차'의 글귀를 이어 나갔다.

"엎드려 아뢰옵니다. 신이 일찍 위관(委官)이 되어 죄수를 문초해 본 적이 한두 번이 아니온데, 대개 보면 죄인이 한 번 심문을 거치면 그대로 상하여 쓰러져 버리고 마는 자가 많아 설사 거기 좀 더 밝혀줄 만한 사정을 가진 경우가 있어도 이미 목숨이 끊어진 뒤라 어찌할 길이 없으므로 신은 적이 이를 민망하게 여겨 왔사옵니다. 이제 모(某)가 이미 한 번 형벌을 겪었사온데 만일 다시 또 형벌을 가하면 무서운 문초로 목숨을 보전하지 못하여 혹시 성상(聖上)의 호생(好生)하시는 본의를 상하게 하지나 않을까 하고 걱정하는 바이옵니다."

이순신은 이미 심한 형벌을 받았음을 말한 다음에 임진년(1592)의 공훈과 그가 출전하지 않은 일에는 반드시 무슨 곡절이 있다는 사실과 국가에서는 유능한 인재를 최대한으로 아껴야 한다는 사실을 아주 명문으로 글귀를 이어가면서,

"이제 그의 죽음은 진실로 아깝지 않사오나 나라에 관계됨이 가볍지 않은 만큼 어찌 걱정할 만한 중대한 사실이 아니오리까. 이제 그는 사형당할 만한 중죄를 범하였으므로 죄명조차 극히 엄중하옴은 진실로 성상의 말씀과 같사온바, 그도 또한 공론이 지극히 엄중하고 형제 또한 무서워 생명을 보전할 가망이 없음을 알 것이옵니다. 바라옵건대 은혜로운 하명으로써 문초를 덮어주셔서 그로 하여금 공로를 세워 스스로 보람 있

게 하시오면 성상의 은혜를 천지 부모와 같이 받들어 목숨을 걸고 갚으려는 마음이 반드시 저 명현(名賢)만 못지않을 것이온바, 성상 앞에서 다시 나라를 일으켜 공신각에 초상이 걸릴 만한 일을 하는 신하들이 어찌 오늘 죄수 속에서 일어나지 않으리라고 하오리까."

하여, 이순신은 스스로 반성할 것이므로 그의 사형을 감하여 국란을 타개하는 일에 이바지하도록 할 것을 건의하였다.

충무공 이순신

04

두 번째 백의종군

4월 1일 이순신은 옥에 갇힌 지 28일 만에 풀려났다. 무죄 판결로 석방된 것은 아니었다. 죄목을 그대로 지닌 채 도원수 권율의 지휘 아래에서 종군하여 다시 공로를 세우라는 명령이었고, 그로서는 두 번째로 받는 쓰라린 '백의종군'이었다.

그는 옥중 생활에 심신이 지쳤지만, 아무 불평 없이 나라의 장래를 위하여 힘차게 옥문을 나왔다. 이순신이 석방된 4월 1일은 날씨가 맑았다. 옥문을 나와 남문 밖 윤간의 종 집에 이르러 조카인 봉과 분을 만나 오래도록 이야기하였다.

이날 문안하러 오는 사람 혹은 술병을 갖고 와서 권하는 사람들도 있었으며, 그를 적극적으로 도울 수 없었던 류성룡과 그를 구출한 정탁 등 중신들도 사람을 보내어 문안하였다.

다음 날(4월 2일)에는 비가 종일 내렸다. 때문에 이순신은 그대로 자신의 상처를 어루만지며 여러 조카와 이야기하고 어두울 무렵에 성안으로

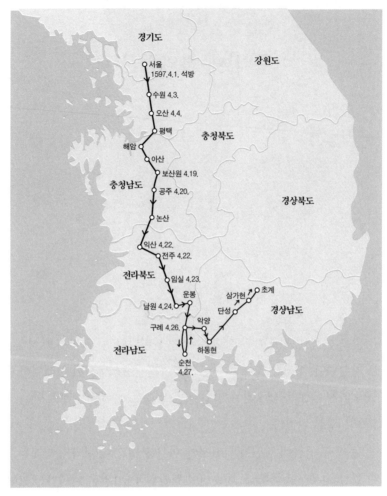

백의종군 행적도

들어가서 류성룡과 이야기하다가 닭이 울어서야 헤어져 나왔다. 3일에
는 남쪽을 향하여 길을 떠나 수원을 거쳐 5일 아산에 이르렀다.

　　여기서 1주일 동안 머무르면서 먼저 선영(先塋)에 참배하고 가까운
친지들을 만나보기도 하였다. '산속에 나아가 울며 절하고는 한참 동안
일어나지 못한 일'도 있었다. 그동안의 심경을 11일 일기에

"새벽에 꿈이 몹시 산란하여 이루 다 말할 수 없다. 덕이를 불러 이야기하고 또 아들 '울'에게도 이야기하였다. 마음이 매우 불안하여 미친 듯 걷잡을 수 없으니 무슨 징조인지 모르겠다. 병드신 어머님을 생각하며 눈물이 흐르는 것을 깨닫지 못하였다. 그래서 종을 보내어 어머님의 소식을 알아 오게 하였다."

라고 기록하였다. 이어 12일에는 어머님이 무사히 안흥까지 이르렀다는 연락을 받고 아들 '울'을 먼저 바닷가로 보낸 후 그도 13일에 어머님을 마중하려고 바닷가로 가는 길에 홍찰방의 집에 잠깐 들렀다가 홍백의 집에 이르렀을 때 순화라는 종으로부터 "어머님이 돌아가셨다."는 소식을 들었다. 그때 그는 일기에서

" …… 뛰쳐나가 뛰며 뒹구니 하늘의 해조차 캄캄하다 …… ."

하여, 자신의 슬픔을 어찌할 줄 몰랐다.

이순신의 어머니는 아들 순신이 옥중에 들어갔다는 소식을 듣자 여수와 근접해 있는 곰내에서 출발하여 바닷길로 아산으로 향하던 중 안흥량을 지나서 별세하였으며, 그 배는 곧 해암(蟹岩)에 도착하여 부음을 전한 것이다. 그때 그의 어머님은 83세였다.

이순신은 배가 대어있는 해암으로 향하였다. 그곳에서 2일 동안 상례 준비를 서두르고 16일의 일기에,

"궂은비 …… 배를 끌어 중방포로 옮겨 대고 영구를 상여에 올려 싣고 집으로 돌아오며 마을을 바라보면서 찢어지는 듯 아픈 가슴이야 무엇이라 말하랴. 집에 이르러 빈소를 차렸다. 비는 그대로 퍼붓고 나는 맥이 다

빠졌는데도 남쪽으로 내려는 가야겠고 울며 부르짖으며 다만 어서 죽었으면 할 따름이다."

라고 하였다. 17일에는 도사의 독촉을 받아 어머니의 장례를 제대로 치르지도 못하고 19일에 남쪽을 향해 길을 나섰다. 이날 길을 떠날 때 이순신은 어머님 영령 앞에 울면서 이렇게 하직하였다.

" …… 천지간에 내 운명 같은 사정이 또 어디 있으랴! 일찍 죽느니만 못하구나."

하였으며 또,

"나라에 충성을 바치려 했건만 죄가 이미 내 몸에 이르렀고 어버이에게 효도하려고 했건만 어버이마저 가버리셨구나."

하였다. 참으로 그때 그의 심정은 말과 글로는 표현할 수 없는 것이었다.

슬픔과 원통함을 그대로 간직한 이순신은 매일 아침 일찍 길을 떠나야 했고 또 거의 날마다 종들이 거처하는 허술한 방에서 숙박하는 등 온갖 고충을 겪으면서 공주, 논산, 익산, 전주, 임실, 남원, 운봉 및 구례 등지를 지나, 27일 순천에 이르렀다. 이순신의 도착을 알게 된 도원수 권율은 군관을 보내어 그를 조문하여 안부를 물은 후 28일에는

"상중에 몸이 피곤할 터이니 회복되는 대로 나오라."

라는 명령을 내렸으며, 뒤이어 통제영에 있는 군관 중에서 이순신을 잘

충무공 이순신

아는 자를 나오게 하여 그를 보좌하도록 하였다. 휴양 명령을 받은 이순신은 이곳에서 장사 지내지 못한 어머님의 소식과 아울러 원균의 불미스러운 일을 많이 들었는데, 5월 8일에는 원균으로부터 문상하는 편지를 받기도 했다. 그날의 일기에 이렇게 쓰였다.

"음흉한 원(원균)이 편지를 보내어 조문하니 이것은 원수의 명령이었다. …… 원이 온갖 계략으로 나를 모함하려 덤비니 이 역시 운수다. 뇌물로 실어 보내는 짐이 서울 길에 잇닿았으며 그렇게 해서 날이 갈수록 심히 나를 헐뜯으니, 그저 때를 못 만난 것만 한탄할 따름이다."

이곳에서 약 2주간 휴양한 뒤, 5월 14일 권율이 있는 곳으로 향하였다. 그는 그날로 구례에 이르렀으며, 다음 15일부터 25일까지 머무르는 동안 20일에는 도체찰사 이원익을 만났다. 이원익은 2년 전 한산도를 순시하였을 때 이순신의 위용과 지략에 감탄한 일이 있었다. 그는 24일 이순신에게,

"경상우도 연해안 해도를 그리고 싶어도 그릴 수 없으니 본 대로 그려주면 좋겠다."

하였다. 이순신은 거절할 수 없어 스스로 경상우도의 해도를 그려서 보내 주기까지 하였다. 말하자면 이순신은 무인이며 지난날 통제사였지만 그림 솜씨도 매우 좋은 사람이었고 나아가서는 점점 필요한 사람이 되어갔던 것이다.

그리고 26일에는 비를 맞으면서 길을 떠나 석주관(石柱關), 하동, 진주 등지를 거쳐 6월 4일에는 초계에서 10여 리 떨어진 모여곡(毛汝谷)이라

는 곳에 도착하였다. 이순신은 자기가 거처할 방을 새로 도배하고, 또 군관들의 휴식소 2칸을 만들기까지 하였으며 2일이 지난 8일에는 권율을 상면하고 약 1시간 동안 이야기하였다.

이렇게 이순신은 3개월 동안 말 못 할 고충을 겪은 뒤 여장을 풀었고, 초계 근처에서 7월 17일까지 종군하였다. 백의종군 중이지만 도원수 권율과 그 지방의 높은 관원들의 위안을 받으며 하루하루를 지내는 동안 지난날 생사고락을 같이했던 군사들에게 일일이 격려의 편지를 보냈고, 또 6월 23일에는 스스로 대전(大箭)을 다시 다듬기도 하였으나, 그동안 외롭고 슬프고 통탄함을 스스로 억제하면서 조용히 변모되어 가는 정세를 주시하고 있었다.

충무공 이순신

05
왜군의 재침과 원균

이순신이 백의종군의 고행을 겪을 동안 후임으로 임명된 통제사 원균은 부임하자마자 일대 인사이동을 단행하였다.

즉, 그는 이순신이 다년간의 경험으로 만들어 놓은 군중의 규칙을 변경하고, 뒤이어 이순신 밑에서 자라난 강직한 장령들을 파면 또는 전직시키고 후임으로 자기의 뜻을 무조건 받아들일 무능하고 아첨 잘하는 장령들을 임명하였다. 그뿐만 아니라 지난날의 심복 부하였던 이영남 같은 장령마저 자기의 과거를 자세히 알고 있다고 하여 더욱 미워하니 군사들의 분위기는 차차 동요하고 있었다.

원균은 조금도 반성하지 않고, 불평하는 군사들에게는 형벌을 남용하고, 나아가서는 이순신이 누구나 들어가서 일을 의논할 수 있도록 만들어 둔 '운주당' 안팎으로 울타리를 둘러치고 자신은 그 안에서 애첩을 불러들여 날마다 술로 세월을 보냈으며, 부하 장령들이 무슨 일을 의논하기 위하여 들어가려고 하여도 이를 허가하지 않았다. 때문에 이순신

밑에서 철저한 생활을 해오던 군사들은

"적을 만나면 도망할 수밖에 없다."

하면서 수군거리기 시작하였으며 여러 장령도 서로 원균을 비웃으면서 중요한 군사상의 문제마저 전달하지 않는 지경에 놓이고 말았다. 말하자면 원균은 개인적 향락을 위한 권력의 남용으로 그때까지 이순신이 애써 길러둔 기강을 극도로 문란하게 하여 왜군의 침입을 막을 수 없는 위기에 몰아넣고 만 것이다.

원균은 통제사가 되었다는 것만으로 만족하고 있었으며, 통제사로서 해야 할 뚜렷한 전략이나 새로운 문제들의 구상은 사실상 없었다. 일찍이 원균은 통제사로 부임하던 날 동암공(東巖公)을 찾아간 적이 있었는데 그때 두 사람의 대화는 원균의 본성을 잘 나타내었다.

원균   내가 이 직함을 영화롭게 여기는 것은 아니요, 오직 이순신에 대한 부끄러움을 씻었다는 것이 통쾌합니다.

동암공   영감이 능히 마음을 다해서 적을 무찔러 그 공로가 이순신의 위에 뛰어나야만 '부끄러움을 씻었다'고 할 수 있지, 그저 이순신을 대신함으로써 쾌하게 여기는 것만으로는 어찌 부끄러움을 씻었다고 하겠소.

원균   내가 적을 만나 싸우게 될 때, 멀면 편전(片箭)을 가까우면 장전(長箭)을 사용할 것이요, 또 부딪칠 때는 칼과 막대기를 쓰면 승리하지 못할 것이 없소.

동암공   (웃으면서) 대장으로서 칼과 막대기를 쓰게까지 되어서야 될 말인가.

충무공 이순신

원균이 떠난 뒤에 동암공은 "원균의 사람 된 인품을 보니 일은 글렀다."고 하였다 한다.

실로 원균은 이순신과는 달리 나라를 위하여 헌신하겠다는 마음보다 개인적인 영달과 향락만을 추구하는 파렴치하고 교활하며 무능한 인간이었다.

이러한 원균의 지휘하에 수군의 방비가 점점 허술해질 무렵 왜군은,

"이순신이 잡혀갔으므로 이제 아무런 근심이 없다."

하면서 일종의 주연을 열기도 하였다.

그런데 이즈음 왜군은 3월 중순경부터 보다 활발한 침공 작전을 개시하여 6월 하순경에는 서생포, 부산, 가덕, 안골포, 웅천 등지에 새로운 모습을 나타내고 있었으며, 이들 왜군 중에서 도도, 와키자카, 가토, 요시아키 등이 거느리는 수군 주력 함대는 웅천을 근거로 하여 조선 수군을 격멸할 계획을 세우고 있었다.

또한, 이들 왜군은 간계를 써서 이순신을 통제사의 직위에서 물리치는 데 성공하고 기뻐하였지만, 그동안 너무나 많이 이순신 함대에 참패한 까닭에 좀처럼 서쪽으로 공격할 용기를 갖지 못하던 차에 다시금 요시라를 통하여 이전과 같은 방법으로 간계를 꾸미며,

"왜군 후속 부대가 바다를 건너오니 조선 수군은 해상에서 요격하면 성공할 것이다."

라는 밀서를 김응서에게 보냈다. 왜군의 동태를 주시하던 도체찰사 이원익은 왜군이 건너오기 전에 격멸하여야 한다는 계획으로 도원수 권율과

상의한 후 수군의 출동을 결정하였다. 그리하여 권율은 원균에게 함대 출동을 명령하기에 이르렀다.

이때 원균은 자신의 출전을 회피하려는 뜻으로 먼저 육군과 합력하여 안골포의 왜군을 섬멸한 후 수군을 동원하여 부산 등지를 공격해야 한다는 '수륙 합동작전'을 주장하였다. 이는 지난날 이순신이 육상에 웅거한 왜적을 무찌르기 위해서 주장하던 말을 되풀이한 것이다. 그러나 원균은 계속 출전을 명령하는 이원익과 권율의 독전에 못 이겨 6월 18일에 무계획하게 한산도를 출발하여 안골포와 가덕 등지를 공격하기는 하였으나 아무런 소득도 없이 수군장인 보성 군수 안홍국 등을 잃은 채, 부산까지 진격하지 못하고 중도에서 돌아오고 말았다.

이러한 원균의 패보를 안 권율은 분함을 참지 못하여 6월 21일에는 원균을 사천까지 호출한 후 곤장을 치면서 원균을 꾸짖고 재출전을 명령하였다. 원균은 자기 잘못을 반성하지 않고 매 맞은 것만을 분하게 여겼으나, 지난날 이순신이 출전하지 않았다는 이유를 중대시하여 그를 모함하고 자기가 그 직을 맡았으므로 양심의 가책을 느껴 부득이 출전하지 않을 수 없었다.

그리고 초계 등지에서 종군하고 있던 이순신은 원균의 패보를 6월 25일에 들을 수 있었는데 그날의 일기에서,

" ······ 보성 군수 안홍국이 탄환에 맞아 죽었다는 소식을 듣고 놀라움과 슬픔을 이기지 못했다. 적 한 놈도 잡지를 못하고 먼저 그 장수를 잃어버리니 통탄함을 어찌 말하랴. ······ "

하여, 전사자에 대한 슬픔과 분함을 표하였다.

06

—

칠천량 해전

도원수 권율로부터 곤장을 맞고 되돌아온 원균은 7월 4일, 200여 척의 전선을 거느리고 한산도를 출항하였다. 3도의 함대는 외형상의 위용을 과시하면서 5일은 칠천량을 지나 거제도 북방 일대를 거쳐 6일에는 일단 옥포에서 유박한 후 7일 새벽을 기하여 다대포로 향하였다. 이때 왜선 8척이 다대포에 머무르고 있었으나 뜻밖에 대함대를 발견하고는 배를 버리고 육상으로 도주하였다. 이를 본 3도의 장령들은 힘들이지 않고 전부 불태워 버린 후 곧바로 절영도 앞바다로 향하였다.

그런데 뜻밖에도 이곳에는 왜선 1천여 척이 대마도에서 나오고 있었다. 이때 원균은 계획 없는 엄한 명령을 내려 전선으로 하여금 장렬한 전투를 시도하게는 하였으나, 바람이 점점 심하게 일어나고 또 종일의 항해로 군사들이 피로하여 어찌해야 좋을지를 분간하지 못하였다.

왜선은 교란작전을 전개하여 고의로 접근하였다가 퇴각하는 등 조선 수군을 극도로 피로하게 만들어 놓은 후에 공멸하려고 하였다. 이러는 동안 원균이 거느린 함대는 심한 풍랑으로 분산하기 시작하여 일부 전선은 서생포 등지까지 밀려가 왜군에게 격파되는 등 전세는 매우 불리해졌다. 이에 원균은 간신히 남은 전선을 수습하여 가덕도로 후퇴하는 데 성공하였지만 벌써 가덕도에는 왜군의 복병들이 대기하고 있었다.

지난날 이순신은 어느 곳에서도 군사들의 안전을 위하여 철저하게 정찰한 후 휴식하게 하였으나, 원균은 위험한 전투 지역을 겨우 탈출하였음에도 불구하고 이렇다 할 경계와 정찰을 하지 않고 가덕도에 이르자마자 목마른 군사들을 상륙시킴으로써 복병으로 대기하던 왜군의 기습을 받아 400여 명의 아까운 군사를 잃고 거제도 북단 영등포로 이동하였으나 그곳에도 이미 왜군이 매복하고 있었다.

한편, 서생포 등지에서 겨우 살아난 세남은 알몸으로 도주하여 7월 16일 이순신에게 7월 초 부산 앞바다의 상황을 보고하였다. 아마 세남이라는 자는 이순신에게만은 빨리 알려야 한다는 생각에서 먼 거리를 달려왔을지 모른다. 이순신은 세남의 말을 듣자 그날의 일기에서,

" …… 우리나라가 굳게 믿는 것은 오직 수군뿐인데 수군이 이러하니 다시 더 바라볼 것이 없다. 거듭 생각할수록 분한 가슴이 찢어지는 것만 같다."

하고, 즉시 이 사실을 도원수 권율에게 전하여 사후 대책을 수립하도록 하였다.

그런데 칠천량에 들어온 원균은 장령들의 작전에 관한 중요한 건의마저 전혀 듣지 않았다. 경상 우수사 배설은 "칠천량은 물이 얕고 좁아서 전선을 마음대로 움직일 수 없으므로 빨리 다른 곳으로 옮겨야 한다." 하

였으나 원균은 듣지 않았다.

부산포에서 먼저 웅천으로 이동한 왜군 수군장 도도와 와키자카 등은 육군장 고니시 등과 연석회의를 열고 조선 수군을 기습할 계획을 세웠다. 이들은 7월 14일까지 거제도 북방으로 이동한 후 15일의 달 밝은 밤을 이용하여 포성 3발을 신호로 일제히 기습을 개시하기로 결정하였다.

이리하여 왜군은 조선 수군의 형세를 정탐하면서 직접 칠천량에 접근하고 있었다. 이들이 거느린 전선도 임진년(1592)과는 달리 강력한 것이었다.

7월 15일 달 밝은 밤, 왜군은 예정 계획에 따라 포성을 울림과 동시에 공격을 개시하였다. 뜻밖에 기습을 당한 군사들은 그때까지 이순신 밑에서 연마해 온 전술로 항전하였지만 점점 증강되는 왜군 앞에서는 어쩔 도리가 없었다.

더구나 통제사 원균은 항전하는 부하들의 모습을 끝까지 지키면서 독전하지 못하고 도주하였다. 이로 인하여 지휘관을 잃은 대부분의 군사는 아깝게도 장렬한 최후를 고하고 말았다. 전라 우수사 이억기와 충청 수사 최호를 비롯한 역전의 용장들은 그들이 타고 있는 전선과 함께 전사하였다. 다만 처음부터 후퇴를 주장해 오던 배설만은 12척의 전선을 이끌고 탈출하는 데 성공하였을 따름이다.

이때 배설은 한산도에 이르러 대세를 만회할 수 없다고 생각한 나머지 관민들을 피난하게 하고, 또 한산도 내의 모든 시설과 군량, 군기 등을 불사르고 전라도 등지로 피난하였다. 춘원포에서 육상에 오른 원균은 뒤따라오는 왜군의 칼날에 최후를 고하였다.

이를 역사에서는 '칠천량 해전'이라고 하며 7년 동안의 임진왜란을 통하여 조선 수군이 처음이자 마지막으로 단 한 번의 참패를 당한 해전이다.

이렇게 원균이 거느린 조선 수군 아니 이순신이 피와 땀으로 이룩해 놓았던 수군이며 또 지난날 왜군의 간담을 녹였던 조선 수군은 하루아침에 지휘관도 전선도 없는 전멸을 맞고 말았다. 비록 배설의 12척과 소수의 군사가 겨우 탈출하기는 했어도 어디에서 무엇을 하고 있는지 알 수 없었다.

반면 칠천량에서 조선 수군을 궤멸시켜 그때까지 이순신으로부터 받은 서러움을 일시적이나마 씻은 왜군은 7월 말경부터 새로운 작전 계획을 세워 남원성 공격을 개시하였다. 우키타 히데이에를 총지휘관으로 한 좌군은 고니시 등이 거느린 5만여 명의 병력으로 일단 사천 부근에 집결하여 곤양과 하동을 거쳐 8월 5일 구례에 이르고, 또 수군은 섬진강을 거슬러 역시 같은 날 구례에 이르러 육군과 합심하여 남원을 공격할 태세를 취하였다. 그리고 마우리 히데모도를 지휘관으로 한 우군은 가토와 구로다 나가마사 등이 거느린 5만여 명의 병력으로 전주를 향하였다.

이보다 앞서 왜군의 재침으로 크게 당황한 명나라에서는 그들 나라의 방위를 염려하여 급속한 출동을 개시하였다. 국방장관 격인 형개를 총사령관으로 하여 양호, 마귀, 양원 등이 거느린 대군이 압록강을 건너와서 5월 하순에는 방어 지역을 결정하였다. 양원은 남원성에 이르고, 그 이외는 성주, 전주, 충주 등지에 배치되었으며, 조선군도 도체찰사 이원익과 도원수 권율의 지휘하에 각 지역에서 명나라 군사와 협력하여 왜군의 북진을 저지하려 하였다.

남원성 공격을 계획한 왜군은 8월 14일부터 공격을 개시하여 16일에는 이를 점령하였으며, 명나라의 양원은 겨우 탈출하여 퇴각하고 말았다. 뒤따른 왜군도 계속 북진하여 고니시는 전주를 무혈점령하였으며, 영남과 호남의 중요한 관문인 황석산성은 가토 등이 거느린 대군이 점령하기에 이르렀다.

이러는 동안 국내의 민심은 크게 요동쳤으며 서울에서는 백성이 시골로 피난하는가 하면 왕비와 왕자는 수안(遂安)[59]으로 피난하고, 명나라 군사는 한강 등지에 집결하여 서울 방어에 주력하는 등 전란의 영향은 전국으로 번졌다.

---

59 황해도 북쪽에 위치한 작은 도시.

9장

노장의 사생관

01

통제사 재임명

이순신이 초계에서 칠천량의 패보를 접한 것은 2일 후인 7월 18일 새벽이었다. 그에게 수군에 관한 소식만은 빨리 전해지곤 하였는데 이날도 이덕필과 변홍달 등이 새벽에 패보를 전해왔다. 이때 그는 통제사도 아니고 지휘 권한도 없는 군사로서, 나라와 겨레의 앞날을 위하여 그가 길러왔고 또 가슴 속에서 잠시도 떠나지 않은 수군의 패보를 접하자 자신도 모르게 슬피 통곡하였으나 그로서는 어찌할 수 없었다.

이윽고 도원수 권율이 놀란 기색으로 이순신을 찾아왔다. 사실 권율도 이순신에게 수군의 패전을 알리고 시급한 대책을 의논하지 않을 수 없었다. 두 사람은 잠시 별말이 없었으나 먼저 권율이,

"일이 이미 이렇게까지 되었으니 어떻게 할 수 없겠소?"

하면서 두 사람은 낮 10시까지 사후 대책을 논의하였다.

그러나, 특출한 방책이 나오지 않았다. 단지 최고 지휘관으로서 빨리 대책을 세워야 할 권율은 이순신에게서 새로운 방안이 나올 것을 기대할 따름이었다. 그때 이순신 역시 심각한 생각에 잠겨 있었으나 자신 없는 말을 하지 않는 것이 그의 태도였고, 패전의 원인과 수군의 실정을 직접 눈으로 보지 않는 한 뚜렷한 말을 할 수는 없었다. 그러기에 이순신은 권율에게,

"내가 직접 연해안 지방으로 가서 보고, 듣고, 또 조사한 후에 방책을 정하겠습니다."

하여 권율의 허락을 청하였다. 이순신의 말이 끝나자 권율은 매우 기뻐하면서

"그렇게 하면 오직 좋겠소. 내가 대감을 대할 면목이 없소."

하고 처음으로 이순신을 대감이라고 불렀다 한다.

이순신은 그날로 송대립, 유황, 윤선각, 방응원, 현응진, 임영립, 이원룡, 이희남, 홍우공, 군관 9명을 대동하고 연해안 지방을 향하여 길을 떠났다. 이 9명의 군관은 권율이 이순신에게 배속시켜 준 것이었다.

그는 삼가현(三嘉縣)에서 새로 부임한 현감과 오랫동안 의논하고 19일에는 비를 맞아가면서 단성(丹城)에, 20일에는 진주 등지를 조사하고 굴동(屈洞)에서 휴식하였다. 이어 21일에는 곤양을 지나 노량에 도착하였다. 여기에서 지난날의 부하였으며 또 칠천량 해전에서 살아나온 거제 현령 안위, 영등포 만호 조계종 등 10여 명을 만나 패전의 상황을 들을 수 있었다.

충무공 이순신

"대장(원균)이 적을 보고 먼저 뭍으로 도주하였던 까닭에 패하지 않을 수 없었다."

하면서 통제사 원균을 원망하였는데, 경상 우수사 배설만은 아직 만나지 못하였다. 특히 이날 밤에는 이순신이 패인을 규명하여 앞으로의 대책을 강구하려고 안위와 함께 배 안에서 새벽 2시경까지 여러 계획을 논의하면서 조금도 눈을 붙이지 못하여 눈병을 얻었다.

22일에는 이곳 노량에서 배설을 만나 원균이 도망한 경위를 들었으며, 늦게 남해 현감 박대남이 있는 곳에 갔을 때는 병세가 악화되어 도저히 움직일 수 없었으므로 오후에는 곤양에서 휴식하였다. 실로 그는 병세가 위중하였음에도 참고 견디면서 여러 곳을 답사해야만 하였으며, 23일에는 그때까지의 조사 내용을 송대립에게 시켜 원수부(권율이 있는 곳)에 보고하고 십오리원(十五里院)을 지나 전일 숙박한 운곡(雲谷)에 이르렀다. 이어 27일에는 손경례의 집으로 옮겨 머물렀다.

그는 손경례의 집에서 8월 2일까지 머무르는 동안 앞으로의 대책을 구상하면서도 비통함을 이기지 못하였다.

한편 조정에서 칠천량 해전의 패보와 더불어 왜군의 대대적인 북진에 관한 급보를 접한 것은 7월 22일이었다. 무엇보다도 수군의 대패는 임금을 위시하여 모든 대신을 크게 놀라게 하였다. 때문에 선조는 패보를 접하는 날 중신 회의를 열고 사후 대책을 토의하게 하였다.

그러나 전일의 전쟁이 조금 휴전 상태에 들어갔다 하여 당파 싸움만을 되풀이하면서 이렇다 할 방비책을 세우지 않았던 사람들이 바로 임금 앞에 모인 중신들이었으므로 별다른 대책이 있을 수 없었고 서로를 돌아보며 아무런 말을 못 하고 있었다. 단지, 그날의 회의는 선조의 묻는 말을 비롯하여 대략 이런 말이 오고 갔다.

선조　(목소리를 높여서) 그래 대신들은 왜 아무런 말이 없나? 그래 아무 대답도 아니하면 저절로 왜적이 물러가고 나랏일이 잘 되어갈 것이란 말인가?

류성룡　감히 대답하지 못하는 것이 아니옵니다. 너무나 답답하여 당장 무슨 좋은 계책이 생각나는 것이 없으므로 미처 아뢰지 못하는 바이옵니다.

선조　전부 엎질러져 버린다는 것은 천운이니 어찌할 수 없는 일이다. …… 왜 물러나서 한산도를 보전하지 못하였나?

이항복　지금 할 일이라고는 통제사와 수사를 빨리 임명하여 그들을 시켜 계획을 세우게 하고 방비하도록 하는 길밖에 없사옵니다.

선조　그래, 그 말이 옳다.

김명원　만일 장수를 보낸다면 누가 할 만한 사람이오리까?

이항복　오늘 할 일은 오직 통제사를 선정하여 임명하는 것이옵니다.

하였다. 그 후 형조판서 김명원과 병조판서 이항복은,

"이것은 원균의 허물입니다."
"마땅히 이순신을 통제사로 임명하여야 합니다."

라고 진언하여 다음 날, 즉 7월 23일 상중(喪中)에 백의종군하고 있는 이순신에게

"전라좌도 수군절도사 겸 충청, 전라, 경상 3도 수군통제사로 다시 임명한다."

하는 교서를 내렸다.

손경례의 집에서 이순신이 통제사 재임명에 관한 교서를 받은 것은 8월 3일 이른 아침이었다. 선전관 양호가 그에게 전달한 것인데, 이상하게도 이순신은 먼저 알고 있었다. 즉, 그는 하루 전날인 8월 2일의 일기에,

"이날 밤 꿈에 임금의 명령을 받는 징조가 있다."

하였다. 확실히 이순신의 꿈은 그의 지성을 말한다.

지난날 통제사의 직위를 삭탈하고 사형에 처하려던 이순신을 특사하여 백의종군하게 하였던 선조는 그를 다시 임용하는 데 임금으로서 떳떳하게 할 말이 없었다. 때문에 선조가 내린 교서는 하나의 임명장이나 훈시문이 아니라 간곡한 사정을 설명하며 또다시 나라를 위하여 헌신해 주기를 애원하는 글이었다. 그 교서의 내용은 대략 다음과 같았다.

"왕은 이와 같이 이르노라.

어허, 나라가 의지하여 보장을 삼는 것은 오직 수군뿐인데, 하늘이 아직도 화를 거두지 않으사 …… 3도의 수군들이 한 번 싸움에 모두 없어지니 근해의 성읍을 누가 막으며 한산진을 이미 잃었으니 적이 무엇을 꺼릴 것이랴?

생각건대 그대는 일찍이 수사 책임을 맡기던 그날 벌써 이름이 났고 또 임진년(1592) 승첩한 뒤부터 업적을 크게 떨치어 변방 군사들이 만리장성처럼 든든히 믿었는데, 지난번에 그대의 직함을 갈고 그대로 하여금 백의종군하게 하였던 것은 역시 사람의 모책이 어질지 못함에서 생긴 일이었거니와, 그리하여 오늘 이같이 패전의 욕됨을 당하게 된 것이라 무슨 할 말이 있으리오, 무슨 할 말이 있으리오.

이제, 특히 그대를 상복 입은 그대로 기용하는 것이며, 또한 그대를 백의(白衣)에서 뽑아내어 다시금 옛날같이 전라 좌수사 겸 충청, 전라, 경상 삼도수군통제사로 임명하노니, 그대는 근무지에 도착하는 날 먼저 부하들을 불러 어루만지고, 흩어져 도망간 자들을 찾아내어 단결시켜 수군의 진영을 만들고, 나아가 요해지를 지켜 군대의 위풍을 다시 한번 떨치게 하면 이미 흩어졌던 민심도 다시 안정시킬 수 있으려니와, 적도 또한 우리 편의 방비가 있음을 듣고 감히 일어나지 못할 것이니 그대는 힘쓸지어다.

수사 이하는 모두 지휘 관할하되 일을 함에 규율을 범하는 자가 있다면 군법에 의거 처단하려니와 그대가 나라를 위해 몸을 잊고 시기에 따라 나가고 들어오는 것은 이미 다 그 능력을 겪어보아 아는 바이니 내 구태여 무슨 말을 많이 하리오. …… 그대는 충의의 마음을 더욱 굳건히 하여 나라를 건져주기를 바라는 소원을 풀어주기 바라며 이에 조칙을 내리노니 그렇게 알지어다."

충무공 이순신

02
—
수군 재건

오늘날 지휘관이 전임 발령을 받으면 완벽한 조직과 규율 아래 수천수만의 훈련된 장병이 있고 정비된 수많은 함선과 기타의 모든 장비가 정돈되어 있으며, 또 군수 지원이 따르기 마련이며 성심껏 부대 지휘를 하면 그 임무를 완수할 수 있다.

그러나 이순신이 두 번째로 받은 통제사 발령은 이와는 전혀 달랐다. 임금이 내린 큼직한 교서 한 장 이외는 아무것도 없었다. 이순신이 곧 조선 수군의 전부이며 이순신 이외는 병기도 전선도 없었다. 단지 군관 9명과 군사 6명을 거느리고 전선과 군사를 모으면서 밀어닥치는 왜군의 대세를 막아야 하는 중대한 임무가 있을 따름이었다. 또한 군사와 전선을 모으는 것에 그치지 않고 모든 전쟁 물자마저 단독으로 해결해야만 하였다. 조정에서 아무것도 지원해 주지 않았지만 매우 중대한 임무를 맡게 된 이순신은 아무런 불평을 하지 않았다. 그는,

"살아있는 한에는 꼭 직무를 완수하여 반드시 나라의 치욕을 씻어야 한다."

라고 결심하였다. 그러기에 그는 교서를 받자,

"나랏일이 급하니 일각을 지체할 수 없다."

하며 즉시 행동을 개시하였다.

명령을 받은 8월 3일은 섬진강 하류에 있는 두치(豆恥)로 향하는 도중에 행보역(行步驛)에 이르러 잠시 쉬었다가 다시 강행군을 계속하여 날이 밝을 무렵 두치에 도착하였다. 이순신이 다시 행군을 계속하여 쌍계동(雙溪洞)을 거쳐 석주관(石柱關)을 지나 구례에 다다랐을 때는 해가 저물고 있었다. 여기서 북문 밖에 전일 백의종군 때 유숙한 주인을 찾아갔으나 벌써 피난을 가고 없었다.

다음 4일에 압록강원(鴨綠江院)까지 행군하여 이곳에서 점심을 먹고 오후에 곡성(谷城)에 이르렀으나 역시 관청과 여염집이 모두 비어 있었다. 그는 이곳에서 유숙하기로 하고 남해 현감 박대남을 남원으로 보냈다.

그런데 그 당시 이순신의 행동은 매우 위험하였으며 또 한편으로는 흥미 있는 행적을 보여주었다. 당시 칠천량 해전에서 승리한 왜의 수군들이 남원을 공격하기 위하여 8월 5일 구례에 도착한 반면, 이순신은 8월 4일 오전에 구례를 지나고 있었다. 지난날에는 이순신이 도처에 산재한 왜선을 찾아서 격멸하였으나 이번에는 마치 빗방울을 피하듯이 왜군의 주력을 피하면서 작전 임무를 수행하였다. 8월 5일 옥과(玉果)에 도착하였을 때, 피난민들이 "이순신이 온다."는 말을 듣고 모두 길을 메우고 있었기에 그는 말에서 내려 이들을 위로하고 혹은 타이르기도 하였다.

충무공 이순신

그리고 이곳에서 지난날 구선돌격장 이기남 부자의 의곡을 수집하여 군량 보충에 공이 많았던 정사준과 정사립 형제를 만났다. 그가 쓴 일기에는 별다른 말이 없으나 아마 이들을 만난 이순신은 감개무량했을 터이다.

다음 날 옥과에 계속 머무르는 동안 초저녁에는 군관 송대립이 왜군의 정황을 정탐하고 돌아왔다. 특히 여기에서는 젊은 장정들이 울면서,

"사또가 다시 오셨으니 이제 우리는 살았다!"

"자, 우리 대장이 오셨다. 이제 너희도 죽지는 않을 것이다. 너희는 천천히 찾아들 오너라. 나는 먼저 대장을 따라가겠다!"

하였으며 이렇게 말하는 사람이 계속 늘어났다.

피난민들이 이순신을 따르려고 한 것은 지난날 이순신의 공훈과 아울러 피난민들을 사랑하고 또 보호한다는 것을 너무나 잘 알고 있었으므로 그의 뒤를 따르면 반드시 살 수 있다고 믿은 까닭이다.

반면 이순신이 옥과에 들어왔다는 말을 듣고도 현감은 병이라 핑계하여 나오지 않았으나, 군관을 보내어 잡아서 처형하려고 하니 그제야 현감이 찾아와서 잘못을 사과하는 일도 있었다.

피난민을 위로하면서 군사를 수습하던 이순신은 7일 아침 일찍 옥과를 떠나 순천으로 향하는 도중 전라 병사가 지휘하는 군사들이 패전하여 돌아오는 것을 보고 이들로부터 군마(軍馬) 세 필과 약간의 활을 얻고 이날 밤 곡성군 강정(江亭)에 이르러 휴식하였다.

8일에는 새벽길을 떠나 부유창(富有倉)에 도착하여 아침을 먹었다. 원래 이곳에는 큰 군량 창고가 있었으나 왜군이 침범한다는 소문만 들은 병사 이복남이 불을 질렀기 때문에 그 많은 군량이 잿더미로 남아 있었다. 다시 행군하여 순천 성내에 들어갔으나 역시 성 내·외는 인적이 적막

하였으며, 중 혜희가 찾아오므로 그에게 의장첩(義將帖)을 주어 중을 모집하여 의병을 조직하도록 하였다.

그리고 병사가 미처 처리하지 못한 총통 같은 무기는 다른 곳으로 옮겨 묻은 후 가벼운 장편전은 군관들이 나누어 가지게 하고 이날은 순천에서 유숙하였다. 이러는 동안 60여 명의 군사를 모을 수 있었다.

그러나 한곳에서 오래 머무를 수 없는 이순신은 8월 9일, 역시 일찍 길을 떠나 낙안(樂安)에 이르렀다. 여기서도 옥과에서처럼 많은 사람이 나와서 환영하고 있었다. 이순신은 이들을 위로하면서 도망가고 흩어진 경위를 상세하게 물었다. 이들이 하는 말은,

"병사가 적이 온다 하여 곡간에 불을 질렀기 때문에 백성이 흩어진 것입니다."

라는 것이다. 실제 조사해 본 결과 관청과 창고가 모두 타버렸고 관리와 백성은 눈물을 흘리면서 진심으로 그를 환영하였다. 그뿐만 아니라 그날의 일기에서 이순신은

"오후에 길을 떠나 10리쯤 가고 있었는데 노인들이 길가에 늘어서서 서로들 다투어가면서 술병을 가져다 바쳤다. 또 받지 않으려 하면 울면서 강제로 권했다."

하였다. 그때 술을 권하는 노인들은,

"전라도에서 왜군을 물리쳐줄 영웅은 이순신밖에 없다."

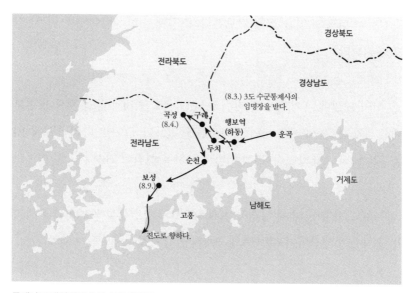

통제사로 재임명된 후의 수군 재건로

라고 생각하였고, 술은 돈으로 따지면 몇 푼어치 안 되지만 그들이 그때까지 존경하고 사모하던 이순신을 꼭 한 번만이라도 만나서 인사를 올려야겠다는 솔직한 심정을 표현한 것이다.

　노인들의 정성을 받고 감개무량했던 이순신은 곧 길을 떠나 그날 저녁에 조양창(兆陽倉)에 이르러 김안도의 집에서 일박하였다. 그런데 이순신은 여러 날 도처에서 받은 정신적 충격으로 다음 10일에는 몸이 불편하여 김안도의 집에서 휴식하고 11일 아침 일찍이 양산원의 집으로 옮겨 송희립과 최대성 등을 만났다. 이어 12일에는 조정에 올릴 장계 초안을 수정하고 그대로 유숙하였다. 특히 이날 이순신은 거제 현령과 발포 만호를 불러 새로운 지시를 내린 후, 이들로부터 배설의 겁내던 모습을 듣고 탄식함을 이기지 못하여 이렇게 일기에 적어 두었다.

　"권세 있는 자에 아첨이나 하여 자기 자신이 감당하지 못할 지위까지 승진하여 나라의 일을 크게 그르친다. 조정에서 반성함이 없으니 이 일을 어찌하랴."

이어 13일에는 거제 현령 안위와 발포 만호 소계남 등을 배로 돌려보내고 배설과 그 외 여러 사람의 안부를 물었으나, 그가 기다리던 우후 이몽구는 나타나지 않았다. 특히 이날에는 하동 현감이 와서

"3일 그가 떠난 뒤에 정개산성(鼎蓋山城)과 벽견산성(碧堅山城)을 지키는 군사들이 해산하여 저절로 왜군에게 점령되었다."

라는 소식을 전하므로 통탄하기도 하였다.

14일에는 우후 이몽구가 전령을 받고 들어왔는데 본영의 군기를 하나도 옮겨 싣지 않은 일로 곤장 80대를 때려 보내고, 오후에는 어사 임봉정을 만나기 위하여 보성으로 가서 휴식하였다. 15일에는 보성에서 선전관 박천봉으로부터 임금의 유서를 받고 곧 장계를 작성한 후 군기를 검열하여 네 말에 갈라 실었으며, 16일에는 보성 군수와 군관들에 명령하여 도망친 관리들을 수색하도록 하였는데 그때까지 모여든 군사가 모두 120여 명이나 되었다.

보성에서 2일간 머무른 이순신은 17일 아침에 출발하여 장흥군 백사정(白沙汀)을 거쳐 군영 구미(軍營仇未)에 이르렀다. 원래 수사 배설과의 약속은, 이순신이 육로로 군영 구미에 이르면 배설은 전선을 군영 구미로 보내어 이곳에서 이순신이 전선을 거느리고 회령포(會寧浦)로 향하는 것이었다. 그러나 배설이 전선을 보내지 않아 이순신은 크게 실망하였다. 또한 장흥의 군량미를 취급하는 관리들이 군량미를 훔쳐 나눠 가지려던 것을 발견하고 호되게 곤장을 때리기도 하였다.

다음 18일에는 전선을 수습하기 위하여 회령포에 이르렀으나 이순신이 기다렸던 배설은 뱃멀미를 핑계하여 나오지를 않았으며, 그곳에는 겨우 남은 전선이 10척밖에 없었다. 이순신은 여러 장수에게 병선을 모으게 하고,

"거북선으로 단장하여 군대의 위세를 돋우도록 하라."

고 지시하였다. 이순신은 근 15일간의 강행군에서 얻은 불과 12척의 전선과 120여 명의 군사를 거느린 수군통제사로서 행세할 수 있게 되었으나, 군사 대부분은 칠천량 해전에서 탈출하였거나, 아니면 왜군에 대한 공포증에 걸린 자들로서 이들의 심리적인 불안을 해소하지 않으면 앞으로의 작전을 수행할 가능성이 희박하였다.

이에 18일은 회령포 포구 관청에서 밤을 지내고 19일에는 우선 장령들을 집합하게 하여 그가 간직하고 있었던 '삼도수군통제사'의 교서를 내놓았다. 이때 장령들은 그 교서에 엄숙히 절하였으나 다만 배설만은 별로 환영하는 기색을 보이지 않았다. 오늘날의 취임식 같은 절차를 밟은 것이었으며 이 자리에서 이순신은 이렇게 말하였다.

"우리가 지금 임금의 명령을 다 같이 받들었으니 의리상 같이 죽는 것이 마땅하다. 그런데 사태가 여기까지 이르렀으니 한번 죽음으로써 나라에 보답하는 게 무엇이 그리 아까울 것이냐, 오직 죽음이 있을 뿐이다."

이순신의 말이 끝나자 감동하지 않는 군사가 없었다. 이렇게 12척으로 결사보국(決死報國)을 맹세한 그는 우선 회령포의 포구가 협소하기 때문에 20일에는 이진(梨津)으로 함대를 이동하였으나 다음 21일부터 곽란

(癨亂)을 일으켜 구토와 설사를 하여 몸을 움직일 수 없었으며, 22일도 낫지 아니하고 통증이 더욱 심하여 배 위에서 누워 있을 수 없는 정도에 이르러 부득이 23일에는 육상에 내려와 유숙하였다.

03
—
12척의 전략

조선 수군이 거의 전멸한 후, 조정에서는 백의종군 중인 이순신을 통제 사로 임명하기는 하였지만 수군이 너무나 미약하여 도저히 왜군을 당해 내지 못할 것이라 하여 이순신에게 수군을 폐지하고 육전에 종군하라는 명령을 내렸다. 이에 대하여 이순신은,

"저 임진년으로부터 5~6년 동안에 적이 감히 충청도와 전라도를 침 범 못 한 것은 우리 수군이 그 길목을 지키고 있었기 때문입니다. 이제 신 에게 전선 12척이 있사온바, 죽을힘을 내어 항거해 싸우면 오히려 할 수 있는 일입니다. 만일 수군을 폐하면 적이 만 번 다행으로 여길 뿐만 아니 라 충청도를 거쳐 한강까지 갈 것이므로 그것이 신이 걱정하는 바입니 다. 그리고 비록 전선은 적지만 신이 죽지 않는 한에는 적이 우리를 업신 여기지는 못할 것입니다."

라는 장계를 올려서 수군 폐지를 강경히 반대하고 해상 방어의 중요성과 아울러 해상 방어를 위한 결의를 표하였다. 특히 "신이 죽지 않는 한에는 적이 업신여기지는 못할 것입니다."라는 말은 이순신만이 간직한 '신념'을 다시 한번 드러낸 것이었다.

이리하여 폐허에서 얻은 불과 12척의 전선만으로 조선 수군의 명맥을 유지하게 한 이순신은 매우 괴로운 신체적 조건에 놓였지만, 나라를 위하여는 잠시도 편안히 휴식할 수 없었다. 8월 24일에는 아침 일찍 행동을 개시하여 도괘포(刀掛浦)를 지나 어란포(於蘭浦) 앞바다로 이동하였다. 그러나 이곳도 벌써 관리와 백성이 모두 피난 가고 없었으므로 이날은 해상에서 하룻밤을 지내었다. 다음 날(25일)에는 아침을 먹고 있을 때 온 군중이 공포와 불안으로 동요하였다. 그 이유는 당포의 보자기(해산물 채취 담당)가 피난민의 소 두 마리를 훔쳐 가면서 '적이 온다'는 헛소문을 유포하였던 까닭이다. 그때 이순신은 헛소문을 유포한 당포의 어부 2명을 잡아서 목을 베어 군심(軍心)을 진정시켰다.

그 당시 왜 수군은 육군과 함께 남원성을 점령한 후 다시 대대적인 서침(西侵)을 단행하여 이순신이 이진을 떠난 24일에는 이진과 가까운 회령포에 접근하고 있었다. 묘하게도 왜 수군은 조선 수군이 그들과 가까운 곳에서 재편성되었음을 모른 채 접근하고 있었고, 또 통제사 이순신도 왜 수군이 눈앞에 밀어닥치고 있다는 위급한 순간을 모른 채 전선 12척을 수습한 것이다. 그뿐만 아니라 이순신의 회령포 도착이 며칠만 늦었더라면 조선 수군은 영원히 그 그림자조차 찾지 못할 운명에 놓일 뻔하였다.

그러나 위급을 겨우 모면한 이순신의 침착한 태도와 철저한 경계는 결국 왜 수군을 먼저 발견하게 되었다. 어란포에 계속 머무르는 동안 26일에는 임준영으로부터,

충무공 이순신

"적선이 벌써 이진에 도착하였다."

라는 보고를 받았다. 임준영은 이순신이 어란포에 도착하여 달마산(達摩山) 등지에 파견한 척후장이었다. 임준영의 말을 들은 장령들은 다시금 공포에 사로잡혀 도주하려는 기세를 보이는 등 온 군중이 동요하기 시작하였으며, 27일에는 칠천량의 패장 배설이 이순신을 찾아와서 놀란 빛을 보이며 빨리 다른 곳으로의 이동을 말하기도 하였다. 그러나 침착한 이순신은 태연한 목소리로

"수사는 그저 피하려고만 하는가?"

하여, 배설에게 우선 임전 태세를 갖추게 하니 다른 군사들도 감히 도주하지를 못하였다.

배설이 다녀간 다음 날, 즉 8월 28일 새벽 6시경에는 과연 왜선 8척이 불시에 어란포 앞 바다에 출현하였다. 이들은 왜선의 선발대였다. 그때 12척에 승조한 군사들은 마치 지난날 이순신의 공격을 받은 왜군처럼 겁을 내어 그들의 전선을 육안(陸岸)으로 이동하는 등 도망칠 기회만을 노렸고, 수사 배설마저 피하여 도주하려고만 하였다. 참으로 위급한 순간이었다. 이순신은 그때 엄숙한 명령을 내리고 깃발을 휘두르며 '적선 추격'을 명령함과 동시에 몸소 최선두에서 북소리를 울리며 추격을 개시하였다. 이순신의 명령과 모습을 본 배설 이하의 군사들도 어쩔 수 없이 그의 뒤를 따르며 추격전에 임하였다.

이에 왜선들은 불리함을 깨달은 듯 곧 퇴각하기 시작하였다. 이순신은 계속 이들 전선을 추격하여 갈두(葛頭)까지 이르자 멀리 도망하므로 추격을 중지하였다. 실제로 더 추격할 수도 있었지만 왜 수군의 불의의

기습을 받을 것을 염려하여 되돌아온 것이다. 그러나 이순신은 반드시 왜군들이 함대 세력을 강화하여 새로운 공격을 가해 올 것이라 판단하고, 그날 저녁에는 12척의 함대를 장도(獐島)로 이동하여 밤을 지내고 이튿날 즉 8월 29일에 벽파진(碧波津)으로 이동하였다.

벽파진은 진도의 동쪽 끝머리에 위치하여 해남을 바라볼 수 있는 곳이며 또 서북쪽에는 남해상에서 서해상으로 빠져나가는 유일한 물목인 울돌목, 즉 명량(鳴梁)이라는 해협이 있고 이 해협을 지나면 오른편 해남쪽에 '전라 우수영'이 있었다.

이순신이 삼도수군통제사로 다시 임명된 이후 무인 공성(無人空城)의 참상을 목격하면서 회령포, 이진, 어란포 등지를 거쳐 이곳 벽파진까지 함대를 이동함에는 보다 큰 이유, 즉 뚜렷한 전략이 있었다.

지난날 그가 여수에 있을 때는 항시 남해의 노량 수도와 견내량을 중요한 전략적 방어선으로 결정하고 이를 최대한 이용하였으나, 원균의 패전으로 인하여 이 방어선이 순식간에 무너지고 말았다. 더욱이 방어선을 쉽게 돌파한 왜군은 해상과 육상으로 전라도를 침범하고 있었다. 때문에 이순신은 보다 빠른 시일 내에 전선과 군사를 수습해야만 했다. 수습한 12척의 전선으로는 지난날과 같이 정면에서 도전할 수 없었다.

그러나 왜군의 진출을 좌시하고만 있을 수 없는 이순신은 적은 병력이나마 그들의 서해 진출만은 꼭 저지해야 한다고 생각하였으며, 그 결과 서해 진출의 물목인 '명량해협'을 최종적인 방어선으로 설정하고 벽파진으로 이동한 것이다.

이곳에서 이순신은 더욱 철저한 경계 태세를 취하면서 전투 준비에 분망하였으나 9월 2일 새로운 사건의 발생으로 그의 마음은 걷잡을 수 없을 정도에 이르렀다. 뜻밖에도 이날 새벽 경상 우수사 배설이 도망간 것이다.

충무공 이순신

배설은 겁이 많았지만 병법에 소양이 있고 실전에 경험이 있는 사람이었다. 그러기에 이순신은 어떻게 하든 그를 진중에 있게 하려고 무척 노력하였으나 도망했다는 소식에 크게 낙심하였다. 더구나 이 사건은 그때까지도 공포 심리를 버리지 못한 군사들의 심리상태를 배설이 실제 행동으로서 대변한 것이었고, 이로 말미암아 군사들은 더욱더 큰 불안을 간직하게 되었다.

04

명량해전 전초전

벽파진에서 군사들을 격려하면서 왜선의 동정을 살피던 이순신은 9월 7일 새로운 적정을 입수하였다. 탐망군관으로 파견한 임중형이 돌아와서,

"적선 55척 중 벌써 13척이 어란포 앞 바다에 이르렀는데, 아마 그 뜻이 우리 수군을 공격하려 함에 있는 것 같습니다."

라고 보고한 것이다. 지난날 한산도에 있었을 때 같으면 왜선을 찾아다니면서 격멸하고 왜선이 출현만 하면 출전하였던 것이 바로 이순신이었지만, 이제는 소수의 병력이므로 그럴 수도 없었다. 때문에 그는 보고를 받은 즉시 장령들에게,

"전투 태세를 취하라!"

라는 엄한 명령을 내리고 왜선이 가까이 오면 전력을 다하여 격멸하려고 하였다.

그날 오후 4시경 왜선 12척이 바로 벽파진을 향하여 들어오고 있었다. 이순신은 준엄한 출전 명령을 내림과 동시에 선두에 위치하여 이들 왜선을 요격하였다. 명령을 받은 다른 전선들도 즉시 닻을 올려 이순신을 뒤따르면서 왜선을 공격하였다. 이때 왜선들로서는 8월 28일 어란포에서 8척으로 공격을 시도했으나 실패하였기에, 이번에는 조선 수군과 비슷한 12척을 동원하여 두 번째로 공격하면서 조선 수군의 실정을 정탐하려는 것이었으나 뜻밖에 이순신의 강력한 공격을 당하니 또다시 퇴각하였다. 이순신은 이들 왜선을 끝까지 추격하려 하였으나 역풍이었고 또 물마저 역류로 흐르고 있을 뿐만 아니라 적의 복병선이 있을 우려도 있었으므로 부득이 벽파진으로 되돌아왔다.

이순신은 왜선을 퇴각시킨 것으로 만족하지 않았다. 그는 원균이 패전한 칠천량 해전의 교훈을 생각하면서 반드시 왜선이 야습해 오리라고 굳게 믿고 여러 장령을 집합시켜,

"오늘 밤에는 반드시 적의 야습이 있을 것이다. 장수들은 미리 알아서 준비할 것이며 조금이라도 군령을 어기는 일이 있으면 군법대로 시행할 것이다."

라고 약속한 후 재삼 엄중히 경계하도록 명령하였다.

그의 예견대로 바로 그날 밤 10시경 왜선이 포를 쏘면서 벽파진을 향하여 들어오고 있었다. 그때 이순신은 군사들이 겁내는 것같이 보였으므로 다시금 엄중한 명령을 내리고 스스로 최선두에 위치하여 지자포를 발사하면서 반격을 가하였다.

이러는 동안 포성은 천지를 진동하는 가운데 왜선들은 전후 네 번이나 '공격했다가 또 물러갔다' 하다가 그들로서는 대적하지 못할 것이 분명하였으므로 결국 퇴각하고 말았다. 야습을 감행한 왜선들은 칠천량에서처럼 기습으로 쉽게 격멸하리라 믿고 공격을 시도하였으나 밤을 경계하는 이순신 앞에서는 도저히 그 뜻을 이루지 못한 채 물러서지 않을 수 없었다.

세 번째로 공격해 온 왜선을 무난히 격퇴한 이순신은 그 이튿날 장령들을 한자리에 모이게 하여 앞으로의 작전에 관한 대책을 논의하였다. 이날 이순신은 여러 장령 중에서 군사(軍事)에 관하여 아무것도 모르는 김억추가 칠천량 해전에서 전사한 이억기의 후임인 전라 우수사로 발령된 것을 매우 좋지 않게 생각하고 그의 일기에,

"우수사 김억추는 겨우 일개 만호에 적합한 인물이지 대장 재목은 못되는 인물인데 좌의정 김응남이 정다운 사이라고 해서 억지로 임명하여 보냈으니 이야말로 어찌 조정에 사람이 있다고 하겠는가. 다만 때를 못만난 것을 한탄할 뿐이다."

라고 하였다.

다음 날은 9월 9일로서 조선뿐만 아니라 동양에서 연중행사의 하나로 손꼽는 명절이었다. 그는 비록 상제의 몸이지만 이날만은 군사들에게 기쁘게 놀 수 있는 잔치를 베풀어주기 위하여 소 다섯 마리를 잡게 하고 아울러 많은 술을 준비하여 군사들의 마음을 기쁘게 하였다. 이 소는 9월 1일 제주도 어부 점세가 그에게 바친 것이다.

춤과 노랫소리 등이 울려 퍼지는 가운데, 이순신은 스스로 군사들의 흥겨움을 돋우려고 이곳저곳을 돌아다니며 어느 노령의 군사에게는 술

충무공 이순신

을 권하기도 하고 받아 마시기도 하였다. 그러나 이순신은 술을 마셔도 상제의 몸으로 고기는 먹지 않았으며 그러한 흥겨운 시간에도 철저한 경계를 잊지 않고 평소보다 많은 척후병을 배치하였다. 그때 2척의 왜 척후선이 어란포로부터 산그늘을 따라 숨어가면서 감보도(甘甫島)까지 들어와서 수군의 실정을 정탐하였으나 즉시 이순신의 경계망에 걸리고 말았다. 왜선 발견의 보고를 받은 그는 조금도 당황하지 않고 침착하게 영등포 만호 조계종 등에게 이를 추격하도록 명령하고 태연하게 다른 군사들은 즐겁게 놀 수 있도록 하였다. 뜻밖에 추격을 당한 2척의 왜 척후선은 당황하여 배 안에 실었던 물건을 바닷속으로 버리면서 도주하였으며 조계종 등이 계속 추격하였으나 격파하지는 못하였다.

그 후 며칠 동안은 왜선의 침입이 없었다. 왜선들은 네 차례에 걸친 행동의 결과, 함대가 아니면 응전할 수 없다 하여 어란포 등지에서 그들의 주력 함대를 기다리면서 새로운 계획을 세우고 있었기 때문이었다.

이 동안 이순신은 그리운 생각에 눈물짓기도 하였으며 또 앞으로 닥칠 왜선을 격멸하기 위하여 고심하기도 하였는데, 13일의 일기에는

"꿈에 이상한 일이 있었다. 임진년 대승첩과 비슷하였다. 무슨 징조일까."

하여, 꿈을 꾸기까지 하였다. 이 꿈은 앞으로 3일 후에 있을 명량해전을 암시하는 것이었다.

한편 이순신이 벽파진에 머무르는 동안 수많은 피난선이 주변에 모여들었다. 이들 피난선은 이순신의 그늘에서만이라도 서성거리면 반드시 살 수 있다는 믿음으로 여러 곳에서 운집한 것이다.

이순신은 분망한 나날을 보내면서도 이들 피난선과 피난민들을 가급적 안전한 지역으로 이동하도록 설득하고, 또 전투가 예상될 때는 전령선을 보내어 멀리 피하도록 재삼 권유하기도 하였다. 그러나 피난선들은 쉽사리 이순신의 주변을 떠나지 않고 머뭇거렸다.

05

명량해전의 대승리

9월 14일 이순신은 벽파진 건너편에 보이는 연기와 함께 중대한 첩보를 입수하였다. 바로 왜군의 동정을 정탐하기 위하여 육지로 파견한 임준영이 돌아와서 보고하는 내용에,

"적정 200여 척 중에서 55척이 이미 어란포에 들어왔습니다."

또 사로잡혀 갔다가 도망해 온 김중걸의 말이라 하면서 금월 6일 중걸이 달야이산(達夜依山)에서 왜적에게 붙잡혀서 왜선에 실렸던바 이름을 모르는 김해 사람이 밤중에 귀에다 대고 가만히 말하기를 왜놈들의 말이,

"조선 수군 10여 척이 우리 배를 뒤쫓아 혹은 사살하고 혹은 배에 불을 질렀으니 보복을 하지 않을 수 없다. 여러 곳의 배를 모아 조선 수군을 모조리 격멸한 뒤 곧바로 한강으로 올라가자."

라고 하더라는 것이다. 이순신은 이 보고를 그대로 믿기는 어려워도 그럴 수도 있을 것 같아서 우선 전령선을 우수영으로 파견하여 피난민들에게 급히 안전한 지역으로 이동할 것을 권고하였다. 이어 15일에는 12척 적은 수의 전선으로 명량해협을 등 뒤에 두고 싸움을 할 수 없었으므로 모든 전선을 거느리고 우수영으로 이진(移陣)하였다.

그는 이날 우수영에서 모든 장령을 소집하여 명량해협을 앞에 두고 결전을 단행한다는 작전 계획과 해전 방법 등을 설명한 후 아래와 같이 지휘관으로서의 굳건한 태도와 결의를 맹세하였다.

"병법에 말하기를 반드시 죽을 각오를 하면 산다고 하였다. 또 한 사람이 길목을 잘 지키면 천 명도 두렵게 할 수 있다는 말이 있다. 이 말은 모두 지금 우리를 두고 하는 말이다. 제 장이 조금이라도 군령을 어기면 군율대로 시행해서 작은 일이라 할지라도 용서하지 않겠다."

이순신의 말이 끝나자 장령들은 칼을 들어 맹세하였으며 스스로 가슴 속에 결사구국(決死救國)을 두 번 세 번 되새겼다.

이것은 이순신의 비장한 각오와 신념을 토로한 것이며 이러한 그의 신념은 결국 영감(靈感)을 통하여 꿈에 신으로부터 승리할 수 있는 방책(方策)을 얻기에 이르렀다. 즉 9월 15일의 일기에는 위의 맹세하는 내용과 함께 이렇게 적어 두었다.

"이날 밤 신인(神人)이 꿈에 나타나서 가르쳐주시기를 이렇게 하면 크게 이기고 이렇게 하면 패하게 된다."

신의 계시를 받은 이순신은 그날 밤을 겨우 넘기고, 이튿날 즉 9월 16

일 이른 아침에 망군(望軍, 정찰병)으로부터,

"수를 헤아릴 수 없는 많은 적선이 바로 우리 배를 향하고 있습니다."

라는 보고를 받았다.

수륙병진책에 따른 왜선들이 서해를 거쳐 한강에 이르기 위하여 그 수로인 명량해협에 접근하는 것이었고 또 이들은 그때까지 네 번에 걸친 작은 전투에서 이미 조선 수군의 실정을 파악하고 10배 이상의 전선을 동원하여 자신만만한 기세를 보이고 있었다.

이순신이 전투 장소로 택한 명량해협은 진도와 화원반도 사이에 있는 좁은 수로로서, 가장 좁은 곳은 폭이 약 300m이며, 이 해역의 조류는 조선의 여러 물길 중에서 가장 빠르다. 명량도(鳴梁渡, 진도 등대 부근)는 가장 좁은 곳의 북쪽에 있으며 수심은 불과 1.9m이고 이 명량도의 조류(潮流)를 보면 북서류(北西流)는 저조(低潮) 후 약 1시부터 고조(高潮) 후 약 1시까지 흐르고, 최강 유속은 9.5kn 이상에 달한다.

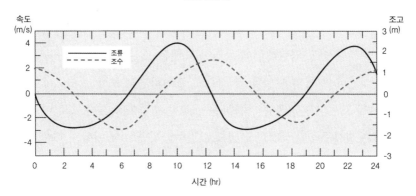

명량해전 당일의 조류 추정도
1597.9.16.

특히 이 해역의 최강 유속은 명량도의 하류 해역에서 흐르며 대조(大潮) 시에는 약 11.5kn가 되는 경우도 있다. 또한 조류는 일반적으로 동남류가 북서류(목포 방면)보다 약 2kn 정도 빠르게 흐르고 있으며, 북서류와 동남류의 최강 유속 시간과 전류 시간(轉潮時間)의 간격은 전반적으로 일정하지 않으나 약 3시간 내외의 간격으로 변한다.

명량해전을 실행한 9월 16일(양력 10월 26일)은 대조기였으며 조류도 최강류(最强流)가 흐르고 있었다. 앞의 그림에서 볼 수 있듯이, 이날 아침 왜군은 목포 쪽으로 흐르는 북서류를 타고 거의 정조 시에 명량해협을 통과하려고 하였을 것이나 의외로 이순신의 저항을 받아 전투 중에 동남류가 흐르게 되어 고전을 면하지 못한 것이다.

반면 이순신은 왜선을 맞아 격멸하기 위하여 불리한 역류를 타고 전투 해역에 돌입하였을 것이며 전류기가 닥칠 때까지 죽음으로써 왜선의 해협 통과를 저지하는 동안 동남류가 흐르게 되니 유리한 위치에서 전투하였을 것으로 보인다.

이순신은 이러한 좁은 해역에서 조류를 이용하려는 계획을 분명히 세우고 전투에 임하였다.

이윽고 이순신은 보고 받은 즉시 모든 전선에 출전 명령을 내리고 스스로 최선두에서 왜선을 격멸하기 위하여 명량해협으로 향하였다.

이때는 반대 방향으로 힘찬 조류가 흐르고 있었으며 거의 때를 같이 하여 순조를 타고 명량해협에 돌입한 왜선은 모두 133척이었다. 왜선들은 순식간에 12척의 전선을 몇 겹으로 포위하면서 포를 쏘기 시작하였다. 이제 조선의 운명을 판가름하는 중요한 순간이 닥쳤다. 그러나 출전할 때는 결사구국의 굳건한 신념으로 임하였지만 10배 이상의 왜선을 목격한 군사 일부는 스스로 낙심하고 회피하려는 태도를 보이기도 하였다. 특히 우수사 김억추는 자신의 직책을 잊어버린 채 이순신을 따르지 않고 아득한 후방에서 맴돌 았다. 이순신은 우선 왜 군에게 약함을 보일 수 없다 하여 앞으로 돌진 하면서 지·현자 총통을 일제히 발사하고 그 외 의 각종 화기와 화살을 빗발같이 발사하였다.

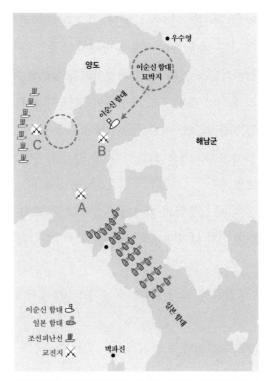

명량해전 추정도 결전 장소(A, B, C)는 학자마다 주장이 다르다.

반면 왜선들은 일 시 공격했다가 또 물러 났다, 하면서 감히 대적 하지 못할 것처럼 보이 고 있었으나 이미 이순 신이 타고 있는 전선은 몇 겹으로 포위되었다. 때문에 배 위에 서 있는 군사들은 장차 어떤 일이 벌어질까 하여 서로 돌아보면서 얼굴빛이 변하고 있었다. 그러나 이순신 은 위엄 있는 목소리로,

"적선이 천 척이라도 감히 우리 배를 당해내지 못한다. 그러니 조금도 동요하지 말고 힘을 다하여 적을 쏘아라."

하면서 군사들을 격려하고 다른 전선을 돌아보았다.

생각보다 여러 전선이 벌써 800m 정도 퇴각하여 전투 상황을 바라보 면서 앞으로 나오지 못하고 있었으며 만약 불리하면 아주 먼 곳으로 도

망칠 준비를 하는 것 같았다. 여러 전선의 실정을 본 이순신은 너무나 화가 나 곧 배를 돌려 바로 후방에서 맴돌고 있는 중군 김응함 등을 직결 처형하려고 하였다. 그러나 뱃머리를 돌리면 후퇴하는 것으로 알고 더 멀리 물러날 것이고 또 왜선들이 점점 가까이 오면 사태가 매우 위험하게 될 것을 예상한 이순신은 우선 호각을 불어 중군에게 군령을 내는 기(旗)와 초요기(招搖旗)를 올렸다. 즉 중군 김응함과 다른 전선을 호출하는 신호였다.

이에 김응함의 전선이 가까이 오고 그보다 앞서 거제 현령 안위의 전선이 먼저 달려왔다. 이순신은 선상에서 안위를 불러,

"안위야, 네가 군법에 죽고 싶으냐? 네가 물러나면 살 듯싶으냐?"

라고 꾸짖었다. 이순신의 말이 끝나자 안위도 황급하여 답하기를,

"예, 어찌 감히 죽지 않사오리까."

라고 말하면서 왜선 속으로 돌진하여 용전하였다.

또다시 이순신은 김응함을 불러,

"너는 중군으로서 멀리 도망하여 대장을 구하지 않으니 네 죄를 어찌 면할 것이냐. 당장 처형해야 할 것이지만 전세가 급하므로 우선 공을 세우게 한다."

라고 말하자, 김응함도 황송하여 역시 안위의 뒤를 따라 돌진하였다. 그런데 안위와 김응함이 결사적으로 돌진하는 순간 왜군의 대장선은 다른

충무공 이순신

2척을 거느리고 일시에 안위의 전선에 개미 떼같이 매달려 서로 앞을 다투어 배 위에 기어오르려 하였다. 반면 안위의 전선에 타고 있는 군사들은 제각기 죽기를 맹세하여 몽둥이를 쥐고 혹은 긴 창을 쥐고 혹은 수마석 덩어리 등을 갖고 마구 찌르고 던지고 하여 용감히 싸웠으나 힘이 지치는 기색이 보였다.

이때 안위의 전선을 본 이순신은 급속히 돌진하여 빗발치듯이 지·현자 총통 등을 연발하면서 왜선 3척을 거의 격파하고 안위를 구출하는 등 싸움은 절정에 달하였다. 또한 이순신을 뒤따른 녹도 만호 송여종과 평산포 대장 정응두의 전선이 힘을 합하여 왜군의 대장선을 완전히 격파하였으며, 안위의 전선에 달려든 나머지 2척의 왜선도 이순신의 공격을 받아 그 갑판 위에는 움직이는 것이 하나도 없었다.

이러는 동안 이순신이 타고 있는 전선의 근처에는 죽고 상한 많은 왜군이 물 위에 떠돌아다니고 있었다. 그중에는 꽃무늬를 놓은 붉은 비단 옷을 입은 자도 있었다. 이를 본 준사[60]는 꽃무늬를 입은 자를 손가락으로 가리키면서,

"저것이 안골포 해전 때의 왜 수군장 마다시(馬多時)요!"

하고 외쳤다.

이순신은 즉시 김돌손을 시켜 갈고리로 끌어올리게 하였다. 이를 확인한 준사는 좋아라고 날뛰며,

"그래, 바로 마다시요."

---

60 안골포 해전 때 투항해 온 항왜 군사.

라고 하였다.

분개한 이순신은 곧 명령하여 아직 숨이 붙어있는 마다시의 몸뚱이를 토막토막 자르게 하고 그 머리를 돛대 위에 매달게 하였다.

마다시는 왜군의 한 지휘관으로서 임진년(1592)에 수군의 주력대를 거느린 일이 있는 구루시마 미치후사와 동일 인물이라 하며, 이 밖에도 이 해전에는 가토, 와키자카, 도도 등이 각각 전선을 거느리고 있었다 한다. 대장선의 격파와 함께 돛대 위에 매달린 그들 대장의 머리를 본 왜군은 아우성을 치는 등 사기가 극도로 꺾였고 조류마저 차차 불리해지기 시작하였다.

이에 반하여 이순신을 비롯한 군사들은 사기가 충천하여 일제히 북을 울리면서 지·현자 총통과 각종 화전을 빗발같이 쏘면서 계속 맹렬한 공격을 가하여 왜선 31척을 격파하였다. 마침내 대장을 잃은 왜선들은 차차 물러나고 해상에는 이순신의 늠름한 모습과 그를 도운 군사들의 환호성만이 울려 퍼졌다.

한편 전투 직전까지 멀리 가지 않고 우수영 근해에 몰려있던 피난선과 피난민들은 그들의 배를 전선으로 위장하여 조금도 겁내지 아니한 채 기세를 올리면서 성원하였다. 이들은 처음에는 배 위에서 또는 산 위에서 함성을 울리곤 하였으나 12척의 전선이 무수한 왜선에게 포위되고 또 이순신의 전선이 고전을 면치 못하는 것을 목격하고는 서로들 돌아보고 통곡하면서,

"우리가 여기 온 것은 다만 통제사 대답만 믿고 온 것인데 이렇게 되니 우리는 이제 어디로 가야 하겠소?"

　　　　　　　　　　　　　　　　　　충무공 이순신

십경도 〈명량해전도〉 출처: 현충사

라고 말하기까지 하였다.

그러나 차차 왜선들이 물러가고 해상에는 12척의 전선만이 남게 되는 통쾌한 광경을 보고는 다시금 감격의 눈물과 환호성을 울렸다.

12척으로 133척의 왜선 중 30여 척을 격파하고 나머지를 물리친 명량해전은 막을 내렸다. 이순신은 왜군에게 또다시 침략자가 받아야 할 응징의 대가를 맛보인 것이다. 다만 이순신은 그날의 일기 끝머리에,

"이는 실로 천행이다."

하여 자신의 고민과 계획으로 얻은 전과를 하늘이 내려준 행운으로 미루었으나 명량해전은 기적이나 천행으로 승리한 것이 결코 아니다.

이순신의 굳건한 애국 충정에 의한 전략 전술과 그를 도운 군사들의 용감한 전투력이 하나가 되어 승리한 것이다. 나아가 이 명량해전은 칠천량 해전 이후 해상과 육상을 여지없이 짓밟던 왜군의 수륙병진 계획을 송두리째 부수어버리고 정유재란의 전환점을 마련해 주었다.

충무공 이순신

06

투철한 책임감과 사생관

명량해전의 승리는 그때까지 수련과 고행과 역경을 이겨온 이순신의 변함없는 우국충정의 외적 표상이었다. 5개월 전 53세의 노령으로 옥문을 나설 때의 신체적 조건, 백의종군 중 어머님의 부음을 접하였을 때의 정신적 충격, 조선 수군의 패보를 접하였을 때의 울분, 백의에서 다시 통제사로 기용되었을 때의 수군의 정황 등 말과 글로는 표현할 수 없는 고난과 역경에서도 오직 나라와 겨레의 영원한 앞날을 위하여 자신이 해야 할 일을 재확인하고 분연히 일어선 것이다.

이러한 그의 기백과 사생관(死生觀)에 대해서는 정유년(1597) 친필 일기 속 곳곳에 스며있는데, 그중에서도 '독송사(讀宋史)'[59]를 읽고 필사한 것에 잘 나타나 있다.

"어허, 이때가 어느 때인데 저 강(이강을 이름)은 가려고만 하는가. 가면 또 어느 곳으로 가려는가. 무릇 신하 된 자로 임금을 섬김에는 죽음이 있을 뿐이요, 다른 길이 없나니. 이때야말로 종사(송나라 왕실)의 위태함이 마치 머리털 한 가닥으로 천 근을 달아 올림과 같아 정히 신하 된 자는 몸을 버려 나라의 은혜를 갚을 때인데 도피한다는 말은 참으로 마음에 생각도 못 할 말이거늘 어찌 입 밖으로 낼 수가 있을 것인가."

하여 남송이 금(金)과 투쟁 시 재상의 직위에 주전론(主戰論)을 고집하던 이강이 재상으로서의 책임을 다하지 못하고 반대파의 공격을 받아 탄식하면서 도피하려는 생각만 갖고 있던 사실에 대하여 냉철하게 비난한 다음에,

"그러면 내가 강(이강)이라면 나는 어떻게 한다 할 것인가. 몸을 헐어 피로써 울며 간담을 열어젖히고서 사세가 여기까지 왔으니 화친할 수 없음을 명확히 말할 것이요, 아무리 말하여도 그대로 되지 않는다면 거기이어 죽을 것이요, 또 그렇지도 못하다면 짐짓 화친하려는 계획을 따라 그 속에 몸을 던져, 온갖 일에 나날이 꾸려가면서 죽음 속에서 살길을 구하면 혹시 만일이라도 나라를 건질 도리가 있게 될 것이거늘, 강의 계획은 이런 데서 내지 않고 그저 가려고만 했으니, 이것이 어찌 신하 된 자로서 몸을 던져 임금을 섬기는 의리라 할 것인가."

하여, 나라를 위해서 적과는 피로써 항쟁한다는 태도를 분명히 하였으며, 또 자신의 힘으로 되지 않는다면 죽음을 택할 것이며, 또 그러하지

---

61 지금까지 이순신이 송사를 읽고 쓴 것으로 알려진 독송사는 명나라 학자인 경산 구준(1420~1495)이 쓴 《세사정강(世史正綱) 송세사(宋世史)》 25권에 나오는 내용과 일치하는 것을 확인하였다. 이에 《난중일기》에 써 있는 독송사는 이순신이 구준이 쓴 독송사를 읽고 감명을 받아 필사한 것으로 보인다.

도 못하면 끝까지 온 정열을 다하여 나라를 위해 몸을 던질 것이며, 나아가서는 신하로서 자기 책임을 피하여 다른 곳으로 갈 수 없음을 거듭 명확히 하였다.

윗글은 정유일기 10월 8일 자 일기 뒤에 적혀 있는 글이다. 매우 어려운 여건 속에서도 투철한 책임감과 군인으로서의 확고부동한 사생관이 확립되어 있었음을 알 수 있다.

10장

고하도와 고금도

01
—
전후의 경계

명량해전 후 이순신은 모든 전선을 거느리고 그날로 우수영에서 약 34km 떨어진 당사도(唐笥島)로 함대를 옮겼는데, 그 이유를 그날의 일기에,

"싸움하던 바다에서 그대로 정박하고 싶었으나, 물결도 몹시 험하고 바람도 역풍이며 형세 또한 위태롭고 외로워서 당사도로 옮겨서 밤을 지냈다."

하여 비록 전선은 12척이 그대로 남아 있었으나 군사 중에는 사상자도 있었고 또 모든 군사가 극도로 피로하여 더 이상의 전투를 할 수 없을 정도였기에 왜군의 재침을 고려하여 일단 북쪽으로 이동한 것이다.

또한 그는 명량에서 왜군의 대선단을 전부 격멸하지 못하였으므로 군사들을 위로하고 한편으로는 군사를 모으면서 조심스럽게 정찰 활동을 전개하여 확실한 동향을 파악한 후에 새로운 계획을 세우기로 하였다.

당사도에서 전승의 하룻밤을 보낸 그는 이튿날 어외도(於外島)에 이

명량해전 후 행적도

르러 하루를 휴식한 다음 날부터는 칠산(七山), 법성포(法聖浦), 홍농(弘農), 위도(蝟島) 및 고군산도(古群山島) 등지까지 북상하면서 해상과 육상의 정세를 살피고 새로운 수군 기지를 물색하기도 하였으나 그가 가진 고민은 한둘이 아니었다.

우선 시급한 문제만 보더라도 전쟁 무기는 보잘것없었고 군량마저 밑바닥을 드러내고 있었다. 또한 늦은 가을철의 해상이 매우 차가웠으나 군사들이 입고 있는 엷은 옷을 대치할 방도가 없었다.

이러한 그의 고민을 조정에서 알았다고 하더라도 조정으로서도 별다른 지원을 할 수 없는 실정이었고, 전라도 등지마저 왜군의 침범으로 관청 대부분이 빈집만 남기고 있을 따름이었다.

이러한 때, 통제사 이순신은 어려운 조정의 사정을 알고 있었기에 그

충무공 이순신

가 거느린 군사들에게는 전쟁을 위한 다른 무기류보다 우선 추위를 넘길 수 있는 옷과 군량을 준비하여야 한다는 것을 생각하고 백방으로 구하려 하였다.

그런데 마침 그가 명량해전 다음 날 어외도에 이르렀을 때 무려 300여 척의 피난선이 먼저 도착해 있었을 뿐 아니라 이들 피난민은 명량에서 승리한 것을 알고 서로 다투어 치하하면서 양식을 갖고 와서 군사들에게 나누어 주었다. 그때 피난선들이 모여드는 것을 본 이순신은 이들을 향하여,

"적의 대선단이 바다를 뒤덮는데 너희는 어찌하여 여기에 머물러 있는가?"

라고 물어보았다. 그러자 피난민들의 대답은 간단하였다.

"저희는 다만 대감만 바라보고 여기 있는 것입니다."
"너희가 내 명령대로 한다면 내가 너희의 살길을 지시해 줄 것이요, 만일 그렇지 않으면 어찌할 길이 없다."

이순신의 말이 끝나자 피난민들은 입을 모아 말하였다.

"어찌 감히 명령에 복종하지 않사오리까."

이순신은 마음속으로 기뻐하면서 근엄한 목소리로

"이제 군사들이 배도 고프고 옷도 없어 이대로 가다가는 모두 죽게 되

겠는데, 하물며 적을 막아주기를 어떻게 바랄 것이냐. 너희가 만일 옷이나 양식을 내어서 우리 군사들을 도와준다면 적을 무찌를 수 있을 것이며 너희도 죽음을 면할 것이다."

라고 말하자, 피난민들은 아무런 불평 없이 그대로 시행하였다. 이리하여 눈물 어린 양식과 의복 등으로 군사들이 그해의 추위를 면할 수 있었으며 이러한 피난선들은 이순신이 가는 포구마다 따랐으므로 여러 곳에서 도움을 받았다.

그동안 육상에서 북진하던 가토 등이 거느린 왜군은 9월 6일 직산 북방의 소사평(素沙坪)에서 명나라의 대군에 대패하여 그들의 북진이 좌절되었으며, 육상의 대패와 함께 9월 16일 명량해전의 참패로 말미암아 겨울이 닥쳤음을 이유로 하여 해상과 육상에서의 진출을 단념하고 10월부터 남해안으로 집결하기 시작하였다.

북진하였던 가토 등은 상주를 거쳐 영천, 대구, 성주, 창령 방면으로 각각 퇴각하였으며 한편으로는 전주에서 금강 부근까지 북진했던 우기다와 고니시 등은 서해안과 나주, 해남 방면을 거쳐 순천 방면으로 퇴각하였다. 이리하여 수십만의 왜군은 울산에서 순천에 이르는 남해안 800리에 걸쳐 성을 쌓고 제각기 머무르니 다시금 그 주변의 여러 고을은 파멸을 면할 수 없게 되었다.

이순신은 이러한 왜군의 동향을 피난민들로부터 부분적으로 들어가면서 척후병을 계속 해상과 육상으로 파견하는 등 보다 새롭고 정확한 왜군의 정황을 정찰하여 앞으로의 계획을 수립하려고 다시금 어외도를 거쳐 10월 9일에는 우수영으로 들어왔으나, 성 내·외에는 인적이 없고 바라보기에 처참하기만 하였다. 가까운 해남에 왜군이 머무르고 있기에 관민들이 피난한 것이었다.

이때 이순신은 여러 곳을 순시하면서 왜군이 근접해 있는 우수영은 당분간 수군 기지로 사용할 수 없다는 사실과 미약한 병력으로 남해 등지로 진출할 수 없다는 결정을 내렸다.

이에 따라 그는 우선 수군이 주둔할 기지를 물색하였다. 10월 11일에는 안편도(安便島)를 직접 정찰하여 지리적 조건을 엄밀히 검토하였고, 중군장 김응함과 순천 부사 우치적 등과 함께 새로운 계획을 의논하고 28일까지 이곳에서 머물렀다.

지속적으로 정찰하던 중에 10월 13일에는 임준영으로부터

"해남에 웅거했던 적들이 초 10일에 우리 수군이 내려오는 것을 보고는 겁을 내어 11일에 모두 도주하였다 합니다."

라는 보고를 받았다. 이러한 왜군의 도주는 비단 해남 지방만이 아니었다. 곳곳에 웅거하였던 왜군은 이순신이 나타났다는 소식을 듣자마자 도주하였다. 더구나 임준영은 다시 말을 이어 이순신을 놀라게 하는 보고를 하였다.

"해남 향리(鄕吏) 송연봉과 신용 등이 왜군의 진중에 들어가서 적의 앞잡이가 되어 지방 사람들을 많이 죽였다 하옵니다."

이순신은 이 말을 듣자마자 곧 순천 부사 우치적, 금갑도 만호 이정표 등을 해남으로 보내어 해남의 치안을 유지하고 또 남은 왜군을 소탕하도록 하였으며, 이 밖의 여러 지방도 염려하여 그 지방의 수령들을 담당 지방으로 돌려보내어 하루빨리 지방 행정을 복구하도록 하였다.

02
아버지의 슬픔

발음도(안편도)에 머무르는 동안 군무에 시달려 몸을 이기지 못하는 이순신에게 또다시 뜻하지 않은 비보가 전해졌다. 10월 14일이었다. 이날도 밤늦게 앞으로의 계획을 생각하다가 잠이 들락 말락 할 때 한 꿈을 꾸었다. 그 꿈은 그날의 일기에서,

"새벽 2시쯤 꿈에 내가 말을 타고 언덕 위를 가는데 말이 실족하여 개천에 떨어졌으나 넘어지지는 않고 막내아들 면이 나를 붙들어 안으려는 것 같은 형상을 보고 깨었다. 무슨 징조인지 모르겠다."

하였다.

실로 그의 꿈은 적중하였다. 바로 그날 저녁 천안에서 온 사람이 집안 편지를 전하였는데 봉합을 풀기도 전에 뼈와 살이 먼저 떨리고 심사가 혼란했다. 겨우 겉봉을 뜯고 거죽에 '통곡(慟哭)'이라는 두 자를 쓴 둘째

아들 열의 글씨를 보자마자 셋째 아들 면이 전사한 줄 알고 자기 자신도 모르게 소리 내어 통곡하였다.

이순신은 그때 부인 방씨와의 사이에 아들 3형제와 딸 하나가 있었다. 맏아들 회는 31세이고, 둘째 아들 열은 27세이며, 셋째 아들 면은 21세의 어린 나이였다. 세 아들 중에서도 셋째 아들 면은 담략과 총기가 있어서 아버지의 특별한 사랑을 받았으며 또 이순신도 면의 장래를 크게 기대하고 있었다.

면은 그 당시 어머니를 모시고 고향인 아산에 가 있던 중, 그해 9월에 왜군이 침입했다는 소식을 듣고는 분함을 참지 못하였으며 가족은 모두 피난할 준비를 하였으나 면은 오히려 활과 칼을 쥐었다. 그는 가족을 뿌리치고 침입한 왜군에 맞서 싸웠다. 말을 잘 타고 활을 잘 쏘았으나 수많은 왜군을 혼자서 어찌할 수 없는 일이었다. 그는 화살이 떨어질 때까지 왜군 3명을 죽이고 숨어 있던 왜군의 칼날에 맞아 장렬하게 전사하였으며 그 소식이 이순신에게 전해진 것이다.

사람의 인과관계란 기묘한 것으로 그때 면을 죽인 왜군은 후에 수군이 되어 싸우다가 고금도에서 이순신에게 잡혀 죽었다. 이순신은 울면서 아들의 죽음을 매우 슬퍼하였다. 대장으로서 부하들에게 조금도 슬픔을 보이지 않으려고 하였던 그였으나 아들의 전사에는 저절로 소리 내어 울부짖었던 것이다. 더구나 편지를 받은 그날의 일을 일기에서,

"하늘이 어찌하여 이다지도 어질지 아니하신가. 간담이 찢어지는구나, 찢어지는구나. 내가 죽고 네가 사는 것이 이치에 맞는 일이 아니냐. 네가 죽고 내가 살았으니 이런 괴상한 일이 어디 있느냐. 천지가 캄캄하고 해조차 빛이 변하였구나. 슬프다 내 아들아, 나를 버리고 너는 어디로 갔느냐. 남달리 영특하더니 하늘이 이 세상에 머물러 두지 않는 것이냐.

내가 지은 죄 때문에 화가 너에게 미쳤단 말이냐. 내 이제 세상에 살아 있은들 누구에게 의지하고 살 것이냐. 너를 따라 같이 죽어 지하에서 같이 울고 싶건마는 너의 형이나 너의 동생이나 그리고 너의 어머니가 의지할 곳이 없으므로 아직은 살고 연명이야 한다마는 마음은 죽고 형태만 남아 있는 것이 되고 말았구나. 소리 내어 울부짖으며 통곡하고 또 통곡할 따름이다. 한밤을 지내는 것이 한 해를 보내는 것 같다. 이경(二更, 밤 9시~11시)에 비가 내렸다."

라고 하였다. 참으로 이 일기는 아버지로서의 애절한 심정을 솔직하게 적은 것이다. 그 후 전사한 아들과 고향의 일들을 생각하며 슬퍼하였으며 17일에는 새벽에 흰 띠를 띠고 향불을 피우고 곡하기도 하였으나, 이어 19일의 일기에는

"어두울 무렵에 코피를 되 남짓이나 흘렸다. 밤에 앉아 눈물짓곤 하였다. 어찌 다 말하랴. 이제는 영령이라 불효가 여기까지 이를 줄을 어떻게 알았으랴. 비통한 마음, 가슴이 찢어지는 듯하여 누를 길이 없다."

하였다. 그러나 그는 이러한 슬픔이 군무에 지장 줄 것을 염려하여 스스로 억제하려고 하였다.

한편 10월 24일과 25일에는 두 차례에 걸쳐 서울에서 선전관이 그에게 새로운 공문을 전달하였다. 명나라 수군이 강화도에 도착하였다는 내용과 이들 명나라 수군이 정박하기에 적당한 곳을 찾아서 보고하라는 내용이었다.

사실 명나라에서 빨리 수군을 파견한 데에는 이유가 있었다. 원균이

충무공 이순신

패배한 후로 그들의 본국에 대한 위협을 느꼈기 때문이었으나 그들 수군이 도착하였을 때는 이미 이순신이 왜군을 명량해전에서 대파하였던 까닭에 한숨을 돌려 강화도 근해에서 머물다가 9개월이 지난 다음 해 7월 16일 고금도에 이른 것이다.

그때 이순신은 조정에서 아무런 지시가 없어도 스스로 수군의 기지를 설치하려고 신중하게 물색하던 중이었으며, 명나라 수군의 소식을 알게 된 후에는 한층 더 기지 설치를 서둘러서 10월 29일 새벽 2시에 발음도에서 출발하여 목포 앞 바다에 있는 고하도로 진을 옮겨 그곳을 수군기지로 설치하였다. 특히 그는 고하도로 이진하게 된 이유를 그날의 일기에서

" …… 서북풍을 막을 수 있고 배를 감추기에 아주 적합하였다. 육지에 내려 섬 안을 돌아보니 지형이 매우 좋았다."

하여, 지리적 조건을 최대한으로 이용하기 위함임을 밝혔다.

고하도는 주위가 약 9km 되는 조그마한 섬이지만, 영산강 입구에 위치하여 교통이 편리하기 때문에 병력 보충이나 군량 조달을 위해서도 아주 좋은 조건을 갖춘 곳이었다.

03

고하도의 공훈

고하도로 진을 옮긴 이순신은 이튿날부터 군사들을 총동원하여 먼저 나무를 베어서 병사(兵舍)를 마련하고 나아가서는 군량 창고를 짓고 전선을 건조 보수하는 작업을 실시하였다. 그는 하루도 앉아 있지를 않고 거의 날마다 농사 짓는 곳, 전선 만드는 곳, 나무 베는 곳 등을 직접 왕래하면서 모든 일을 격려하고 감독하면서 앞으로의 월동 대책과 작전 계획 등을 강구하였다.

실로 이순신이 고하도에 머무른 기간은 다음 2월에 고금도로 이진할 때까지 불과 108일 동안이었으나 그의 노력에 의한 '수군의 재건'이 바로 이곳에서 이룩되었고, 또 그의 마음을 흐뭇하게 한 것도 바로 이곳이었다.

그가 고하도에 이르렀을 때는 1천여 명의 군사가 따르고 있었으나 이들 군사가 필요로 하는 의복과 군량 등을 쉽게 구할 수 없었다. 그동안 피난민들로부터 여러 가지 도움을 받기도 하였지만 그것은 일시적인 불안을 해소하는 데 지나지 않았다. 더구나 눈앞에 닥친 겨울을 넘기기 위해

충무공 이순신

서는 보다 영구적인 대책을 세워야만 했다.

이에 이순신은 여러 대책을 생각한 나머지 '해로통행첩(海路通行帖)'이라는 일종의 선박 운항증 같은 제도를 만들어 시행하기로 하였다. 그는 주위를 운항하는 백성에게

"3도 연안을 항해하는 공·사 선박을 막론하고 이 통행첩이 없으면 간첩으로 처벌한다."

하고 이어 세부 규정, 즉 선박이나 선주의 신원을 조사하여 간첩과 도적 행위의 우려가 없는 자에게는 선박의 대·소에 따라서 그 통행첩의 값을 달리하여 대선은 3석, 중선은 2석, 소선은 1석으로 각각 규정하고, 하루빨리 소정의 절차를 밟아 통행첩을 갖도록 촉구하였다.

당시는 피난민들이 모두 양곡을 싣고 다녔을 뿐만 아니라 서로 이순신을 따르려 하였기 때문에 이 소식을 들은 피난민과 연도의 백성은 아무런 불평 없이 규정대로 곡식을 갖다 바치고 통행첩을 신청하니 10일이 못 되어 1만여 석을 모을 수 있었다.

이러한 통행첩 발행은 군량 문제만을 해결하려는 목적이 아니라, 연해안을 돌아다니는 간첩선이나 왜군의 척후선 등을 색출하는 데에도 매우 좋은 방법이었다. 때문에 이순신은 해로통행첩 발행을 일시적인 방안으로 그치지 않고 다음 해 고금도로 수군 진영을 옮긴 후에도 계속 시행하였다.

이 밖에도 이순신은 해·륙상으로 피난하는 백성 중에서 스스로 종군하려는 장정을 받아들여 병력을 증강하는 한편 이들 장정이 배와 군기를 만드는 일을 돕게 하였다. 특히 군기(軍器)를 만드는 데는 백성에게서 구리와 쇠를 거두어들여 대포를 새로이 만들었다. 이러한 이순신의 움직임

을 본 부근의 백성과 피난민들은 비단 해로통행첩이 아니더라도 스스로 양곡과 의류 등 필요한 물자를 바치기도 하여 고하도의 군세는 날이 갈 수록 늘어났다.

한편, 명량해전의 승보를 접한 조정에서는 10월 22일 이순신과 그 부하 군사들에 대한 논공행상이 논의되어 안위를 비롯한 여러 군사에게 상품과 승진을 결정하여 이순신에게 전달하였다. 이어 이순신은 이를 12월 5일에 해당 군사들에게 나누어 주면서 마치 자기가 받는 것 이상으로 기뻐하였으며, 이로 인하여 군사들의 사기는 한층 앙양되었다. 이보다 앞서 11월 17일에는 '면사첩(免死帖)'을 받았다. 이 면사첩은 당대뿐만 아니라 자손까지도 사형을 면하게 하는 일종의 증서였다.

선조는 이순신을 숭정대부(崇政大夫, 종1품 하계)로 승진시키려 하였으나 품계가 이미 높고 또 전쟁이 끝난 뒤에 다시 더 보답할 것이 없다는 대간들의 반대로 그에 대한 승진만은 중지하고 말았다.

명량해전의 승보에 감격한 선조는 이순신의 건강을 염려하여 이러한 유서를 전달하였다.

"듣건대 그대는 아직 상례를 지키고 방편을 좇지 않는다 하는바 사사로운 정곡이야 비록 간절하다 할지라도 나랏일이 한창 어려운 고비가 아니냐. …… 옛사람의 말에 '싸움에 나가서 용맹이 없으면 효도가 아니다.' 하였다. 예법에도 원칙과 방편이 있어 꼭 법대로 지키지는 못할 것이니 내 뜻을 따라 속히 방편을 좇도록 하라. 그리고 이제 아울러 육미를 보낸다."

이 유서는 역시 12월 5일 받은 것으로 어머니를 잃은 이래 지극한 효성으로 그때까지 육식을 하지 않던 그에게 한층 더 서러움을 안겨주었다. 그뿐만 아니라 이보다 약 1개월 전인 11월 7일에는 꿈에 전사한 아들을 보고는 잠을 깨어서 소리 내어 울기까지 했었다. 군사들을 위하여 자신의 슬픔을 스스로 자제하면서 분망한 나날을 보낸 그에게 참고 쌓였던 여러 가지 슬픔이 꿈으로 인하여 순간적으로 폭발한 것이다.

그리고 명량해전의 승보를 알게 된 명나라 지휘관 양호가 선조에게 달려와서,

"근래에 이런 대첩이 없소이다. 제가 가서 계홍(掛紅) 예식[62]으로 그 공로를 표창해 주고 싶으나 길이 멀어서 가지 못하고 이제 붉은 비단과 은자(銀子) 얼마를 보내오니 이 뜻으로 표해주소서."

하여 붉은 비단을 보내기까지 하였다. 이러한 전승의 보답은 비단 양호만이 아니었다. 명량해전의 승리는 왜군의 수륙병진 작전을 분쇄함으로써 그들의 침공 계획을 좌절시킨 것이었으므로, 명나라 지휘관들은 서로 다투어 이순신에 대한 성의를 보였다.

이렇게 이순신이 고하도에서 어느 날은 반가움을 또 어느 날은 서러움을 골고루 느끼면서 전비를 강화하는 동안, 장흥과 강진 등지에 있던 왜군은 어느덧 자취를 감추고 말았으며 다음 해 2월까지는 8천여 명의 군사와 수많은 전선이 건조되었다. 그가 1년 전 옥중에 들어갈 때까지 육성해 온 수군 세력과 거의 같은 위용을 이 고하도에서 이룩하였으며, 이러한 위용은 오직 이순신이 주야로 노력한 보람이었다. 실로 이 고하도는 이순신의 모든 정성이 서린 곳이며 또 칠천량 해전으로 패망하였던 조선 수군이 다시 일어선 곳이었다.

---

62 축하할 일이 생겼을 때 문밖에 붉은 비단을 드리우는 것.

04

고금도와 조선 수군

고하도에서 겨울을 지난 이순신은 다음 해, 즉 무술년(1598) 2월 17일에 다시 수군 진영을 강진 앞바다에 있는 고금도로 옮겼다.

이 섬은 전라 좌·우도의 요충지에 위치할 뿐만 아니라 산이 첩첩이 둘러싸서 사면으로 적을 정찰하기에 적당하였다. 그중에서도 수군 진영이 설치된 덕동(德洞) 일대는 그 형세가 더욱 기묘하여 공격하고 수비하는 데에 모두 편리한 반면, 외부에서는 좀처럼 공격하기에 불리하게 되어 있는 지형이었다. 남과 동에는 지도(智島) 및 조약도(助藥島) 등이 외각을 형성하고 그 섬 안에는 농지가 많았다.

농지가 많은 이곳에 피난민들을 수용하고 농사를 짓게 하여 군량미와 군사를 모을 수 있었다. 때문에 이순신은 진영을 이곳으로 옮긴 것이었으나 그 이면에는 옮기지 않으면 안 될 더 큰 이유가 있었다. 즉,

(1) 그때까지는 병력이 약했던 탓에 방어에만 주력하였으나 이제는

지난날과 같이 공격할 수 있는 병력이 된다는 것.

(2) 이미 입수된 첩보에 의하면 왜군의 대부대들이 순천에 있는 고니시의 진중으로 이동하여 그 근처의 백성을 약탈하고 있는 실정이라는 것.

(3) 봄철부터 차차 고개를 들기 시작한 왜군을 사전에 저지 또는 봉쇄하여야 한다는 것.

(4) 순천 등지의 왜군을 견제할 필요성이 있다는 것.

등으로서 우선 남해상으로 이동하여 왜군에 대한 첩보를 수집·분석 평가한 후에 새로운 계획을 수립하려고 하였으며, 수차례에 걸쳐 고금도 등지의 안전 여부를 확인한 후에 비로소 수군 진영의 이동을 개시한 것이었다.

실로 그가 고금도로 수군 진영을 옮긴 것은 전국의 판단을 기초로 한 전략적 군사 이동이었다. 그는 고금도로 이진함과 동시에 고하도에서 발행한 해로통행첩 제도를 계속 운용하여 군량을 확보하고, 또 한편으로는 운주당을 지어 제반 계획을 세우면서 군, 관, 민을 동원하여 소금을 굽고 때로는 고기를 잡아서 판매하여 거기서 얻어지는 돈으로 동(銅)과 철(鐵)을 사들여 무기를 만들었다. 그리고 나무를 베어 전선을 만들면서 군사를 모으고 훈련을 실시하였다.

이러는 동안 그를 따르는 피난민과 지원하는 장정의 수는 점점 증가하여 처음 이곳에 옮길 때는 불과 1,500여 호에 지나지 않았던 민가가 얼마 후에 수만 호에 달하였다.

마치 조그마한 섬이 도심지 같은 인상을 풍기는 듯했으며 모여든 사람 모두 이순신을 믿고 의지하며 이순신의 말이라면 순응하지 않는 사람이 없었기 때문에 운주당에 앉아 있는 이순신은 하나의 왕국을 형성한 것 같기도 하였다.

그동안 이순신이 고심하였던 수군의 형세도 눈부시게 발전함에 따라 군사들에게 약속문(約束文), 즉 명령하는 글을 내려서 더욱더 철저한 경계와 아울러 군율을 지키게 하였는데 그 내용은 아래와 같다.

이번 왜적은 크게 쳐들어온 무리는 아니다. 3~4척의 교활한 왜놈들이 우리의 어부들이 고기 잡는 틈을 이용하여 들락날락 엿보이면서 섬에 머물고 있다. 진을 치고 밤을 새울 때 절대로 높은 소리로 떠들지 말며 각 배에 당직자는 이물(뱃머리)에 4명, 고물(배 뒤)에 4명으로 하되 2명씩 번갈아 자게 하며 무시로 조사 적발하여 위반하는 자에게는 중죄를 주고 이유 없이 군중을 놀라게 하는 자도 역시 군법으로 다스릴 것이다. 혹시 왜적의 소식을 듣게 되면 비록 한밤중일지라도 즉시 비밀히 보고하되 구두로 전달하는 일은 허락하지 아니하며 또 전쟁에 다다라 서로 구원하지 아니하고 배를 빨리 저어 도망하는 자나 주장의 일시적인 명령이라도 어기는 자는 모두 군법에 회부하여 용서하지 않는다는 것을 중군장에게 알리는바 선봉 척후들도 아울러 차례차례 이 약속을 받도록 하라.

무술년(1598) 3월 12일
대장(수결)
전군장 경상우수사 이순신(수결)
우군장 전라우수사 안위(수결)
중군장 가리포첨사 강응표(수결)

충무공 이순신

명량해전 후 사랑하는 아들을 잃고 슬퍼하던 이순신은 이 고금도에서 아들의 원수를 갚을 수 있었다.

어느 날 그가 혼곤히 낮잠이 들었는데 아들 '면'이 꿈에 나타났다. 면은 슬피 울면서 "저를 죽인 왜적을 아버지께서 죽여주십시오." 하는 것이었다. 이때 꿈결에 놀란 이순신이 "네가 살았을 땐 장사였는데 죽어서는 적을 죽일 수가 없느냐?"라고 묻자 아들 면은 "제가 적의 손에 죽었기에 겁이 나서 감히 죽이지를 못하옵니다." 하였다.

이 말을 들은 이순신은 문득 깨어 일어나 주위의 사람들을 보고,

"내 꿈이 이러이러하니 어찌 된 일인고?"

하면서 스스로 슬픔을 억제하지 못하고 그대로 팔을 꼬부려 베고 눈을 감았는데 면이 또다시 나타나서 울면서 하는 말이,

"아버지도 자식의 원수를 갚는 일에 저승과 이승이 무슨 간격이 있을 것입니까? 원수를 같은 진 속에 가두어 두고 제 말을 예사로 듣고 죽이지를 않다니요."

하면서 통곡하고 사라져버렸다. 이순신은 그것이 비록 꿈이었지만 깜짝 놀라서 눈을 뜨자마자 배 안을 조사하도록 하였다. 그러자 꿈에서와 같이 왜적 한 놈이 배 안에 갇혀 있다는 것이다. 그는 다시 명령을 내려 그놈의 소행을 심문하게 하였다. 그 결과는 틀림없이 면을 죽인 놈이었다. 너무나도 뜻밖의 일로 분격한 이순신은 그놈을 동강이 내어 죽이도록 명령하였다. 이로 인하여 꿈에서나마 아들에게 원수를 갚아준다는 확답을 하지 못한 그의 울분한 심경이 어느 정도의 위안을 받았을지도

모를 일이었다.

　남다른 우국심과 효성을 간직한 이순신은 백의종군의 고행, 생사를 돌보지 않는 수군 재건을 위한 활동, 어머니를 여의고 아들을 잃은 것을 비롯한 가정적 불행 등으로 말미암아 자신도 모르게 흰머리와 주름살이 더해가고 있었다. 그의 나이 54세지만 외모는 너무나 크게 변모하고 있었는데 그 당시 이순신의 모습과 심정은 그가 쓴 편지에서 찾아볼 수 있다.

　"어제 막 이곳에 도착하였습니다. 편지는 오래전에 보내신 것이건만 그리움은 새롭습니다. 살피옵건대, 오랫동안 진중에 있느라고 수염과 머리가 모두 다 희어져서 다음날 서로 만나면 지난날 아무개로는 알아보지 못하리다. 어제 고금도로 진을 옮겼사온데 순천에 있는 왜적과 더불어 100리 사이의 진이라 걱정스러운 형상이야 무슨 말로 다 적으오리까. 이런 난리 중에도 세의를 잊지 않고 위무해 주시며 여러 가지 선물까지 보내시니 모두 다 진중에서는 보기 드문 것들입니다. 그러나 정이란 물품에 있는 것이 아니옵고 형의 평소 학문의 공적을 이것으로서 볼 수 있는 일이라 깊이 감사할 따름입니다. 분주하여 대강 이만 쓰옵니다."

　이 편지는 고금도로 진영을 옮긴 지 이틀 후인 2월 19일에 평소부터 친하던 감역 현건에게 보낸 것이다. 실로 그는 남보다 빠른 노쇠 현상으로 친지가 언뜻 알아보기 힘들 정도로 쇠약하였으나 사사로운 문안 편지에도 공적인 진중의 형편을 걱정하는 등 한시도 나라 위한 마음을 잊을 수가 없었다. 또한 편지와 선물을 받은 것에 대한 답문으로 쓰인 이 편지는 비록 짧은 글이지만 읽는 사람으로 하여금 흐뭇하게 하는 명문이며 명필이다.

05

능란한 외교

진린이 약 5천여 명의 군사를 이끌고 고금도에 도착한 것은 이순신이 진영을 옮긴 지 5개월 후인 무술년(1598) 7월 16일이었다. 그 당시 명나라에서 온 지휘관은 거의 거만하고 방자하였다. 그중에서도 진린은 성격이 난폭하고 거만하기로 소문이 난 사람이었다.

특히 진린과 그의 부하들은 강화도에 들어오면서부터 조선의 관민들을 구타하고 욕하는 일들이 마치 짐승을 다루는 것 같았다. 때문에 조정에서는 겨우 수습 보강된 수군의 앞날을 염려하여 이순신과 연합작전을 하지 않는 방향으로 여러 가지 방도를 모색하는 한편, 이순신에게는 별도로 공문을 전달하여 진린의 성격을 알리면서 매사에 조심하라는 각별한 지시를 내리기도 하였다.

심지어 진린은 서울에서 고금도로 향하는 날, 즉 6월 26일 선조를 비롯한 수많은 중신으로부터 송별 인사를 받는 자리에서도 조금 늦게 참석하였다는 이유만으로 찰방 이상규의 목을 새끼로 얽어매어 끌고 다니는 등 난폭한 행패가 극심하였다.

이에 조정에서는 이순신이 거느린 수군을 더욱더 염려하여 이순신을 비롯한 경상 및 전라도 일대의 관원들에게 일일이 "두터이 대접하고 진린을 노엽게 하지 말라." 하는 등 모든 일에 그르침이 없도록 지시하였다.

그런데 조정의 지시와 아울러 류성룡 등을 비롯한 여러 사람의 개인적 연락을 통하여 진린의 성격을 파악한 이순신은 무엇보다도 원수 왜군을 격멸하는 데에 이들 명나라 수군을 최대한으로 이용하여 원만한 연합작전을 실시해야 한다는 것을 생각하였다.

그는 우선 진린이 도착하기 전까지 군사들의 재능을 고려하여 산에서는 산짐승(사슴 및 돼지) 등을, 바다에서는 온갖 물고기를 잡게 하고, 그 외의 많은 술과 음식물을 준비한 후 외국의 장군을 대하는 공식 예우를 다하여 진린을 기다리고 있었다.

진린이 도착한 7월 16일에는 정중하게 예절을 다하여 멀리 마중을 나갔으며 진린이 거느린 수군이 진영에 들어오자 미리 준비해 둔 음식으로 성대한 잔치를 베풀었다. 명나라의 군사들은 모두 취하고 배부르지 않은 자가 없었으며, 이들은 서로 환성을 올리며 이구동성으로 이순신을 칭찬하였다. 또한 그렇게도 거만한 진린도 이순신을 비롯한 군사들의 친절과 후대에 진심으로 감사해했다.

진린이 도착한 이틀 후인 7월 18일이었다. "왜선 100여 척이 녹도진(鹿島鎭)으로 침입하여 온다."는 척후선의 보고를 받자마자 즉시 이순신과 진린은 각각 전선을 거느리고 출전하였다. 이것은 처음으로 시도하는 연합작전이었다.

그러나 이 연합함대가 금당도(金堂島)에 이르렀을 때 왜선은 벌써 도망쳤으며 다만 2척만이 멀리서 도망치는 것이 보일 따름이었다. 이에 이순신과 진린은 그날 밤을 해상에서 지냈다.

이튿날 이순신은 녹도 만호 송여종에게 8척의 전선을 주어 절이도(折爾島)에서 복병하게 하고, 진린은 30척을 근해에 남겨두어 사변에 대비하도록 하고, 주력대는 고금도로 귀항하였다. 그 후 5일이 지난 24일이었다. 이순신과 진린은 운주당에서 술상을 사이에 놓고 환담하는 중이었는데 명나라 군관 한 사람이 절이도에서 돌아와 진린에게,

"오늘 새벽에 적선을 만났으나 조선 수군이 왜적을 모조리 잡아버렸으며, 명나라 수군은 풍세가 불순하여 싸우지 못하였습니다."

라고 보고하였다. 이 말을 들은 진린은 즉석에서 크게 성내어,

"그자를 끌어내도록 하라."

하고 술잔을 내던지는 등 아주 안색이 변하였다.
그때, 진린의 모습을 본 이순신은 진린의 심중을 짐작하고 웃는 낯으로 이렇게 말하였다.

"노야(老爺) 명나라의 대장으로 멀리 이곳까지 해상의 적을 토멸하러 오시지 않았소. 그러니 이 진중에서 승리한 것은 모두 노야의 공입니다. 지금 우리 수군이 얻은 적의 머리는 전부 노야에게 드리겠습니다. 또한 노야가 이곳에 온 지 얼마 안 되어 이곳의 승첩을 귀국 황제에게 보고하면 매우 좋은 일이 아니겠소."

이 말을 듣자마자 진린은 크게 기뻐하면서 이순신의 손을 붙들어 잡고 진심으로 말하기를,

"중국에서부터 이미 장군의 명성은 많이 들었습니다. 지금 보니 장군에 대한 모든 칭찬은 거짓말이 아니었구려."

하면서 재삼 탄복하고 다시 술자리에 앉아 두 사람은 취하도록 술을 마시며 여러 이야기를 나누었다.

이순신은 송여종이 포획한 왜선 6척과 69명의 머리를 모두 진린에게 넘겨주었다. 진린은 그것을 자기의 전공인 것으로 하여 서울에 있는 총사령부에 보고하였기에 사령부에서는 크게 기뻐하였다.

진린은 그 후에도 여러 번 이순신과 같이 출전하였으나 항시 후방에 위치하여 그들 군사의 소득이 없음을 보고 뱃전에서 성을 내어 고함만 지르곤 하였다. 그럴 때마다 이순신은 힘써 싸운 군사들의 공로를 진린에게 나누어주어 그의 마음을 달랬다. 이러는 동안 명나라 군사들은 진린을 비롯하여 모두 이순신의 전략 전술에 탄복하여 전투할 때마다 이순신을 따르기에 이르렀다. 참으로 이순신의 능란한 외교, 다시 말해서 그의 관대한 아량과 준엄한 태도에는 횡포하던 진린마저 고개를 수그렸다. 그러나 날이 지나감에 따라서 본성을 드러내기 시작한 명나라 군사들의 우월감은 차차 행패로 나타나기 시작하였으며, 심지어는 백성에게까지 심한 약탈 행위를 자행하였다.

이순신은 진린을 비롯한 명나라 군사들에게 그 부당함을 강경하게 말하였으나 이들은 말만은 "그렇게 하노라."고 답하면서도 실제로는 아무런 반성 없이 계속 행패를 부리는 까닭에 수군 작전 면에도 막대한 지장을 초래하였다. 이에 그대로 두면 안 되겠다고 생각한 이순신은 어느 날 결단을 내렸다.

그는 명나라 진영과 가까운 곳에 있는 일반 민가와 그 외의 모든 시설물에 철거령을 내리고 중요한 물자는 모두 배 안에 싣도록 하였다. 또 자신의 의복과 이불마저 배에 싣고 곧 다른 곳으로 이동하려고 하였다. 이로 인하여 갑자기 수군 진영 근처는 집을 철거하느라 분주하였으며 이를 이상하게 생각한 진린은 이순신에게 군사를 보내어 그 까닭을 물었다. 그때 이순신은

"우리나라의 군사와 백성들은 귀국의 대장이 온다는 말을 듣고 마치 부모가 오신 것같이 우러러보았다. 그러나 이제 귀국 군사들이 행패를 부리고 약탈만 일삼으니 백성들이 살 수가 없어서 모두 다른 곳으로 피하려고 한다. 그래서 나도 대장으로서 혼자만 여기에 남아있을 수 없으므로 같이 배를 타고 다른 곳으로 옮기려 한다. 그렇게 여쭈어라."

하였다.

이 말을 들은 진린은 깜짝 놀라지 않을 수 없었다. 그는 이순신이 있는 곳으로 허둥지둥 달려와서 이순신의 손을 잡고 간절히 만류하면서 한편으로는 부하들을 시켜 이순신의 의복과 이불 등을 도로 갖다 놓도록 하고 계속 잘못을 빌었다.

횡포가 심한 진린이 이렇게 간절하게 비는 이유는 이순신이 없으면 그들만으로는 왜군의 침범을 막아낼 자신이 전혀 없으며 또 그 지방의 백성이 겁을 내어 다른 곳으로 피한다는 것은 대국(大國)의 구원장으로서의 면목이 서지 않기 때문이었다.

그리고 이순신의 단독 이동을 만류하던 진린과 이순신 사이에는 이런 대화가 있었다.

이순신 대인이 만일 내 말대로 하면 그렇게 하겠소.
진린   아무 일이나 다 하라는 대로 하겠소.

이순신   귀국 군사들이 우리를 속국의 관리로만 알고 조금도 거리끼지
　　　　 않고 행동하니 어찌할 도리가 없소. 그러니 내게 그것을 제재
　　　　 할 수 있는 권한을 허락해 주신다면 될 수 있을 것 같은데 어떠
　　　　 하오.
진린   그렇게 하겠소.

라고 진린은 이순신에게 순순히 허락하였다.

　　이리하여 이순신은 명나라 군사들의 비행을 다스릴 권한을 위임받았
으며 이후로는 명나라 군사 중에서 비행을 저지르는 자가 있으면 일일이
엄한 군율로써 다스렸다. 이러는 동안 명나라 군사들은 이순신을 진린보
다 더 두려워하고 약탈행위를 하지 않게 되니 온 군중은 안정된 생활을
하기에 이르렀다. 더구나 진린은 오래 머무르면서 이순신의 인격과 전략
전술 등에 탄복하고 전투 시에는 항상 이순신이 타고 있는 판옥선에 같
이 타고 출전하면서 모든 지휘권마저 이순신에게 양보하였으며 스스로
이순신을 부를 때는 반드시,

　　"이야(李爺)"

라는 존칭어를 사용하면서

　　"그대는 작은 나라에서 살 사람이 아니오."

라고 말하고는 몇 번이나 중국에 들어가서 벼슬 생활을 하도록 권하였
다. 그뿐만 아니라 진린은 우리의 선조에게 이순신의 재능과 전공 등을
보고하는 글에서,

　　　　　　　　　　　　　　　　　　　　　　　　　　　충무공 이순신

"경천위지지재(經天緯地之才)"

"보천욕일지공(補天浴日之功)"

이라는 '인간의 재능과 공훈을
표시하는 최대의 예찬사'를 써서
새로운 공훈을 내려줄 것을 청하
였다. 뒤이어 명나라 황제도 이
순신에게 도독인을 비롯한 여덟
가지 물품을 보냈는데, 그 물품
이 지금까지 충렬사(忠烈祠)에 보
존되어 있다.

도독인함
명나라에서 보내준 여덟 가지 기념품 중 하나다.
출처: 충렬사

11장

마지막 노량해전

01
순천 왜성 공방전

이순신이 고금도에서 진린과 연합함대를 편성하여 해상에 출현하는 왜선을 계속 격파하면서 육상 정세의 변동을 주시할 때, 왜군의 주둔지에서는 새로운 움직임을 보였다.

도요토미가 무술년(1598) 8월 17일 사망하고, 그의 유언에 따라 왜군이 철군을 위하여 병력 대부분을 울산, 부산, 사천, 순천 등지로 집결하면서, 일부에서는 그들의 철군을 비밀로 하려고 일부러 성을 쌓는 등 매우 당황하고 있었다. 이러한 왜군의 동향에 대하여 육상에서는 반신반의하며 본격적인 추격 작전을 전개하지 못하다가 마침내 대대적인 공격을 계획하여 실행하였다. 왜군의 주요 주둔지인 울산, 사천, 순천 왜성에 대해 양호, 동일원, 유정 등이 조·명 연합군을 지휘하여 동시에 공격하기로 했다.

한편, 이순신도 진린과 함께 연합함대를 거느리고 고금도를 출발, 순천 앞바다로 이동하며 새로운 작전 행동을 개시하였다. 그는 철군하는 왜군을 1명도 그대로 돌려보내지 않으려는 결심으로 9월 15일 나로도(羅老島)를 지나, 19일 여수를 거쳐 20일 8시경 유도(현 송도)에 이르렀다. 바로 순천에 있는 명나라 육군장 유정과 수륙 합동작전을 전개하여 순천 왜성에 머무르고 있는 고니시의 군대를 섬멸하기 위함이었다. 이순신이 유도에 이르렀을 때는 명나라 육군장 유정도 1만 5천 명의 군사를 동원하여 왜성 북방으로 진군하고 있었다.

이순신은 기회를 놓치지 않으려고 즉시 공격을 개시하여 바로 왜성 앞에 있는 장도(獐島)까지 진출하였다. 그때 왜군은 육상과 해상으로부터 양면 공격을 당하여 크게 당황하였다. 그런데 이들 왜군은 이미 견고한 방어진지를 바다 쪽을 향하여 구축해 두었던 까닭에 해상으로부터의 포화를 어느 정도 모면할 수 있는 유리한 위치에서 그들의 몸을 숨겨 반격하였다.

이순신은 불리한 위치에서 계속 공격을 가하였으나 큰 전과를 얻지 못하였다. 이어 21일과 22일에도 공격하였는데, 22일의 전투에서는 옥포 만호와 지세포 만호가 탄환에 맞아 중상을 당하고 명군 측도 유격장 1명이 부상하고 11명의 군사가 전사하였다. 반면에 육상에서는 명장 유정이 적극적인 공격을 가하지 않아서 해상에서의 단독 공격만으로 큰 성과를 기대할 수 없었다.

9월 30일에는 다시 명나라의 유격장 왕원 등이 거느린 100여 척의 전선이 와서 도와주고 또 진린과 유정은 새로운 계획을 결정한 후 10월 2일 아침을 기하여 다시금 총공격을 개시하였다. 왜군 측에서도 방어진지를 이용하여 반격을 가해 오고 있었다.

이순신을 비롯한 군사들이 서로 분개하여 분전하는 동안 왜군 측에서는 수많은 사상자가 속출하는 반면, 이순신이 거느린 군사 중에서도 사도 첨사 황세득이 전사하고 제포 만호 주의수를 비롯한 5명이 부상을 당하

충무공 이순신

였다. 이들 중에서 전사한 황세득은 이순신의 종형이었다. 때문에 몇몇 장령은 이순신을 찾아와서 조용히 조문하기도 하였다. 그때 이순신은,

"세득은 국사(國事)로 죽었으니 그 죽음이 영광스러울 뿐이다."

라고 말할 따름이었다.

3일에는 유정의 비밀공문에 따라 다시 한밤중에 수륙 합동작전을 개시하였다. 이때에도 군사들은 결사적으로 고니시의 주둔지와 아주 가까운 곳까지 돌진하면서 맹렬한 포화를 퍼부었다. 그런데 이날 밤의 전투 중에 이순신은 바닷물이 빠지는 것을 보고 진린에게 전선을 돌리도록 하였으나, 진린은 듣지 않고 있다가 사선(沙船) 19척과 호선(號船) 20여 척이 얕은 바다에 얹히어 왜군의 포위를 당하였다.

이순신은 그냥 앉아 있을 수 없어 7척의 전선에 많은 무기와 군사를 싣고 곧 이를 구출하도록 명령하면서 이렇게 말하였다.

"적들이 우리 배가 얕은 바다에 얹히는 것을 보면 반드시 기회를 보아 한꺼번에 포획하려고 할 것이다. 그러니 너희는 다만 힘써 싸우기는 하되 조수를 보아 곧 돌아오도록 하라."

7척의 전선은 명령에 따라 위험한 곳까지 돌입하여 구출하려고 하였지만 갯흙바닥에 올려 놓인 배들을 도저히 끌어낼 수 없었으니 40여 척의 배는 모두 왜군의 공격으로 불타고 말았다.

이순신은 진두지휘를 하면서도 지형이나 조수 등을 엄밀히 조사하였으나 진린은 뒤쪽에서 그러한 것을 전혀 생각하지도 않았던 까닭에 큰 손실을 당한 것이다.

그 후 이순신은 4일에도 계속 공격을 가하여 왜군에게 손해를 많이 입혔으나 진린은 별로 싸울 뜻이 없었다. 다음 5일에는 서풍이 크게 불어 전선을 보전하느라고 하루의 해를 보내기도 하였다.

그런데 뜻밖에도 6일에는 도원수 권율이 군관을 보내어 '유정이 달아나려 한다'는 사실을 전하였다. 이때 수륙 합공으로 왜군을 섬멸하려던 이순신은 크게 실망하여 그날의 일기에,

"통분, 통분하다. 나랏일이 장차 어떻게 될 것인가."

라고 하였다.

권율의 연락처럼 7일에는 유정이 차관(差官)을 진린이 있는 도독부로 보내어,

"육군은 잠깐 순천으로 퇴각하여 다시 전비를 강화한 후에 공격하려 한다."

라고 연락하였고, 뒤이어 9일까지 그가 거느린 대병력을 철수하고 말았다. 이에 이순신은 명장 진린과 유정의 무성의로 인하여 자신의 계획을 변경해야 했다. 육상의 지원이 전혀 없는 일반적인 해상 공격은 무의미하며, 또 유정의 철수로 왜군이 해상 방어에만 주력하였으므로 부득이 당초의 계획이었던 수륙 합공작전을 중단하고 일단 귀항하기로 하였다.

그는 왜군을 섬멸하지 못한 채 분통함을 자제하면서 9일에는 유도를 출발하여 여수와 나로도를 지나 12일 고금도에 도착하였다. 여기서 왜군 섬멸 작전에 무성의한 진린의 마음을 돌리고, 한편으로는 전선과 무기를 정비하면서 육상과 보다 긴밀한 연락을 취하며 출전 시기를 기다렸다.

한편, 순천으로 철수한 유정은 전혀 출전 준비를 하지 않았으며 사천에 주둔하던 명장 동일원이 시마즈 요시히로가 거느린 왜군의 주둔지를 공격하였으나 역시 실패하는 등, 명나라 군사들은 전의를 상실하고 더욱 소극적인 태도로 자기들의 주둔지만 지키고 있었다. 그리고 하루빨리 본국으로 탈출하려는 고니시는 또다시 간사한 계교를 꾸며 명장 유정 등에게 뇌물을 바치면서 무사 철군을 위한 공작을 벌였다.

02
—
왜장과 진린의 애걸

해상에서 치열한 공방전이 계속될 때, 서울에서는 뒤늦게 도요토미의 사망과 왜군의 철군 공작을 확인하였다. 조정에서는 서울 등지에 머물고 있는 명나라 지휘관들에게 왜군을 섬멸할 기회를 놓치지 말 것을 여러 번 요청하였으며, 명군 측에서도 이에 순응하여 11월부터는 재공격 준비를 서둘렀다. 이러한 육상의 움직임은 기회만을 기다리고 있던 이순신에게 매우 반가운 일이었으며 11월 8일에는,

"왜성 등지의 왜군이 10일 사이에 탈출한다."

하는 연락이 고금도에 도착하였다. 탈출하는 왜군의 해로를 차단하여 섬멸하자는 의미로 유정이 진린에게 전달한 것이다. 진린을 통하여 반가운 연락을 받은 이순신은 조금도 지체하면 안 된다 하여 다음 날, 즉 11월 9일 진린과 함께 고금도를 출발하여 백서량(白嶼梁)과 여수를 지나

11일에는 지난날 진군한 바 있는 유도에 이르러 순천 왜성 등지의 왜군을 마주보고 결진하였다. 때를 같이하여 육상에서도 유정이 거느린 조선과 명나라의 연합군이 순천 왜성 부근에 출전하여 순천과 사천 간의 연락을 가로막았으므로 순천 왜성에 머무르고 있는 왜군은 도저히 탈출할 수 없는 실정에 놓이고 말았다.

이에 고니시는 우선 많은 희생을 내는 위험한 전투를 피하고 가능하면 무사히 탈출할 수 있는 방도를 모색하였다. 그는 몰래 유정에게 많은 뇌물을 보내어

"본국으로 돌아갈 길을 열어주시오."

라고 하였다. 이때 뇌물에 눈이 어두운 유정은 뇌물에 대한 보답을 하려고 해상의 진린에게 사람을 보내어

"왜군이 본국으로 철군할 것이니 구태여 길을 막을 필요가 없다."

하였다.

고니시는 유정의 말에 희망을 갖기는 하였으나 길목을 누르고 있는 수군의 태도를 확인할 수 없었으므로 우선 13일에는 선발대 10여 척을 편성하여 장도까지 진출해 보았다. 그러나 해상에는 이순신이 건재하고 있는 이상 이들 전선의 탈출을 묵과할 리 만무하였다. 이순신은 이들 10여 척의 전선을 발견하자 눈치가 이상한 진린에게 그대로 두면 안 된다는 것을 거듭 약속하고, 즉시 추격하여 큰 손해를 입히고 다시 장도까지 진출하여 결진하였다.

그 후 목적을 달성하지 못한 고니시는 유정의 부하 2명을 처형하여

그 팔을 유정에게 돌려보내면서,

"도독이 이같이 나를 속이니 나는 결코 떠나지 않겠소."

하였다. 그러나 유정은 태연하게

"나는 육지에서만 철군을 허락한 것이다. 해상은 진린을 잘 달래면 무사히 될 것이다."

하였다. 이에 고니시는 다시 14일에 많은 뇌물을 진린에게 보내어

"전쟁에는 피를 흘리지 않고 이기는 것이 상책이니 바라건대 나에게 돌아갈 길을 허락해 주시오."

라고 간하였다.

이때 진린은 유정과 같이 탈출할 길을 열어주려고 하였다. 16일까지 3일간 뇌물을 실은 왜선들이 자주 명나라 진중으로 출입하면서 말, 창, 칼, 돼지 등 각종 물품을 바치곤 하였으며 뇌물을 받은 진린은 흐뭇해하면서 이순신에게

"화친을 허락해 주는 것이 어떠하오."

라고 제의하였다. 이순신은 진린의 말이 끝나자마자 군사들과 함께 분개함을 참지 못하고,

충무공 이순신

"대장으로서 화친을 말할 수 없으며, 이 원수는 놓아 보낼 수 없소. 또 이 왜적은 명나라에서도 역시 놓아 보낼 수 없는 일인데, 당신은 도리어 화친을 허락하려 하시오?"

하여 단호히 거절하니 진린은 할 말이 없었다. 이리하여 진린은 자기를 찾아온 고니시 부하에게

"내가 너희를 위해서 통제사에게 말했다가 거절을 당했기 때문에 다시 말하기는 어렵다."

하고 일단 책임을 회피하였다. 끈덕진 고니시는 이순신에게 총, 칼 등 많은 물품을 뇌물로 보내어 화친을 청하고 길을 열어주기를 애걸하였으나, 이순신은 그 물품을 보지도 않았다. 그는 큰 소리로,

"임진년 이래로 무수한 적을 잡아 죽였고, 또 총, 칼 등을 얻은 것이 산더미같이 쌓여 있다. 원수의 심부름꾼 놈이 여기는 무엇 하러 온단 말이냐."

하였다. 고니시는 답답함을 참지 못하여 이순신에게 부하를 보내어

"조선 수군은 마땅히 명나라 수군과 서로 다른 곳에 진을 쳐야 할 텐데 어찌하여 같은 곳에서 진을 치고 있는 것이오?"

라고 질문하였다. 이순신은 너무나 어처구니없는 질문이었기에 그 자리에서,

"우리 땅에서 진치는 것이야, 우리의 생각대로 할 일이지 너희 알 바가 아니다."

하였다. 이제 고니시로서는 속이 탈 지경이었고 또다시 수군의 최고 지휘관인 진린에게 말할 수밖에 없었다. 고니시의 애걸에 못 견딘 진린은 마치 쓸개도 없는 사람같이 이순신을 찾아와서 말하였다.

"나는 잠깐 남해 등지로 가서 그곳에 있는 적을 무찌르고 오겠소."

이 말을 들은 이순신은 벌써 진린의 속이 들여다보이는 것 같았다. 말하자면 고니시에게 길을 열어주기 위해 또 남해에 있는 피난민들을 잡아서 공훈을 세우기 위해 하는 말이었다. 때문에 이순신은,

"남해에 있는 사람은 모두 적에게 잡혀간 우리의 백성이지 왜적이 아니오."

라고 강력하게 반대 의사를 표명하였다. 그러자 진린은 자기의 뜻을 한 번 성취해 보려는 생각에서

"그러나 이미 적에게 붙었으니 그것도 적이라 말할 수 있소. 이제 그곳에 가서 도벌하면 힘 안 들이고 머리를 많이 벨 수 있을 것이오."

라고 말하는 것이었다. 이 말을 듣자 분개한 이순신은 힘차게 이렇게 말하였다.

충무공 이순신

"귀국 황제께서 적을 무찌르라고 명령하신 것은 실로 우리나라 사람들의 생명을 구원하라는 것일 것이오. 그런데, 이제 구해 오지는 못하고 도리어 그들을 죽이겠다는 것은 귀국 황제의 본의가 아닐 것이오."

참으로 정당한 주장이었고 또 어떠한 사람 앞에서도 정의를 굽히지 않는 이순신의 참된 태도였다. 그러나 진린으로서는 무안했고 또 한편으로는 그의 본성이 그대로 드러났다. 그는 안색을 달리하여 긴 칼을 빼어 들고는

"이 긴 칼은 우리 황제께서 내게 주신 것이오."

하고 위협하였다. 마치 그 칼로 조선의 수군통제사 정도는 마음대로 처형할 수 있다는 태도였다. 그러나 이순신은 조금도 당황하지 않았다. 그는 태연하게,

"한 번 죽는 것은 아깝지 아니하오. 그러나 나는 대장의 몸으로 결코 적을 내버리고 백성을 죽일 수는 없소."

라고 말하면서 여전히 꿋꿋한 태도를 보이면서 한참을 다투었으나 결국 힘과 권세만으로 칼을 빼어 들었던 진린이 이순신에게 다시금 굴복하고 말았다.

이렇게 고니시의 탈출계획은 이순신에 의해서 여지없이 좌절되고 말았다. 그러나 고니시는 최종적으로 많은 돈으로 사람을 매수하여 가까운 곳에 있는 그들의 진영에 위급함을 알리면서 또다시 진린에게

"본국에 돌아갈 것을 다른 진영과 약속할 수 있도록 통신선 1척만 내보내 주시오."

라고 간청하였다. 고니시의 계책은 통신선으로 하여금 남해 등지에 산재한 그들의 전선을 총동원하게 하여 유도 등지를 가로막고 있는 이순신과 진린의 연합함대를 견제 또는 격파하면서 마지막 탈출의 기회를 노리려는 것이었다. 그러나 이러한 계교를 생각하지 못한 진린은

"별로 어려운 일이 아니다."

하여 곧 허락하고 말았다.

이리하여 중대한 작전 임무를 지닌 1척의 통신선은 진린의 진영 옆을 지나서 쉽게 남해 쪽으로 빠져나갔으며 그로 인하여 앞으로의 새로운 전투 국면을 유발하였다.

03

노량해전과 장렬한 전사

이순신은 왜군의 통신선 탈출을 전혀 모르고 있다가 뒤늦게 그 소식을 알게 되자 매우 놀랐다. 이제 통신선이 탈출하였으므로 반드시 새로운 계획을 세워야 한다는 것을 너무나도 잘 알고 있었기에 즉시 장령들을 소집하여 새로운 작전 계획을 논의하였다.

그 자리에서 이순신은,

"적이 방금 빠져나갔으니 반드시 기일을 정하여 구원을 청하는 새로운 계획을 세워 모든 적이 수일 내로 올 것이며, 만약 우리가 이곳에서 웅거하면 안팎으로 공격을 받아서 우리 군사는 그대로 없어지고 말 것이다. 그러므로 군사를 큰 바다로 옮겨서 한번 죽도록 싸우는 것만 같지 못하다."

라고 자신의 뜻을 말하면서, 순천 왜성의 수륙 합공작전을 포기하였다.

이순신의 말이 끝나자 해남 현감 유형은

"적이 구원병을 불러들여 우리와 싸우게 해두고 그 틈을 이용하여 빠져나갈 계획인 모양입니다. 만약 구원병을 급히 물리치면 돌아가는 길을 끊을 수 있을 것입니다."

하였다.

이순신은 "그렇다."라고 대답한 후 노량에서 왜선을 먼저 격멸할 계획을 정하고, 진린에게도 사태의 위험성을 알렸다. 진린도 그제서야 놀라면서 자신의 잘못을 뉘우치고 이순신의 계획대로 행동하기로 약속하였다.

한편 유도 등지에서 이순신이 노량에서의 작전을 계획할 무렵, 17일 초저녁에는 고니시의 진지에서 횃불을 올렸으며 이윽고 남해 등지의 왜군도 횃불을 올렸다. 바로 통신선의 탈출로 사천과 곤양 등지의 왜군이 응전한다는 신호였으며 다음 18일 저녁 6시경에는 무수한 왜선이 노량에 집결하였고 다시금 횃불 신호를 올렸다.

이들은 이순신이 예상한 바와 같이 노량과 순천의 중간 지점에 놓인 이순신과 진린의 함대를 포위 공격하려고 하였으며 그 척 수는 무려 500여 척이었다.

이러한 왜군의 작전을 사전에 알고 있었던 이순신은 그날 밤중을 기하여 순천 왜성의 해상 봉쇄를 풀고 유도를 출발하여 노량으로 향하였다. 진린도 그의 수군을 거느리고 이순신을 뒤따랐다. 바로 노량 근해에 집결한 왜군의 대함대에 일대 야습을 실시하여 섬멸하려는 것이었다.

11월 18일의 차가운 해상을 야간 항해하는 이순신과 군사들은 모두 비장한 마음으로 기어코 왜군을 섬멸한다는 굳은 결심을 하고 있었다.

이제 시간은 그날 밤 12시가 지날 무렵 왜선을 점점 가까이할 때였다. 이순신은 배 위로 올라가서 손을 씻고 무릎을 꿇었다. 그리고 향불을 피

충무공 이순신

우고 두 손 모아 하늘에 빌었다.

"저 원수를 무찌를 수 있다면 죽어도 한이 없사오니 도와주옵소서."

이 기원은 그가 그때까지 간직해 온 결사보국의 정신을 그대로 나타낸 것이었으며 그때 뜻밖에도 하늘에서 큰 별이 바닷속으로 떨어졌는데 보는 사람 모두 이상하게 생각하였다.

이윽고 19일 새벽 2시경 이순신과 진린이 거느린 연합함대는 노량에 이르렀다. 여기서 이순신은 전 함대를 좌우로 나누어 같이 공격할 태세를 취하고 주위의 섬에는 복병을 배치한 후 일제히 공격을 개시하였다.

포성과 북소리는 고요한 밤을 일깨웠으며 기습 공격을 당한 왜선들은 당황하여 일시 흩어지다가 다시 대열을 지어 총포와 그 외의 공격 무기로 결사적인 반격을 가하였다. 이순신 함대에서도 총포와 함께 불붙은 나무를 마구 왜선에 던지는 등 전투는 아주 근접전으로 전개되었다. 그러나 왜군은 계획적인 맹렬한 공격을 막아낼 수 없었으며 차차 사기가 저하되어 관음포 등지로 물러서기 시작하였다.

치열한 전투가 계속되는 동안 19일의 날이 밝아왔다. 이때 관음포 등지로 물러선 왜선들은 도망칠 물길이 막혀 있음을 확인하였으며, 그때부터 최후의 발악을 하였다.

이순신은 손수 북채를 들고 독전하면서 왜선을 닥치는 대로 쳐부수고 불태웠다. 이러는 동안 막다른 길목에 부닥친 왜군들은 순간순간의 위급을 모면하면서 있는 힘을 다하여 이순신과 진린의 전선을 포위하며 반격을 가하였으며, 서로들 위급을 면하려고 하였다.

왜군들은 이순신이 탄 전선을 포위하였다.

이를 본 진린이 한걸음에 달려와 이순신을 구해주었다.

다시 왜군은 진린이 탄 전선을 포위하였다. 이번에는 이순신이 돌진하여 포위망을 뚫고 진린을 구출하였다. 이렇게 이순신과 진린이 서로 도우면서 혈전을 거듭할 때, 명나라 수군의 부지휘관인 등자룡은 달아나는 왜군을 앞장서서 추격하였으나 왜군은 등자룡의 전선을 포위 공격하여 그 배를 불 지르고 또 부수었다. 일대 혼전으로 미처 구원받지 못한 등자룡을 비롯한 많은 군사가 전사하고 또 일부는 부상하였다.

한편 전투 중 이순신은 왜군의 층각선 위에 지휘관으로 보이는 3명이 독전하고 있는 것을 발견하였다. 그는 날쌔게 그 층각선을 공격하여 그중 1명을 사살하였다. 왜군은 그들의 층각선이 공격당하는 것을 보자 그때까지 포위 공격하던 진린의 전선을 그냥 버린 채 층각선을 구출하였다.

이로 인하여 진린은 그 틈에 또다시 위급한 위기에서 벗어날 수 있었으며 이순신과 진린은 다시 힘을 합쳐 화포를 발사하여 왜선을 불사르고

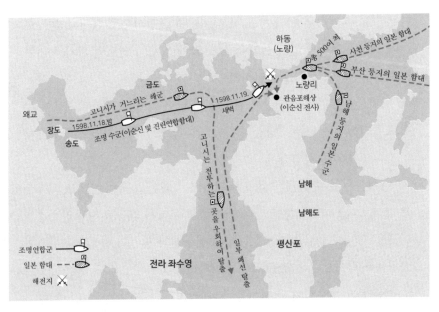

노량해전도

충무공 이순신

또 깨뜨렸다.

　최후 발악으로 덤벼드는 왜군과 한 사람도 돌려보내지 않으려는 이순신 함대 사이에는 더욱더 치열하게 전투가 벌어졌다. 혼전 중 홀연히 날아든 총환이 북을 치며 독전하는 이순신의 왼편 겨드랑이에 명중하였다.

　쓰러지는 최후의 그 순간에도 이순신이 염원하던 '구국의 일념'에는 조금도 변함이 없었다. 그는 곁에 서 있는 맏아들 회와 조카 완을 향하여,

　"방패로 내 앞을 가려라."
　"싸움이 한창 급하다. 내가 죽었다는 말을 하지 말라."
　(戰方急 愼勿言我死)

라는 최후의 유언을 남기고 숨을 거두었다.

　때는 무술년(1598) 11월 19일 아침이며, 그의 나이는 54세였다. 참으로 그의 유언은 눈을 감는 그 순간까지도 왜군의 격퇴를 염원하는 애국의 유언이었다.

　곁에서 유언을 듣던 회와 완은 울음을 참고 서로 돌아보면서,

　"만일 지금 곡성을 내었다가는 온 군사가 놀라고 또 적들이 기세를 얻을지도 모릅니다."
　"그렇다. 또 시체를 보전해서 돌아갈 수 없을지도 모른다."
　"그렇습니다. 전쟁이 끝나기까지 참는 수밖에 없습니다."

라고 말하고 곧 시신을 배 안으로 옮기고 그대로 독전기를 흔들면서 전투에 임하였다. 이 독전기는 이순신이 항상 들고 독전하였다. 때문에 왜군은 그의 전사를 전혀 몰랐으며, 심지어는 이순신의 주위에 있던 장령

도 거의 모르고 분전하였다.

그날 12시경까지 200여 척의 왜선을 격파하였고 사상자 수는 헤아릴 수 없었다. 바닷물은 왜군의 피로 물들었으며 바다 위에는 부서진 뱃조각과 시체만이 떠돌았다.

한편 순천 왜성에 있던 고니시는 격전 중 바다를 통해 간신히 달아났으며 그때까지 도주하지 못한 50여 척은 패전의 서러움을 다시금 되새기면서 뿔뿔이 달아나고 말았다.

이리하여 7년간에 걸친 전란은 이순신의 전사와 함께 막을 내렸으며 또 그의 전사는 조선의 대승리와 함께 동양 3국을 크게 놀라게 하였다.

충무공 이순신

04
빛나는 전공과 교훈

1598년 11월 19일! 그 당시 양력으로는 12월 16일!

이날 남해 관음포 해상은 포성을 대신하여 곡성이 바다와 하늘을 흔들고 있었다. 명나라 수군 도독 진린은 포성이 멎을 무렵에·급히 배를 저어 이순신의 전선 곁으로 가까이 오면서

"통제사! 이야! 속히 나오시오, 속히 나오시오!"

하고 외쳤다. 수차례 자기를 구출해 준 이순신과 함께 전승의 기쁨을 나누려는 것이었다. 그러나 이순신의 조카 완이 뱃머리에 서서 울면서

"숙부님은 돌아가셨습니다."

하였다. 뜻밖에도 이순신의 비보를 들은 진린은 배 위에서 세 번이나

넘어졌다. 또한 큰 소리로 통곡하면서,

"죽은 뒤에도 나를 구원하여 주셨소."

하였으며, 다시금 진린은 가슴을 치며 한참이나 울었다.

이 비보가 정식으로 발표되자 전승의 환성을 울리던 수천의 군사는 모두들 제각기 갑판을 치면서 통곡하고 또 통곡하였다. 이들의 슬픔은 자신의 부모나 아들을 잃은 것과 조금도 다르지 않았다.

부음을 접한 선조도 크게 슬퍼하였다. 수많은 조정의 중신도 모두 슬퍼하였다. 선조는 그해 12월 4일에 예관(禮官)을 보내어 제사하고 의정부 우의정을 추증하였다.

그의 영구는 장례를 위해 고금도를 출발하여 가족이 있는 아산으로 향하였다. 그때 역로(歷路)의 백성은 남녀노소를 막론하고 울고 또 울부짖으면서 영구의 뒤를 따랐으며 그 곡성은 그치지를 않았다. 선비들은 술을 차리고 글을 지어 곡하였다. 마치 어버이의 죽음을 슬퍼하듯 하였으며 진린과 그의 부하도 모두 만장(挽章)[63]을 지어 함께 슬퍼하였다.

영구는 12월 13일경 아산에 도착한 후 다음 해 2월 11일에 금산성(錦山城) 밑에 장사하였다가 다시 16년 후에 지금의 어라산 아래로 천장(遷葬)하였다.

선조 37년(1604) 10월 조정에서는 이순신에게 '선무(宣武) 1등 공신'을 봉하고 여러 가지 은전을 베풀었으며 좌의정 겸 덕풍부원군의 직위를 추증하였다. 전사한 지 45년 후인 인조 21년(1643)에는 시호(諡號)를 '충무

---

63 고인의 공덕을 칭송하거나 죽음을 애도하여 지은 글 또는 그 글을 비단이나 종이에 적어 깃발처럼 만든 것.

(忠武)'라 하였다. 정조 17년(1793)에는 영의정으로 가증(加贈)하였다.

특히 이순신에게 백의종군의 명령을 내린 선조는 그에게 1등 공신을 봉하고 제문을 내린 글 가운데서

" …… 공로를 기록하고 상을 베푸는 데
그대와 더불어 다툴 이 그 누구리.
1등 공신으로 봉한 것만으로는
그대를 표창함이 다 된 것이 아니다."

하여 '1등 공신으로 봉한 것만으로는 표창이 부족하나' 그 이상의 상훈 규정이 없으므로 애석하다는 뜻을 밝혔다. 그 후 역대의 임금들도 이순신에게 많은 제문을 내리고 그의 공훈을 높이 찬양하였다. 숙종은,

" …… 제 몸을 죽여 나라를 일으킨 것은 이 사람(이순신)에게서 처음 보는 일이로다."
(身亡國活 始見斯人)

하여 새로운 찬양의 말을 하였다. 정조는 친히 이순신의 무덤 앞에 신도비문을 썼다. 역사상 '임금이 신하의 무덤 앞에 비문을 쓴 일'은 오직 정조 한 분이었다. 이 비문에서 정조는,

" …… 선조(先祖)께서 나라를 다시 일으키시는 공로를 세우심에 기초가 된 것은 오직 충무공 한 분의 힘, 바로 그것에 의함이라, 충무공에게 특별한 비문을 바치지 않고 누구의 비문을 쓴다 하랴."

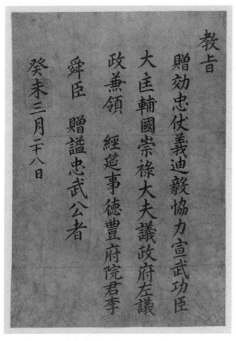
충무공 시호 교지 출처: 현충사

하였다.

이순신이 노량해전에서 전몰한 지 어언 420여 년이 지났건만, 그의 애국충정을 받들고 그의 거룩한 구국의 넋을 길이길이 빛내기 위하여 그가 아끼고 사랑하던 이 겨레가 이 강산 방방곡곡에 그의 사당과 기념물(비석, 동상 기타)을 짓고 세워 그를 추모하는 뜻은 끝이 없다. 경흥, 아산, 온양, 정읍, 광주, 고하도, 해남, 벽파진, 고금도, 여수, 남해, 삼천포, 통영, 거제, 진해, 부산 등 그의 그림자가 조금이라도 비친 곳에는 이 겨레의 정성 어린 기념물이 세워져 있으며 해마다 그가 남긴 '공훈'을 칭송하며 날마다 그가 남긴 가르침을 되새기고 있다. 그뿐만 아니라 해마다 그가 태어난 4월 28일(양력)과 그가 돌아간 12월 16일(양력)이면 그의 발자국이 가지 않았던 방방곡곡에서도,

국란을 물리치고,
민욕(民辱)을 씻고,
민족의 생명을 구출하고,
민족이 다시 살길을 제시해 준 그의 거룩한 '정신'을
깨닫고 받들며 '그해의 그날'을 되새기는 것이다.

충무공 이순신

아산 현충사 정전

　'충무공 이순신'은 관직에 나가지 못한 선비 집에서 태어나서 갖은 곤란과 싸워가며 나라와 겨레를 위하여 옳게 생을 마친 인류의 사표로서, 한국뿐만 아니라 세계 각 국민의 가슴 속에 길이 간직되는 '위업'과 '교훈'을 남긴 사람이었다.

　그는 선과 악, 정의와 불의, 희(喜)와 비(悲), 사랑과 배신을 분별하지 못하는 모순 속의 혼란한 사회에서 한 인간으로서 실행할 수 있는 공명정대를 생활신조로 삼아 온갖 모략과 슬픔을 물리치고, 인간으로서 군인으로서 조금도 흠잡을 곳 없는 위대하고 성공적인 생애를 보낸 사람이었다.

　실로 그가 남긴 발자국은 지금도 지워지지 않고 있으며, 또 미래에도 지워지지 않을 것이다. 그러기에 그는 갔으나 그의 정신만은 영원히 남아 있다.

조선의 장군
충무공 이순신

초판1쇄 발행   2025년 1월 10일

지은이   조성도
펴낸이   신민식
펴낸곳   가디언
출판등록   제2010-000113호

편집   김민아, 김혜수
마케팅   남유미
디자인   임경선

주 소   서울시 마포구 토정로 222 한국출판콘텐츠센터 419호
전 화   02-332-4103
팩 스   02-332-4111
이메일   gadian7@naver.com

ISBN   979-11-6778-135-2(03910)